传统农区工业化与社会转型丛书

传统农区工业化与社会转型丛书

丛书主编／耿明斋

传统农区工业化空间分异规律研究

张建秋 ◇ 著

Study on Spatial Differentiation Regularity of Industrialization in Traditional Agricultural Areas

社会科学文献出版社

SOCIAL SCIENCES ACADEMIC PRESS (CHINA)

　　本项研究与著作撰写出版得到了中原发展研究基金会、新型城镇化与中原经济区建设河南省协同创新中心、河南省高等学校人文社会科学重点研究基地中原发展研究院、河南省高校新型智库建设以及河南省发展和改革委员会与财政厅政府购买服务项目的资助。

总　序

　　如果不考虑以渔猎、采集为生的蒙昧状态，人类社会以 18 世纪下半叶英国产业革命为界，明显地可分为前后两个截然不同的阶段，即传统的农耕与乡村文明社会、现代的工业与城市文明社会。自那时起，由前一阶段向后一阶段的转换，或者说社会的现代化转型，已成为不可逆转的历史潮流。全世界几乎所有的国家和地区都曾经历或正在经历从传统农耕与乡村文明社会向现代工业与城市文明社会转型的过程。中国社会的现代化转型可以追溯到 19 世纪下半叶的洋务运动，然而，随后近百年的社会动荡严重阻滞了中国社会全面的现代化转型进程。

　　中国真正大规模和全面的社会转型以改革开放为起点，

农区工业化潮流是最强大的推动力。正是珠三角、长三角广大农村地区工业的蓬勃发展，才将越来越广大的地区和越来越多的人口纳入工业和城市文明发展的轨道，并成就了中国"世界工厂"的美名。然而，农耕历史最久、农耕文化及社会结构积淀最深、地域面积最大、农村人口最集中的传统平原农区，却又是工业化发展和社会转型最滞后的地区。显然，如果此类区域的工业化和社会转型问题不解决，整个中国的现代化转型就不可能完成。因此，传统平原农区的工业化及社会转型问题无疑是当前中国最迫切需要研究解决的重大问题之一。

使我们对传统农区工业化与社会转型问题产生巨大兴趣并促使我们将该问题锁定为长期研究对象的主要因素，有如下三点。

一是关于工业化和社会发展的认识。记得五年前，我们为申请教育部人文社科重点研究基地而准备一个有关农区工业化的课题论证时，一位权威专家就对农区工业化的提法提出了异议，说"农区就是要搞农业，农区的任务是锁定种植业的产业结构并实现农业的现代化，农区工业化是个悖论"。两年前我们组织博士论文开题论证时，又有专家提出了同样的问题。其实对这样的问题，我们自己早就专门著文讨论过，但是，一再提出的疑问还是迫使我们对此问题做更深入的思考。事实上，如前所述，从社会转型的源头上说，最初的工业都是从农业中长出来的，所以，最初的工业化都是农区工

业化，包括 18 世纪英国的产业革命，这是其一。其二，中国
20 世纪 80 年代初开始的大规模工业化就是从农区开始的，
所谓的苏南模式、温州模式不都是农区工业发展的模式么？
现在已成珠三角核心工业区的东莞市 30 年前还是典型的农业
大县，为什么现在尚未实现工业化的农区就不能搞工业化了
呢？其三，也是最重要的，工业化是一个社会现代化的过程，
而社会的核心是人，所以工业化的核心问题是人的现代化，
一个区域只有经过工业化的洗礼，这个区域的人才能由传统
向现代转化，你不允许传统农区搞工业化，那不就意味着你
不允许此类地区的人进入现代人的序列么？这无论如何也是
说不过去的。当然，我们也知道，那些反对农区搞工业化的
专家是从产业的区域分工格局来讨论问题的，但是要知道，
这样的区域分工格局要经过工业化的洗礼才会形成，而不能
通过阻止某一区域的工业化而人为地将其固化为某一特定产
业区域类型。其四，反对农区工业化的人往往曲解了农区工
业化的丰富内涵，似乎农区工业化就是在农田里建工厂。其
实，农区工业化即使包含着在农区建工厂的内容，那也是指
在更广大的农区的某些空间点上建工厂，并不意味着所有农
田都要变成工厂，也就是说，农区工业化并不意味着一定会
损害乃至替代农业的发展。农区工业化最重要的意义是将占
人口比例最大的农民卷入社会现代化潮流。不能将传统农区
农民这一占人口比例最大的群体排除在中国社会的现代化进
程之外，这是我们关于工业化和社会发展的基本认识，也是

我们高度重视传统农区工业化问题的基本原因之一。

二是对工业化发生及文明转换原因和秩序的认识。从全球的角度看，现代工业和社会转型的起点在英国。过去我们有一种主流的、被不断强化的认识，即中国社会历史发展的逻辑进程与其他地方——比如说欧洲应该是一样的，也要由封建社会进入资本主义社会，虽然某一社会发展阶段的时间起点不一定完全一致。于是就有了资本主义萌芽说，即中国早在明清乃至宋代就有了资本主义萌芽，且迟早要长出资本主义的大树。这种观点用另一种语言来表述就是：即使没有欧洲的影响，中国也会爆发产业革命，发展出现代工业体系。近年来，随着对该问题研究的深入，提出并试图回答类似"李约瑟之谜"的下述问题越来越让人们感兴趣，即在现代化开启之前的 1000 多年中，中国科学技术都走在世界前列，为什么现代化开启以来的最近 500 年，中国却远远落在了西方的后面？与工业革命联系起来，这个问题自然就转换为：为什么产业革命爆发于欧洲而不是中国？虽然讨论仍如火如荼，然而一个无可争议的事实是：中国的确没有爆发产业革命，中国的现代工业是由西方输入的，或者说是从西方学的。这一事实决定了中国工业化的空间秩序必然从受西方工业文明影响最早的沿海地区逐渐向内陆地区推进，不管是 19 世纪下半叶洋务运动开启的旧的工业化，还是 20 世纪 80 年代开启的新一轮工业化，都不例外。现代工业诞生的基础和工业化在中国演变的这一空间秩序，意味着外来的现代工业生产方式和与此相应的经济社会结构在替代中国固有的传统农业生产方式和相应的经济社会结构的过程中，一定包含着前者对后者的改造和剧烈的冲突。而传统农耕文明历史最久、经济社会乃至文化结构积淀最深的传统农区，一定也是现代工业化难度最大、遇到障碍最多的区域。所以，将传统农区工业化进程作为研究对象，或许更容易发现两种不同文明结构的差异及冲突、改造、替代的本质和规律，从而使得该项研究更具理论和思想价值。

三是对我们所处的研究工作环境和知识积累的认识。我们中的很多人都来自农民家庭，我自己甚至有一段当农民的经历，我们工作的河南省又是全国第一人口大省和第一农民大省，截至 2008 年末，其城市化率也才不到 40%，也就是说，在将近 1 亿人口中，有近 7000 万人是农民，所以，我们对农民、农业、农村的情况非常熟悉，研究农区问题，我们最容易获得第一手资料。同时，我们这些土生土长的农区人，对该区域的现代化进程最为关注，也有着最为强烈的社会责任感，因此，研究农区问题我们最有动力。还有，在众多的不断变化的热点经济社会问题吸引相当多有抱负的经济学人的情况下，对事关整个中国现代化进程的传统农区工业化和社会转型问题进行一些深入思考可能是我们的比较优势。

我个人将研究兴趣聚焦到农区工业化上来始于 20 世纪 90 年代中期，进入 21 世纪以来，该项研究占了我越来越多的精力和时间。随着实地调查机会的增多，进入视野的令人感兴趣的问题也越来越多。与该项研究相关的国家社科基金重点项目、一般项目以及教育部基地重大项目的相继立项，使研究的压力也越来越大。值得欣慰的是，该项研究的意义越来越为更多的学者和博士生及博士后研究人员所认可，研究队伍也越来越大，展开的面也越来越宽，研究的问题也越来越深入和具体。尤其值得一提的是日本大学的村上直树教授，他以其丰厚的学识和先进的研究方法，将中国中原地区的工业化作为自己重要的研究方向，且已经取得了重要进展，并打算与我们长期合作，这给了我们很大的鼓舞。

总之，研究对象与研究领域已经初步锁定，研究队伍已聚集起来，课题研究平台在不断拓展，若干研究也有了相应的进展。今后，我们要做的是对相关的研究方向和研究课题做进一步的提炼，对研究队伍进行优化整合，对文献进行更系统的批判和梳理，做更多的实地调查，力争从多角度来回答若干重要问题，比如：在传统农业基础上工业化发生、发育的基础和条件是什么？工业化究竟能不能在传统农业的基础上内生？外部的因素对传统农区工业化的推进究竟起着什么样的作用？从创业者和企业的行为方式看，工业企业成长和空间演进的轨迹是怎样的？在工业化背景下，农户的行为方式会发生怎样的变化，这种变化对工业化进程又会产生怎样的影响？县、乡等基层政府在工业化进程中究竟应该扮演何种角色？人口流动的方向、方式和人口居住空间结构调整演进的基本趋势是什么？这是一系列颇具争议但又很有研讨价值的问题。我们将尝试弄清楚随着工业化的推进，传统农业和乡村文明的经济社会结构逐步被破坏、被改造、被替代，以及与现代工业和城市文明相适应的经济社会结构逐步形成的整个过程。

按照目前的打算，今后相当长一个时期内，我们的研究都不可能离开传统农区工业化与社会转型这一领域，我们也期望近期在若干主要专题上能有所突破，并取得相应的研究成果。为了将所有相关成果聚集到一起，以便让读者了解到我们所研究问题的全貌，我们决定编辑出版"传统农区工业化与社会转型丛书"。我们希望，随着研究的推进，每年能拿出三到五本书的相关成果，经过 3~5 年，能形成十几乃至二十本书的丛书规模。

感谢原社会科学文献出版社总编辑邹东涛教授，感谢该社皮书出版分社的邓泳红，以及所有参与编辑该套丛书的人员，是他们敏锐的洞察力、强烈的社会责任感、极大的工作热情和一丝不苟的敬业精神，促成了该套丛书的迅速立项，并使出版工作得以顺利推进。

2009 年 6 月 14 日

　　由于拥有丰富的农业资源禀赋，主流观点认为传统农区通过主动工业化来实现自身现代化是不切实际的。但随着二元结构壁垒的逐渐消除，这样一种观点越来越被证明是错误的，中原经济区上升为国家战略就充分说明了工业化、城镇化与农业现代化是相融共生的状态，自此以后传统农区的工业化才得到国家层面的普遍认可和相应的政策配套体系的激励。但是，与其他次生工业化区域不同的是，传统农区的工业化有其自身的特殊性，其真正意义上的工业化最先发端于长垣这一类性质的区域，这些区域大多具备自然资源缺乏、交通区位不突出、传统农业资源禀赋相对不足等特点。因此，这让我思考一个问题，即传统农区的工业化为什么最先在此类区域产生以及背后的影响因素到底是什么，进而在此基础上试图回答传统农区地区工业化进程为什么会产生如本书第四章所说的变化规律，本书的核心内容正是围绕此问题——展开。

因此，本书想要回答的核心问题主要有三个。第一，对传统农区工业化空间分异的程度进行评价，对该问题的回答主要集中在第四章。由于长期二元体制的影响，传统工业化水平的测算主要偏向于数量型指标而忽视结构型指标，为了全面反映工业化对区域经济社会结构变迁的影响过程，本书在经济发展水平与产业结构的基础上，加入了工业结构、人口的空间结构以及人口的就业领域结构等指标，并在此基础上构造了地区工业化综合指数来全面衡量以河南省为代表的传统农区的工业化进程。评价结果显示，人均 GDP 和制造业增加值占总商品增加值的比重两者绝对数值的大小及其相对均衡程度与地区工业化水平的动态变化高度相关，制造业发展不足将不能有效支撑该区域工业化综合指数的动态提高。如依靠采矿业支撑的三门峡、平顶山两市的工业化指数一直在下降，再如农业资源禀赋丰富的商丘、信阳、周口、驻马店等黄淮四市的工业化综合指数长期处在传统农区的末位。第二，制造业性质及其空间布局对传统农区工业化空间分异的影响。第四章回答了制造业对地区工业化空间分异具有重要影响，但各个区域的制造业性质千差万别，制造业性质的不同如何影响由该制造业支撑的区域的工业化进程对于回答工业化空间分异问题无疑更加重要。本书把制造业性质划分为对不可再生能源依赖程度较强的制造业、各个区域都有较大需求且产品运输成本相对合理的制造业以及除上述两类以外的制造业三种情况，并找出了三种不同性质的制造业与工业化进程空间分异的对应关系，对此类问题的解答主要集中在第五章。第三，对传统农区工业化空间分异的原因提供一个合乎逻辑的解释，对该问题的回答主要集中在第七章、第八章。本书将传统农区工业化的性质归纳为"次生中的次生"，一般的次生工业化理论不能有效解释传统农区工业化的产生与发展的规律。本书就把传统农区工业化"次生中的次生"这一特殊性质作为分析问题的切入点，探讨传统农区工业化与一般性的次生工业化之间的异同，并在此基础上得出传统农区工业化具有相当程度的内生性质这一结论。正是由于传统农区工业化的内生性质，其异质的内部条件与同质的外部工业化环境的适应程度就存在很大差异，本书进一步把这种适应程度称为内生能力。异质的内部条件主要包括交通区位、自然资源、制度环境与社会价值观等四个方面，在外部环境一定的情况下，内生能力就表现为上述四个因素对外部环境的适应过程。内生能力是市场化条件的反映，内生能力的空间差异导致了各个区域对工业化有关的偶然事件向必然事件转化能力的差异。为了量化它们之间的差异关系，本书进一步把市场化的创业行为和创新行为作为内生能力的代理指标，计量分析结果也表明，创业行为与创新行为对传统农区地区工业化空间分异的贡献非常显著，且就目前而言创业行为的贡献要比创新行为大得多。

除了以上三个核心问题之外，本书还对传统农区人口流动与城镇化的空间结构演变进行了深入探讨，该内容主要集中在第六章。人口流动以及建立在人口流动基础上的城镇化不仅是产业发展的结果，还是工业化的结构效应从经济层面向社会生活层面传递效率高低的体现。而影响这种传递效率高低的因素除了产业层面之外，更重要的是还涉及城乡二元制度遗留问题的破解以及在此基础上的城镇化的顶层设计问题。因此，探寻传统农区人口流动的规律并在此基础上提出有利于人口流动的政策建议无疑对其工业化结构效应的实现至关重要。本部分借助河南大学中原发展研究院组织的"'百县千村'人口流动信息采集与数据库建设项目"，从分就业地点和村庄性质两个维度对农村外出务工人员的特征进行系统研究，得到了一些非常有价值的结论和政策启示。

以上内容构成了本书的主体部分，同时在本书的最后也提出了相应的政策建议和进一步研究的方向。值得特别说明的是，本著作也是我主持的河南省教育厅人文社科研究项目"河南省城镇化空间结构优化路径研究——基于宏观和微观双视角的考察"（项目编号：2019 – ZZJH – 309）和河南省高等学校重点科研项目"中原经济区新型城镇化引领城乡统筹发展的路径与对策研究"（项目编号：16A790003）的最终成果。

第一章 引言

一 选题背景和意义

（一）对工业化历程的反思以及国家区域发展战略利益考量的思考

1. 对二元工业化历程的反思

改革开放以来，中国经济呈现"高位—平稳"型发展态势（刘树成、张晓晶，2007），中国经济总量超越日本成为仅次于美国的全球第二大经济体。但在中国经济总量大幅提升的同时，经济结构的演变模式与以库兹涅茨、钱纳里为代表的发展经济学家所总结的"国际标准模式"相差甚远。结构演变的"国际标准模式"建立在成熟市场经济国家成功的经验分析基础之上，把这种新古典分析方法应用于工业化尚未成功的转型经济体时，最终的结论背离"国际标准模式"

就是经济发展的现实与一般性的理论归纳不相适应的表现之一。但问题是，每个国家的产业结构都可能偏离一般模式，如果大幅度偏离一般模式，就表明生产结构不适应人均收入所决定的一般需求结构（郭克莎，2000）。这种源于计划经济重工业赶超战略的重视生产结构而忽视需求结构的工业化在操作层面上会导致地方政府选择最容易产生工业化数量效果的行业，"唯工业"的工业化论就成为"唯GDP论"在实践层面上的表现形式。与此相对应，在衡量工业化进程时，从官员到学者大都有意无意地忽视工业内部结构、就业结构以及空间结构等的时序变化。那么，还原到标准的工业化进程之内，中国尤其是传统农区的工业化进程呈现什么样的结构性扭曲？工业化进程中各个因素之间呈现什么样的特征？哪些因素制约工业化进程的可持续发展？对这一系列问题的回答对传统农区的工业化具有重要意义。

2. 对中原经济区建设上升为国家战略的认识

由于传统农区的欠发达性质，其当前面临的最迫切的任务是通过工业化和城镇化来实现自己的富裕和现代化。而传统农区在粮食生产方面具有独一无二的优势，在宏观层面，国家要求传统农区承担起维护粮食安全的责任。在这种现实约束下，传统农区发展的前提是其承担的国家粮食安全的责任与自身的利益诉求之间要做到激励相容，也就是工业化、城镇化的发展应不以牺牲农业为前提条件。实现工业化、城镇化、农业现代化"三化"协调发展，也是中原经济区建设上升为国家区域发展战略要解决的核心问题。中原经济区建设上升为国家战略之后，传统农区发展的外部环境和内部条件得到了有效改善，制约传统农区发展的长期固有的观念得到纠正，其相应的发展战略与政策的重心逐渐从"唯农业"向"三化"协调转变，郑州航空港经济综合实验区、郑洛新国家自主创新示范区、中国（河南）自由贸易试验区、中国（郑州）跨境电子商务综合试验区等的建设相继被纳入国家战略之中就是这种转变的集中体现。在"三化"之中，工业化是实现"三化"协调发展的根本动力，工业化的实现方式决定城镇化和农业现代化的实现方式。因此，建设中原经济区，首先要对传统农区工业化在空间上的运动规律进行研究，从一般意义上把握传统农区工业化在空间上的分异规律，为工业化、城镇化和农业现代化协调发展提供支撑。

（二）源于对传统农区产业发展机制的思考

1. 对传统农区产业形成和发展动力机制的认识

在传统农区内部，类似长垣县等众多成功的工业化案例受到越来越多学者的关注[①]。这些区域从自然条件来说，属于传统农区中的边缘地带，没有经济起飞所必备的自然资源、技术、区位以及相应的国家政策倾斜。但就是在这些农业和工业都不具备发展条件的区域成长起来了众多产业，且这些

---

① 对长垣工业化模式的具体探讨请见耿明斋（2005）、王理（2005）、梅瑞江（2006）、张静（2010）等，本书第三章亦有对长垣这类区域工业化模式的进一步介绍。

产业基本都是"落脚自由"① 型意义上的制造业。而"落脚自由"型制造业支撑的工业化要比资源型制造业或者采矿业支撑的工业化对经济结构的影响范围更广、层次更深，且经济走势要相对平稳，抵抗经济风险的能力也相对要强。那么我们不禁要问，为什么在这些区域会形成相对成熟的产业链呢？一个区域产业的发展到底受制于什么因素？是资本、技术、区位抑或是政策倾斜？从长垣等地的发展历程可以看出，上述因素并不是传统农区产业形成和发展的必然条件，甚至在一定程度上，正是这些区域由于缺乏上述所说的生产要素才创造出了目前的工业化成就。本书将从内生能力的角度探讨这一问题背后的影响因素。

2. 对区域产业性质与工业化进程关系的认识

从直观感觉来看，资源型产业支撑的区域似乎比其他制造业对工业化进程的影响要强，"由于能源的使用不受人类自身体力的限制，所以人类才能摆脱生存状态而使经济进入一个实质性的腾飞阶段"（宋丙涛，2007b）。也就是说，资源型产业支撑的区域工业化起点可能很高，工业化对大宗原材料的巨额需求使拥有丰富资源的区域能够最早并很容易采纳工业化的生产方式。但另一个直观感觉是，资源型产业支撑的区域的工业化的发展速度并不快或者说发展质量并不高，随着时间的推移，其工业化的边际效果和结构效果都在持续

---

① "落脚自由"的含义是这些产业不必由于对特定投入的需求而定位在特定的地区，详见文玫（2004）。

降低。对资源型产业的争论也同样存在于是发展劳动密集型制造业还是发展技术密集型尤其是高新技术密集型制造业的争论上，在地方政府以及普通大众心中存在劳动密集型产业附加值低、企业效率不高以及整体竞争力较弱等固有的错误观念，没有注意到在大多数产品的技术已经标准化的今天，技术的落后与先进在制造业的制造环节已经没有明显的界限区分，而真正技术含量比较高的研发部门在传统农区又往往缺乏生存的土壤，使依靠研发投入等手段提高技术含量的企业由于发挥不了自身的比较优势往往缺乏自生能力，最终造成当地生产要素禀赋结构并没有在动态发展中得到优化，持续的工业化效果并不理想。所以，区域的产业性质与工业化水平之间应该有密切的关系，不同性质的产业对工业化的空间分异到底起着什么样的支撑作用？其作用的机理是什么？对上述问题的回答有助于纠正既有的错误观点，并厘清不同性质的产业在工业化进程中的作用，以还原各个产业在工业化过程中应有的位置，为地区工业化进程的可持续提供历史的经验借鉴。

3. 对产业转移与区域产业发展机制的认识

区域的工业化离不开产业的发展，产业的发展离不开合理的空间分工。但在现有制度框架下，由于短期利益的驱使，地方政府有着强烈的招商冲动。这种冲动在没有对区域产业条件进行合理评价的基础上，一方面造成恶性竞争和资源浪费，另一方面造成承接的产业缺乏在本地的生存能力。在实际调研过程中，我们发现在其他条件相同的情况下，区域之间承接产业转移的效果差异非常大。对于承接效果好的，当地都具有该产业生存和发展的某种不可替代的优势。因此，对传统农区产业的空间演变规律进行研究有助于政府产业政策的制定，从而把区域产业发展机制纳入科学合理的空间布局中来。

（三） 对存在制度约束下的城镇化运行机制的解释

发展经济学对城镇化理论的论述是附属于工业化范畴的，以刘易斯的理论为代表的二元结构理论中的二元则涉及城市现代工业部门与农村传统农业部门，不仅包含产业的二元，也包括经济活动空间的二元。二元结构理论模型关于城镇化的论述主要依据先发工业化国家的城镇化经验推导出来，发达国家的城镇化进程基本上是与其工业化进程同步的，在经济上升阶段，城镇工业及其相关产业由于具有足够大的国内外市场而不断发展，它能尽可能地吸纳农村剩余劳动力，因而工业化和城镇化完全耦合为同一的城镇工业化过程（胡铁成，2003）。这种从成熟市场经济国家抽象出来的城镇工业化理论并不契合欠发达区域经济社会发展的现实，这主要体现在以下两个方面：第一，存在制度约束的欠发达区域的城镇化与工业化是不同步的，城镇化一般滞后于工业化，这就要求对滞后的城镇化进程予以弥补，而传统的工业化理论在解释城镇化问题时显然是不充分的；第二，在二元结构理论中，引起劳动力流动的因素只有经济力量的差异，但这种解释对于面临较强制度约束的欠发达区域的人口流变来说仍显不足，因此探索除经济因素之外的制约要素流动的各种制度性因素如何变迁也是本书要重点研究的问题。正是存在以上两个方面的问题，发展经济学对传统农区的工业化的解释显然缺乏说服力，把这些因素融入二元结构理论将增强发展经济学对以河南省为代表的传统农区现代化进程的解释力。

二 研究范围的界定

(一) 是农区工业化而非农村工业化

本书研究的是农区工业化而非农村工业化，对两者概念的混淆将导致对现实问题认识的偏差。农村工业化是特殊制度条件下的产物，计划经济时期二元的户籍管理制度限制了劳动力在城乡间的自由流动，广大落后的农村要想缩小与城市的差距，只有通过在乡镇办企业的形式并以最终产品的城乡流通克服劳动力不能自由流动的制度约束。农村工业化能够实现基于以下三个原因。第一是如上面所说的二元的制度约束。第二是土地管理比较松散，农业与工业用地之间的界限比较模糊，粮食安全问题还没有提上日程，对耕地的保护并没有成为在农村办工业的障碍。在缺乏资本、技术与经营管理经验不足等现实约束条件下，脱胎于农民的企业家为了降低交易成本，理性的现实选择的表现之一是其村庄的选址倾向（宋伟，2010）。第三是当时企业的技术水平与管理门槛都比较低，只要参与生产就能获利，使这些粗放型发展的乡镇企业能够依附于农村而存在。但是随着计划经济向市场经济的过渡，农村办工业的条件已不复存在：劳动力跨区域流动的障碍逐渐被打破；保证粮食安全的 18 亿亩耕地红线的要求使继续占用耕地存在不可逾越的障碍；生产过剩以及工业品市场竞争的激烈程度使新进入的企业必须在资本、技术与经营管理等方面具备某种优势。这些客观条件的变化使农村进一步工业化面临重大困难，农村缺乏城市对要素吸附的规模经济效应与集聚效应，最终使位于农村的工业企业缺乏竞争优势（钟宁桦，2011）。

可以看出农村工业化是就农村而言的，而农区工业化是就包括城镇在内的整个区域而言的，两者有本质的区别。工业化的发展要依托城镇提供的基础设施和公共服务，城镇化水平的提高需要把相应的工业尤其是劳动密集型制造业作为吸纳劳动力的载体，在这一互动过程中，农业现代化也同时实现了。

（二）对传统农区的界定

耿明斋（1996）在《平原农业区工业化道路研究》一文中首先将"平原农业区"的工业化作为研究对象，最初界定的范围为"我国中部包括黄淮平原、华北平原及东北平原在内的广大地区，从行政区划上看包括安徽北部、河南东部、山东西部、河北中南部以及辽宁、吉林、黑龙江的中西部地区"。这些区域具有"农业生产条件较好""缺乏矿产资源""乡镇企业十分薄弱""地处内陆""意识落后"等共同的经济社会特征。随后,耿明斋(2004)在《欠发达平原农业区工业化若干问题研究》一文中又把这一区域进一步概括为"欠发达平原农业区"。而王理(2005)从欠发达平原农区与国家"七五"时期农业综合开发的重点地区"黄淮海平原地区"存在交叉这一现实出发,进一步提出了"传统平原农业区"的概念,并把这一区域概括为"地处内陆、缺乏可供开采加工的自然资源、农业经济比重过高但产业结构层次较低、人口众多但思想相对比较封闭、小农意识仍占主导地位的经济发展相对落后的平原地区",借用 GIS 技术将其空间范围限定在河北、河南、安徽、江苏、山东等 5 个省的 260 个行政县(市)。王理(2009)又在《制度转型与传统农区工业化》一书中浓缩出了"传统农区"的概念。随后,"传统农区"这一概念逐渐被研究具备这一特征的区域的学者使用,其只是对其概念的内涵和外延进行适当调整,"传统农区"范围已经不再局限于王理最初划定的区域。

可见,"传统农区"有两个关键词:第一是"传统",也就是在思想上与农耕文明相适应的小农思想意识的延续比较完整,缺乏创新与冒险精神,尝试新事物的勇气不足;第二是"农区",这一区域拥有丰富的农业资源禀赋。但本书认为,还有三个特征是必须被包括进来的:第一是不具备国家发展工业的政策优势，这些区域属于政策的相对真空地带；第二是没有明显的区位优势，在一定程度上属于拥有区位劣势的区域；第三是带有部分资源型特征，传统农区不是在真空中存在，大都具有程度不等的资源型产业。符合上述特征的区域就是本书所称的"传统农区"。

（三）选择河南省为分析对象的现实依据

第一，河南省大部分区域符合传统农区的特征，从一定程度上说，传统农区是以河南省为中心向四周扩散的区域。劳动力丰富把西部不适合发展农业和工业的区域排除在外，交通区位劣势把东部沿海与邻近大江大河能够满足航运需求的区域排除在外，而农耕文明保存比较完整又把东北平原等区域排除在外。

第二，河南省要解决的问题是对传统农区要解决的问题的升华，通过对河南省相关情况的分析可以为传统农区实现现代化提供经验。在现有的制度约束下，传统农区实现现代化的必经之路无疑是在保证国家粮食安全的前提下做到工业化、城镇化与农业现代化"三化"协调发展。而河南省无疑是"三化"矛盾最突出的区域，河南省历年的实践探索无不表现出其在寻找一条适合传统农区发展的现代化道路。

三　研究思路

落后的传统农区如何实现工业化长期以来是学术界争

论的话题。作为欠发达区域，传统农区工业化属于次生工业化范畴，其运行机制把引入外部先进生产要素体系作为前提条件。但是，传统农区工业化又具有自身的特殊性，这种特殊性主要体现在工业化首先发端于没有资本、技术、区位优势、政府政策倾斜的区域，其与一般的次生工业化区域明显不同。从相对角度来说，外部生产要素并不会主动融入当地的经济社会结构之中，而是以本地企业家的创业与创新行为为载体对接融入的。本书把这种特殊性称为次生中的次生性，与此相对应，工业化在空间上的突破就具有相当程度的内生性。工业化水平的高低以及发展速度的快慢取决于传统农区内部的异质性条件与同质的外部工业化环境之间的适应程度，本书进一步把这种适应程度称为内生能力。正是由于传统农区工业化的内生性与内生能力，一般的次生工业化理论并不能很好地解释传统农区工业化的空间分异这一现象。早期发展经济学家强调的"资本积累、工业化与计划化"不能解释传统农区的工业化，因为这些区域是在计划经济破冰之后才启动工业化之路的，而计划经济更能深刻贯彻这一思想但没有成功。比较优势战略也不能有效解释传统农区工业化，因为其不能充分解释大国内部存在制度约束下的传统农区比较优势的来源。因此，本书试图从内生能力的角度把被主流经济学遗忘的市场化条件重新纳入分析框架之中，内生能力与市场化条件紧密联系，正是内生能力与市场化条件的空间差异才导致了区域之间将偶然事件转化为必然事件的能力不同，进而导致工业化进程的空间分异。

按照上述思路，本书从传统农区工业化的特殊性入手，考察传统农区工业化的空间分异现象，以及工业化空间分异与制造业性质和城镇化之间的关系，并运用内生能力的概念为这种空间分异提供理论解释。具体章节安排如下。

第一章为引言。主要从选题背景和意义、研究范围的界定、研究思路以及创新之处等方面进行论述，对本书的相关研究做一概述。

第二章为理论基础与相关文献综述。本章对已有的相关理论和国内外研究现状进行回顾和评述，主要包括工业化理论与区位理论两个方面。在前人研究的基础上发现问题，寻找解决问题的切入点和突破口，为本书的深入研究奠定坚实的理论基础和提供较为完善的分析框架。

第三章为传统农区工业化概述。本章的主要目的是对传统农区工业化涉及的相关问题进行概括与归纳，具体包括工业化模式、工业化运行机制以及推进工业化的现实基础和有利条件，试图从中梳理出传统农区工业化次生中的次生这一特殊性质，为传统农区工业化空间分异的解释寻找切入点。

第四章为传统农区工业化空间分异的综合评价与演变路径。本章主要是对传统农区工业化进程在空间上的分异进行定量分析，以及在此基础上找出传统农区工业化的空间特征，以为后续章节奠定分析基础。

第五章为传统农区制造业的发展现状及空间聚集的演变特征。工业结构对区域工业化的空间分异具有重要影响，本章试图验证工业尤其是制造业的性质与空间聚集程度对工业化进程的空间分异具有重要影响这一结论。

第六章为传统农区城镇化的发展历程与空间结构演变。全面的结构变迁旨在破解僵化的城乡二元经济结构，而城镇化率水平的高低是衡量工业化的结构效应从经济层面向社会生活层面传递效率高低的体现。因此，本章尝试找到城镇化的空间结构的特征以及该特征与工业化空间分异的关系，并在此基础上从务工地点和村庄两个维度对农村外出务工人员的特征进行系统研究，为未来人口流动与城镇体系的政策性构建提供依据。

第七章为内生能力与传统农区工业化空间分异：一个分析框架。第四章、第五章、第六章主要是围绕传统农区工业化空间分异来展开的，本章和第八章为这种空间分异现象提供解释。本章把传统农区工业化次生中的次生这一特殊性质作为分析问题的切入点，探讨传统农区工业化与一般性的次生工业化之间的异同，并尝试搭建一个分析框架。

第八章为内生能力对工业化进程空间分异的实证研究。由于对内生能力进行精准衡量是非常困难的，本书用市场化的创业行为和创新行为作为内生能力的代理指标，并采用固定效应模型对其进行计量分析。

第九章为结论与展望。根据上述各章的分析，对本书的研究结论与主要发现进行归纳总结，提出本书的不足之处与未来研究展望，并为传统农区工业化的可持续发展提出有针对性的对策。

四　创新之处

本书的创新之处在于把被主流经济学遗忘的市场化条件重新纳入分析框架之中，克服主流经济学偏重资源配置效率而忽视相应的市场化条件对转型经济体工业化解释的不足。与此相对应，本书创新之处主要有以下三点。

第一，本书从结构变迁的意义上全面衡量了传统农区的工业化进程，克服了过去工业化衡量标准的结构性弊端。并把区域工业化进程与制造业性质和城镇化有效连接起来，用河南省的实际案例验证了制造业尤其是劳动密集型制造业对工业化进程的重要意义。

第二，由于传统农区工业化次生中的次生性质，本书进一步认为传统农区工业化的运行机制具有相当程度的内生性，并归纳出内生能力这一概念。把被主流经济学遗忘的市场化条件重新纳入分析框架，在一定程度上弥补了对传统农区工业化动力机制分析的不足。

第三，本书对内生能力的概念与特点做了初步的说明，认为内生能力与市场化条件密切相关，并分别把市场化的创业行为与创新行为作为内生能力的代理指标，分别对城镇个体与私营企业从业人员比重和每万人拥有的专利申请数量加以度量，计量结果显示创业行为与创新行为尤其是创业行为的空间差异有效解释了传统农区工业化的空间分异。

第二章 理论基础与相关文献综述

本章对已有的相关理论和国内外研究现状进行回顾和评述，在前人研究的基础上发现问题，寻找解决问题的切入点和突破口，为后续研究奠定坚实的文献基础。本书要探讨的是工业化在传统农区空间上的分异规律及对其进行合乎逻辑的解释，因此本章主要从工业化理论以及区位理论两个方面进行文献综述。

一 工业化理论文献回顾

（一）工业化内涵的文献回顾

工业化是一个舶来品，对工业化的理解必然带有某种中国化的因素，这些因素在传统农区工业化过程中扮演什么样的角色、起到什么样的作用仍然是值得探讨的问题。

因此对工业化内涵进行全面的梳理，有可能纠正观念之中的某些偏差性的内容，有助于正视工业化应有的经济社会效益，从而把传统农区工业化道路纳入一般性分析框架之中。

工业化是经济学中最富有想象力的名词之一，包罗万象而又富有争议，学术界至今尚无统一的定义。目前比较有代表性的工业化的定义有以下三大类。

第一，将工业化锁定在工业生产领域自身的变化中，包括生产工具、生产组织形式、分工和组织化程度等。工业化发端于英国的工业革命，以蒸汽机为代表的生产工具改变了生产组织形式，进一步促使分工和组织化程度加深，整个社会的变化首先表现在工业生产领域的革命性变化。"只是在机器时代破晓以后，随着纺织的机械化，随着蒸汽机作为一项新的能源，随着从单件生产过渡到系列生产，过渡到大规模生产，人类社会才开始了巨大的变化，我们称之为工业化的这种变化"。因此"工业化就是以机器生产取代手工操作为起源的现代工业的发展过程"（吕贝尔特，1983）。"工业化的特征是专业化和劳动分工"，"是经济中各行业企业的生产组织运用技术、机械、电力来补充和代替人的劳动，它也是现代的、一体化的以城市为基地制造业的建立"（Patrick，1983）。Patrick已经注意到了工业化不仅是工业内部自身的变化，而且伴随着这种变化而来的是服务于工业的城市的大规模发展。特别需要指出的是，我国学者早期对工业化的定义凸显了计划经济和重工业优先发展的烙印，如"工业化就是机器大工业在国民经济中发展成为占统治地位的过程"（《辞海》编辑委员会，1978）、"工业化就是使大工业在国民经济中取得优势地位的过程"（许涤新，1980）等都是典型写照。

第二，着重于经济社会的结构性变迁，重点从实际案例归纳出以机器大工业为基本特征的工业化所带来的经济结构变迁的一般过程。这种结构性变迁首先应该发生在农业和非农业之间，"工业化是产品的来源和资源的去处从农业活动转向非农业生产活动的一种过程"（库兹涅茨，1999），"是由落后的农业国向现代工业国或工业—农业国转化的一种过程"（辜胜阻，1991）。在"农业—工业"结构转化的过程中，"一种明确的工业化过程的一些基本特征是：首先，一般来说，国民收入（或地区收入）中制造业活动和第二产业所占比例提高了；其次，在制造业和第二产业就业的劳动人口的比例也有增加的趋势，同时，整个人口的人均收入也增加了"（约翰·伊特韦尔等，1996），在这一过程中，生产方法、新产品式样在不断变化，城市化水平提高、资本形成、消费等项开支所占比例发生变化（约翰·伊特韦尔等，1996）。《新帕尔格雷夫经济学大辞典》中对工业化的解释是比较权威和全面的，不仅包括工业份额的不断提高，还包括与工业化相伴随而生的生产方式、生活水平和方式、城市化等的相应变化，充分反映了经济增长的结构主义思潮（雍红月、李松林，2002）。因此，"工业化即是以各种不同的要素供给组合去满足类似的各种需求增长格局的一种途径"（钱纳里等，1989）。我国学者对工业化的定义更超出了上述的国民收入和就业比例的变化，把工业化对体制变革的冲击也纳入定义之中，如刘伟（1992）认为"工业化是指在特定的历史去建立，内含着经济结构、经济类型、经济体制根本变化的经济发展过程"。

第三，将工业化定义为社会生产方式的一种变革，它是由不断的技术进步和创新引致的生产函数的变化，重点强调创新和技术进步对工业化的支撑和驱动作用。如堪称发展经济学先驱之一的我国著名经济学家张培刚教授所言，工业化是指"国民经济中一系列基要的生产函数（或生产要素组合方式）连续发生由低级到高级的突破性变化（或变革）的过程，这些基要的创新或生产函数的变化，更进一步地加强了伴随现代工厂制度、市场结构及银行制度之兴起而来的组织上的变化"（张培刚，2002）。

上述三类工业化的定义在本质上并不矛盾，工业自身的发展必然对经济社会结构以及相应的生产方式的变迁形成螺旋式上升的推动力，推动经济社会结构和生产方式的现代化转型。这也从侧面印证了工业发展本身不是目的，而是实现经济社会结构和生产方式向现代化转变的手段，即通过工业自身的发展把原来相对稳定的社会结构和僵化的生产方式逐步"化"解，这也是工业化中"化"字的经济学逻辑所在。可见，工业化是一个国家和地区经济发展过程中所经历的以工业扩张、结构变动、产出增长、城市化及农业现代化为基本特征的特殊历史阶段，其结果是实现从不发达状态进入发达状态（耿明斋，1996）。

（二）工业化进程的度量方法及其应用评述

1. 工业化进程的度量方法

可以看出，经典的工业化理论认为，工业化是一国（或地区）随着工业的发展人均收入和经济结构发生连续变化的过程，而人均收入的增长和经济结构的转换是工业化推进的主要标志（陈佳贵、黄群慧、钟宏武，2006）。工业化主要表现为：①国民收入中制造业活动所占比例逐步提高，乃至占主导地位；②制造业内部的产业结构逐步升级，技术含量不断提高；③在制造业部门就业的劳动人口比例也有增加的趋势；④城市这一工业发展的主要载体的数量不断增加，规模不断扩大，城市化率不断提高；⑤在上述指标增长的同时，整个人口的人均收入不断增加（约翰·伊特韦尔等，1996；库兹涅茨，1999）。根据经典工业化理论，衡量一个国家或地区的工业化水平，一般可以从经济发展水平、产业结构、工业结构、就业结构和空间结构等方面来进行。其中霍夫曼比例、钱纳里多国模型、三次产业结构演变的"国际标准模式"、配第一克拉克定理、城市化率标准等颇具影响。

（1）霍夫曼比例

德国经济学家霍夫曼对工业化问题进行了许多富有开创性的研究，霍夫曼比例（也称霍夫曼系数）是其于1931年利用了近20个国家的工业结构方面的时间序列资料，重点分析制造业中消费资料工业和资本资料工业的比例关系，它揭示了一个国家或区域的工业化进程中制造业结构演变的规律。该比例共分四个阶段。

第一阶段：消费品工业占主导地位，霍夫曼比例为（4~6）。

第二阶段：资本品工业的增长快于消费品工业，但总量仍低于消费品工业，霍夫曼比例为（1.5~3.5）。

第三阶段：资本品工业继续快速增长，并已达到和消费品工业相平衡状态，霍夫曼比例为（0.5~1.5）。

第四阶段：资本品规模大于消费品规模，资本品工业占主导地位，这一阶段被认为实现了工业化，霍夫曼比例为1以下。

（2）钱纳里多国模型

20世纪60年代，一些经济学家对经济增长与结构演变进行了深入而广泛的研究。其中，美国经济学家霍利斯·钱纳里（Hollis Chenery）利用101个国家1950~1970年的统计资料进行归纳分析，他对各种不同类型国家人均GDP水平和经济发展水平相互关系进行统计分析，建立了影响深远的多国模型。根据人均 GDP 指标，将不发达经济到成熟工业经济整个变化过程划分为三个阶段六个时期。三个阶段为初级产品生产阶段、工业化阶段、发达经济阶段。其中初级产品生产阶段又叫作工业化准备期，工业化阶段分为工业化初期、工业化中期、工业化后期，发达经济阶段分为发达经济初期和发达经济高级期。每个阶段对应的经济发展水平（人均 GDP）如表 2 - 1 所示。

表 2 - 1　钱纳里经济发展水平（人均 GDP）与工业化阶段

单位：美元

人均 GDP 变动范围		时期	发展阶段	
1964 年	1970 年			
100 ~ 200	140 ~ 280	1	工业化准备期	初级产品生产阶段
200 ~ 400	280 ~ 560	2	工业化初期	工业化阶段
400 ~ 800	560 ~ 1120	3	工业化中期	
800 ~ 1500	1120 ~ 2100	4	工业化后期	
1500 ~ 2400	2100 ~ 3360	5	发达经济初期	发达经济阶段
2400 ~ 3600	3360 ~ 5040	6	发达经济高级期	

资料来源：钱纳里等（1989）。

（3）三次产业结构演变的"国际标准模式"

钱纳里多国模型描述了一个工业化推进过程的总体蓝图，但是经济发展水平（人均 GDP）只是工业化（经济增长）过程的总体表现形式，其没有告诉我们在这一过程中结构变迁的一般规律。正如上面所言，对结构变迁的追求才是工业化内涵的本质所在。钱纳里等（1989）证明经济增长是生产结构变迁的一个方面，这种结构变迁首先表现在三次产业结构逐渐高级化的过程，体现的是追求资源配置并追求经济总体水平双重提高的过程（林毅夫，2003）。

20世纪50年代以来，学者们对工业化过程中产业结构的演变做了大量的实证研究，逐渐形成了目前为我们所熟知的产业结构演变的"国际标准模式"，一般包括库兹涅茨法则和钱纳里标准模型两部分（见表2-2）。库兹涅茨把57个国家（地区）按人均GNP分为8组，通过统计分析揭示了在工业化过程中各个生产部门的产值在总产值中的份额的变化情况。钱纳里在库兹涅茨的基础上，利用101个国家1950~1970年的统计资料，对工业化进程中产业结构变动的一般趋势进行了更加深入的研究，设计了一个国家生产总值的市场占有率模型（任保平、洪银兴，2004）。两者都证实了工业化演进过程可通过三次产业的产值结构变动表现出来。在工业化起点，第一产业比重较高，第二产业比重较低；随着工业化的推进，第一产业比重持续下降，第二产业、第三产业比重相应提高；当第二产业比重上升到最高水平时，工业化进入成熟期。此后第二产业的比重转为相对稳定或有所下降，结构的变动主要体现在第一产业和第三产业的转换上。这就为分析和评价不同国家或地区在经济发展过程中产业结构组合提供了参照规范，同时也为不同国家或地区根据经济发展目标制定产业结构转换政策提供了理论依据。

表 2 - 2 三次产业结构演变的"国际标准模式"

单位：%

两种主要研究结果	人均 GDP	比重		
		第一产业	第二产业	第三产业
库兹涅茨法则（1958 年美元）	70	45.8	21	33.2
	150	36.1	28.4	35.5
	300	26.5	36.9	36.6
	500	19.4	42.5	38.1
	1000	10.9	48.4	40.7
钱纳里标准模型（1980 年美元）	300	39.4	28.2	32.4
	500	31.7	33.4	34.6
	1000	22.8	39.2	37.8
	2000	15.4	43.4	41.2
	4000	9.7	45.6	44.7

资料来源：转引自周叔莲、郭克莎（2000）。

其实，库兹涅茨法则与钱纳里标准模型虽然在数值上有差别，但是两者的这种差别主要归结为两者样本的差别。库兹涅茨法则所用数据的时间跨度较短，截面数据也相对较少，而钱纳里所用的数据跨度时间更长、样本也更多。故进行统计分析时，数据样本越多，时间跨度越长，则应用钱纳里标准模型更为贴近现实。

（4）配第—克拉克定理

在产业结构演变的同时，与之相应的就业结构也呈现一般性规律，早在 17 世纪威廉·配第就发现了世界各国的国民收入水平差异的原因在于产业结构的不同。威廉·配第认为：比起农业来，工业收入多，而商业收入又比工业多，即工业比农业、服务业比工业的附加值高。科林·克拉克（Colin Clark，1940）以配第的研究为基础，对 40 多个国家和地区不同时期三次产业的劳动投入—产出资料进行了整理和归纳，总结出随着经济发展和人均国民收入水平的提高，劳动力首先由第一产业向第二产业转移，然后再向第三产业转移的演进趋势。科林·克拉克的这种分析进一步印证了配第的观点，后人把科林·克拉克的发现称为"配第—克拉克定理"，配第—克拉克定理工业化阶段划分标准见表 2-3。

表 2-3　配第—克拉克定理工业化阶段划分标准

单位：美元，%

工业化阶段	人均 GDP（1982 年）	第一产业就业比重	第二产业就业比重	第三产业就业比重
第一阶段	—	80.5 ~ 100	0 ~ 9.6	0 ~ 9.9
第二阶段	357	63.3 ~ 80.5	9.6 ~ 17	9.9 ~ 19.7
第三阶段	746	46.1 ~ 63.3	17 ~ 26.8	19.7 ~ 27.1
第四阶段	1529	31.4 ~ 46.1	26.8 ~ 36	27.1 ~ 32.6
第五阶段	2548	17 ~ 31.4	36 ~ 45.6	32.6 ~ 37.4
第六阶段	5096	0 ~ 17	45.6 ~ 100	37.4 ~ 100

资料来源：转引自袁天凤等（2010）。

（5）城市化率标准

工业化与城市化相互促进，相互影响。工业化需要集聚状态，只有人类活动集中才会降低工业生产成本，才会形成集聚效应。因此，城市化是工业化的必然产物，工业化是城市化的经济内容，而城市化为工业化创造快速发展的空间依托，是工业化的空间落实。在城市化与工业化的过程中，随着生产力的发展，产业结构也由第一产业主导向第二产业主导，再到第三产业主导的方向发展，从而推动第二、第三产业的载体即城市的发展和繁荣。

著名经济学家 H. 钱纳里和 M. 塞尔昆在 1975 年提出了城市化与工业化的"发展模型"，该模型认为工业化与城市化的发展历程是一个由紧密到松弛的发展过程。发展之初城市化是由工业化推动的，在工业化率与城市化率共同达到 13% 左右的水平以后，城市化开始加速发展并明显超过工业化。到工业化后期，制造业产值占 GDP 的比重逐渐下降，工业化对城市化的贡献作用也由此开始表现出逐渐减弱的趋势。"钱—塞"发展模型的城市化与工业化的关系见表 2 - 4。

表 2 - 4 "钱—塞"发展模型的城市化与工业化的关系

单位：%

人均 GNP(1964 年)	城市化水平	制造业产值占 GDP 的比重	工业从业人员比重
小于 100 美元	12. 8	12. 5	7. 8
100 美元	22	14. 9	9. 1
200 美元	36. 2	21. 5	16. 4
300 美元	43. 9	25. 1	20. 6
400 美元	49	27. 6	23. 5
500 美元	52. 7	29. 4	25. 8
800 美元	60. 1	33. 1	30. 3
1000 美元	63. 4	34. 7	32. 5
大于 1000 美元	65. 8	37. 9	36. 8

资料来源：钱纳里等（1988）。

从"钱—塞"发展模型来看，工业化率与城市化率在12%的时候，两者的增速大致持平，但在此后，城市化率比工业化率的增长速度要快。由于诸多条件的约束，中国目前两者的走势是完全相反的，城市化率明显滞后于工业化率。

值得注意的是，在工业化阶段划分的标准上，通常认为大国与小国以及小国内部不同性质的国家之间还存在一定的差异，这些差异导致在工业结构高速转换时期相应的收入水平不同（见表2-5），这一发现使进行比较更加具有科学性和针对性。

表2-5 不同类型的国家工业结构高速转换时期相应的收入水平

单位：美元

国家类别	人均收入（1970年）
大国	270
小国	—
拥有少量资源	630
拥有丰富资源并以初级产品生产为主	580
拥有丰富资源并以制造业为主	340

2. 度量方法评价及其应用评述

目前学术界直接应用霍夫曼比例的情况较少：一方面是因为其提出的年份较早，公式中所用的消费资料工业和资本资料工业与后来所熟知的三次产业结构有很大的差异，且没有相应的统计指标，只能用轻重工业近似替代，这就削弱了该指标的代表意义；另一方面是因为该指标是自由市场经济国家由农业社会向工业社会自然转变的经验总结，并不能衡量转型国家或次生工业化地区的工业化进程的现实情况。以中国为例，霍夫曼系数历史性转折点即该比例向小于 1 转变，不是发生在工业化进程的高级阶段，而是发生在工业化进程的起步阶段。这是由于这些区域的工业化进程是在消费品工业尚未起步或很低的基础上采取重工业优先发展战略从而使霍夫曼系数实现了超前转换，在很大程度上是依靠抑制消费需求和向资本品工业部门倾斜的政府投资行为来维持的。但随着中国工业化进程的推进，工业化道路最终会被纳入"轻纺工业—轻工业—重工业"的一般工业生产方式的变动轨迹中（杨海军等，2008），所以该指标在实际应用的时候需要进行调整。朱应皋和王遐见（2002）应用了加以修正的计算方法，其计算出的江苏的工业化水平与现实情况差别较大。而杨海军等（2008）在考察了英国、美国等发达经济体的工业化历程后，提出了修正措施，并以江西、江苏两省为例验证了修正后的数据更符合中国工业化的实际。可见，修正后的霍夫曼系数的效果因地而异，目前学术界并没有一个可以让多方接受的方案。

由于受诸多因素的影响，钱纳里和塞尔昆的城市化率标准在学术界被应用的较少，截至目前笔者所查的文献中只有袁天凤等（2010）在以四川为例探讨西部工业化问题时简单地用到。在现有文献中用到更多的是钱纳里多国模型、三次产业结构演变的"国际标准模式"、配第—克拉克定理等。

这一方面是因为这些指标建立在标准的三次产业结构基础上，数据的可得性与可比性较强，便于进行国际（区际）对比；另一方面是因为这些结构指标所揭示的是产业结构变动的一般模式，反映了各个国家产业结构变动的基本趋势。在具体的研究中，郭克莎（2000）从我国工业化进程的特殊性出发，着眼于人均收入水平、三次产业结构与工业内部结构来诠释中国的工业化进程，其中的工业内部结构主要分为重工业化阶段、高加工度阶段和技术集约化阶段三个阶段。最后得出的结论是我国的工业化只处于中期阶段的上半期，产业结构偏差和工业结构升级缓慢影响了工业化进程中经济的持续增长和增长质量的上升。韩兆洲（2002）构造了内涵相似但表现形式不同的工业化进程指标，其数值是劳动生产率提高的过程、第二产业与第三产业增加值比例提高的过程、三次产业劳动力构成优化的过程三者的加权平均数，得出来的结论是东高西低，区域差距较大。而陈佳贵等（2006）则从经济发展水平、产业结构、工业结构、就业结构和空间结构五个方面进行综合衡量，其中工业结构并不是霍夫曼意义上的轻重工业结构，而是利用制造业增加值占总商品增加值比重来表示。结论是中国工业化进程总体上形成了一个典型的金字塔形结构，并有向橄榄形演变的趋势。除了对中国总体工业化进程进行度量以外，亦还有很多学者立足于某一区域来进行区际比较，如罗文（2001）测定了湖南的工业化水平、刘东勋（2004）对河南的工业化水平的评价、王延中

（2007）测定了环渤海地区的工业化水平、王卫东（2007）测度了宁波市的工业化发展阶段等。

（三）对工业化实现路径的认识和研究

工业化的内涵以及度量方法的文献回顾为科学评价传统农区的工业化进程提供了重要支撑，但是工业化进程在空间上肯定不是同步推进的，故对工业化实现路径以及路径背后的支撑因素进行文献梳理对传统农区工业化空间分异的解释就显得特别重要。

1. 发展经济学对工业化实现路径认识的演变

欠发达区域想实现经济社会的现代化转型，一方面要克服刚性的二元结构约束，这就需要政府"看得见的手"进行宏观调控；另一方面又要遵从于经济社会发展的一般规律，即政府要在"看不见的手"的框架下发挥作用。可见，欠发达区域的现代化就是处理政府与市场在经济发展过程中的作用，而发展经济学对欠发达区域的工业化实现路径的理论演变也是围绕这两个因素展开的。从 20 世纪 40 年代诞生起，发展经济学的主流理论主要经历了三个阶段，即 20 世纪 40 ~ 60 年代的结构主义、60 ~ 70 年代的新古典主义以及 80 年代以来的新制度主义，其相应的政策取向经历了"政府至上"、"市场至上"和"制度至上"的演变。

在 20 世纪 40 ~ 60 年代发展经济学形成的最初阶段，具有代表性的是刘易斯模型和费景汉—拉尼斯模型等。受苏联等社会主义国家工业化短期的成功和市场经济国家短期内经济萧条双重因素的影响，发展经济学的先驱们主要强调资本积累、工业化与计划化三个方面，形成了早期发展经济学的"唯资本积累、唯工业化和唯计划化"的特征。建立在这一认识基础之上的就是他们工业化战略的实现，他们认为发展中国家通过有效使用资本可以促进城市现代经济部门的扩张，这是发展中国家由落后状态向发达状态变化的途径，并把发展中国家经济发展的机制设计为传统农业部门的缩小与现代工业部门的扩张过程，且认为发展中国家必须通过计划与行政控制替代市场机制来推动工业化（任保平、洪银兴，2004），以避免 Nurkse（1953）"贫困的恶性循环"。可见，早期发展经济学家反对新古典主义静态的配置资源、边际调节和市场修补，不支持传统的国际贸易理论和自由贸易政策。与此相对应，他们特别强调欠发达经济体的结构刚性，并认为欠发达经济体想在一穷二白的基础上彻底打破结构的刚性约束就必然需要依赖政府计划以及与之相配套的价格扭曲机制来快速实现资本积累。但也就是由于对价格体系的扭曲，价格的变动短期内不能充分反映资源的稀缺程度，长期内也不能实现资源的优化配置，而这又由于不恰当的政府干预造成资源配置的"逆向选择"成为经济活动中的惯例，结果导致政府失灵与市场失灵相互交叉而存在，造成经济增长缓慢甚至停滞不前、收入分配恶化、贫困问题更加严重、农业萎缩和粮食短缺程度日益加重、市场机制遭到习惯性破坏等问题。"政府至上"的工业化政策实践与经济计划化的预期目标相差甚远，结构性问题不仅没有消除反而更加严重，资源配置的无效导致这一时期落后国家的经济增长缓慢（任保平、洪银兴，2004）。

与忽视市场机制不同的是，"亚洲四小龙"的空前成功迫使经济学家对传统工业化道路进行反思。以舒尔茨（2006）为代表的新古典经济学家开始对早期的二元经济发展理论提出尖锐的批评，重新重视农业和市场机制的作用。除了舒尔茨（2006）的改造传统农业理论之外，Jorgenson（1961，1967）的农业剩余模型与 Todaro（1969）强调预期收入的劳动力流动模型也是这一时期的代表。他们认为发展中国家与发达国家之间人们的行为方式与原则并无本质区别，都服从在约束条件下追求自身利益最大化的经济人假设。因此价格机制在发展中国家不仅能够像在成熟市场经济国家那样调节资源的配置，又由于发展中国家产品的供求弹性比成熟市场经济国家更高，价格的少许变动必然更能引致稀缺资源的优化配置。照此逻辑，新古典主义政策的取向就是完全的市场化，排斥政府的作用。另外，随着计算机技术和国民经济核算体系的完善，发展经济学家通过历史统计与比较分析，把工业化纳入经济增长过程中来，研究了影响工业化和经济增长的各种因素（任保平、洪银兴，2004）。以钱纳里等（1989）为代表的发展经济学家根据发展战略特别是贸易战略和政策的区别，将工业化的类型大致划分为外向型、中间型和内向型三种，这就把一国的工业化进程通过贸易战略与要素禀赋、结构因素与技术性质等制约条件联系起来，进而与一国动态的比较优势基础上的贸易方式联系起来。而以林毅夫等（1994）为代表的中国学者立足中国国情，主要强调比较优势对于经济发展的重要作用，并将经济发展归结为后发优势。

不管是"政府至上"的结构主义还是"市场至上"的新古典主义，都把政府与市场对立起来。而20世纪80年代中期以后新制度经济学的分析方法应用于发展经济学把二者有效地统一起来了，为政府与市场作用的边界划分提供了一套分析框架，即政府提供一套能够保证微观价格机制灵活发挥作用的产权制度，防止搭便车与逆向选择问题产生。Polanyi（1957）在分析工业革命时主张制度变迁是经济发展的原因。受这一传统影响，道格拉斯·诺斯和罗伯斯·托马斯（2017）将西方经济增长的主要原因归结为在人口对稀缺资源禀赋的压力增加时，那些支配产权规则的制度发生了变迁（拉坦，2014）。与林毅夫等（1994）、林毅夫（2003）坚持的技术替代制度的后发优势的工业化道路不同，杨小凯等（2003）认为如果只模仿技术不模仿制度，就没有动力在根本性制度上做有利于长久发展的变革，结果牺牲了长久繁荣的机会，后发优势反成了"劣势"。

但在现实生活中，政府、市场以及在二者共同作用下的制度发挥作用的空间互相交叉而存在。因此不管是结构主义、新古典主义还是新制度主义，都部分地描述并解释了发展中国家经济社会发展的现实，也在自己的理论框架下对发展中国家走向现代化所面临的问题进行了力所能及的回答，但是这种回答是不彻底的。造成这一现象的原因在于发展经济学的理论以成熟市场经济国家为研究样本，沿用的是新古典主义的边际分析与均衡分析。但是发展中国家的基本国情、经济条件、发展阶段、存在的问题与发达国家相比差别很大，尤其是还受到传统观念与旧有制度的双重制约，市场化改革举步维艰，新制度经济学所强调的制度变迁缺乏微观机制，导致制度变迁不仅没有改善反而恶化了动态的要素配置效率。因此，建立在西方成熟市场经济国家经验基础上的发展经济学并不能正确指导发展中国家经济发展的现实问题的有效解决，在理论上存在一定程度的缺陷。

2. 对中国工业化实现路径的研究

改革开放后的 40 年也是中国工业化快速推进的 40 年，学者们总结了中国工业化的运行轨迹，并探讨了不同地域的工业化模式差异、背后的影响因素以及可持续性等方面。赵伟和黄先海（1997）早期的研究认为中国存在两种显著的工业化模式，即珠江三角洲的以外来直接投资广泛利用为基础的"外资导向的工业化模式"和长江三角洲以民营经济为基础的"乡镇企业导向的工业化模式"。通过对两种模式的外资依存度和外贸依存度两个指标的分析认为，两种工业化模式的外部结构趋势正在趋同，且就示范效应的角度来说，两种模式的推广和示范面临刚性的外部约束，因此笔者并不看好这两种模式在全国推广的前景。这一点在美国金融危机爆发后得到了有力的印证。随着经济体制改革的深入，中国工业化模式既有的区域化特征得到强化并涌现了新的模式，要素的空间分布在某些特定区域受到非市场力量的左右。赵伟（2009）在既有研究成果的基础上，把中国工业化的实现路径从两种拓展到三种并将其进一步归纳：珠三角地区靠外资"投资下乡"，长三角地区靠民资"投资进城"，环渤海地区则取"公有资本大城市化"的路径。这些基于比较优势的工业化路径并没有说明一个半封闭的传统农区如何才能找到自身的比较优势并把它发挥出来，也就是没有说明像河南这样的传统农区如何寻找比较优势从而突破自身发展障碍实现经济社会的现代化转型。

进一步地，由于要素的配置手段已从纵向的行政划拨逐渐过渡到横向的市场竞争，工业化与二元经济体制的不适应所产生的矛盾逐步显现，这种矛盾逐步扩大到以工业化为基础的工业化与城市化互动关系的研究中。赵伟（2009）认为中国三种不同的工业化区域范式引出三种不同的城市化路径模式。珠三角地区工业化促成了声势浩大的"造城浪潮"，催生了一大批新建城镇，而长三角地区工业化则促成了原有大中小城镇齐头并进的扩张，但就城镇空间布局而言，二者极其相似，即工业化与城市化促成了大中小城镇并行不悖的扩张，形成了由大中小城镇构成的一个比较完善的"城市生态系统"。与上述两者不同，环渤海地区很显然存在某种层层吸纳资源与"层层边缘化"的机制，行政级别越高的城市扩张便越快，而那些行政级别处于底层的城镇则多半处在衰败的边缘，这种边缘化呈现阶梯式特征。上述观点蕴含了城市化是工业化的内涵和外延这一观点，即城市化实现的路径的不同主要是由工业化进程中的资本形成及其空间集聚与移动线索的不同而导致的（赵伟，2009）。产业布局和规模与其载体城镇规模密切相关，对城镇规模的争论最早由费孝通的"小城镇论"引出。费孝通（1986）基于对苏南、温州等地 20 世纪 80 年代早期乡镇工业化的实地考察，提出"小城镇—大问题"论点，认为小城镇化与就地工业化是中国工业化与城市化的一种选择。而以安虎森和陈明（2005）为代表的学者则反对小城镇优先发展，他们根据对小城镇与大城市的要素配置效率的比较以及国际经验的对比，认为推进我国的城市化，需要彻底放弃小城镇优先发展战略，并大力发展我国的大都市区，推动城市间的分工与合作以及整合城市间的关系。可见，改革开放以来二元的工业化只是在既有制度框架下的最优选择，因此与大量乡镇工业相伴随的必然是众多的小城镇，但从制度变迁角度来看，工业化与城镇化的互动将越来越遵循效率原则。

对于像我国这样的转型经济体来说，一个不容忽视的问题是政府和市场在工业化过程中所扮演的角色对区域发展绩效产生的短期和长期影响是什么。威廉·哈勒根和张军

（1999）建立了一个简单的博弈理论框架模型，其分析结果支持转型经济体制改革速度内生的假设，并且表明具有较好的初始条件与改革派政府的国家的经济改革的速度相对更快一些，改革速度的上升对经济增长率的正面作用相当大。张建君（2006）在分析大量经验数据的基础上探讨了经济发展中政府和市场（企业家）对经济平等和社会分层的影响。他发现政府主导的发展模式（苏南）导致了更大的不平等，产生了收入和社会结构的两极分化，而企业家推动的模式（温州）则出人意料地产生了相对平等的结果。

二 区位理论文献回顾

工业化进程的度量及其发展模式演变从宏观上描述了不同区域在既定的约束条件下采取了不同的发展道路，但本书的重点是探索工业化空间分异现象背后的规律以及影响因素，即为什么有的地区工业化所要求的相关要素协同效应较强，而其他一些地区则相对较弱？具体到传统农区来说，也就是要回答传统农区工业化为什么最先发端于类似长垣这些没有区位优势的区域这一问题，且其长期动态的工业化水平的提升也相对较快。本书提出的内生能力的概念正可以解决主流经济学不能充分解释的"长垣现象"。为了更好地解释这种特异的经济现象，就有必要对"特定的经济活动发生在何处且为什么发生在何处"（彼得·尼茨坎普，2001）的问题进行理论综述，这就涉及区位理论。

（一）区位理论的发展脉络及述评

1. 传统区位理论

从发展轨迹来看，区位理论始终追随经济学，经济学的每一次理论革命都推动了区位理论的发展（张文忠、张军涛，1999）。农业区位论是区位论的源头，冯·杜能（1986）在《孤立国同农业和国民经济的关系》中首次系统地阐述了农业区位理论的思想，奠定了农业区位理论的基础。杜能依据农业生产活动的利益最大化原则，分析距市场不同区位的农业生产空间配置原则，即运费因子对农业生产配置的影响。杜能的农业区位理论是最早的最小费用区位理论，该理论把区域地租作为逻辑起点，把运输成本作为农业区位选择的重要因子，这样不同性质的农业生产活动就会由于对地租和运输成本敏感程度的差异呈现典型的圈层结构，即著名的"杜能环"。

随着资本主义生产方式的不断发展，机器大工业逐渐占据了主导地位，企业间竞争日益激烈，企业最佳区位选择就成为竞争获胜的重要条件之一，因此"重工业"和其他工业在区位上的集中以及因铁路运输系统的兴建和国际贸易的增长而引起的工业位移等种种问题成为区位理论的研究重点（涂妍、陈文福，2003），工业区位论取代农业区位论成为理论界关注的重点。劳恩哈特（Launhardt，1882）开创了工业区位论的研究先河，构建了工业三角区位论模型①，并认为运输成本最小化是影响企业区位决策的最重要的因子。韦伯（1997）是第一个对工业区位论进行系统分析的人，他最早提出了"区位因素"概念并试图利用这一概念回答企业为什么选择在某一区位而不是另一区位。韦伯将区位因素定义为经济活动发生在某个特定点或若干点上而不是发生在其他点所获得的成本节约，这种成本优势的大小取决于企业所处的位置，并因此可吸引企业的选择。他还区分了两类区位因素——区域性因素和集聚因素②，区域性因素影响初始选择，集聚因素影响未来发展。韦伯还将区域性因素简化为运输成本和劳动力成本，依据最小费用原理，分析运费、劳动费、集聚三项区位因子对工业生产空间配置的影响原理，它们构成了韦伯工业区位理论的核心内容。

20 世纪 20 年代以来，随着生产力的不断发展，垄断竞争成为常态，商品价值实现困难的增加导致市场开拓成为企业生存与发展的关键，市场作为一个重要的区位影响因素得到了更多的重视，后继者们不断修正韦伯以市场因素对产品价格的影响近乎为零的假设前提，成本型区位论逐渐向市场

---

① 工业三角区位论模型假定在某一均质的地域范围内，在一定的自然、社会经济条件下，某个企业的原料来自两个地区，它的产品销售到一个市场，那么这个企业的选址就在一个市场地和两个原料地之间构成了一个区位三角形。

② 区域性因素用来解释企业是如何布局在指定的某一地点或若干地点，而不是在其他地点，集聚因素则用来解释在一定工业区域内厂商为什么会选择集中。

型区位论过渡。霍特林（Hotelling，1929）将市场区域纳入了空间竞争的分析框架，他突破了单个企业区位选择的传统分析思路，考虑存在市场竞争时企业如何选择区位，他认为能够占有更大市场地域的区位就是最佳区位。与此同时，随着资本主义经济的高度发展，经济活动加速向城市集聚，城市在整个社会经济中逐渐占据了主导地位。克里斯塔勒（2010）最先把与城市结构体系有关的非生产性的服务业纳入人类经济地理活动的统一组织系统之中，生产方与以城市为中心的市场网络体系互相联系、互为补充，共同决定企业的成功情况。克里斯塔勒通过对德国南部的城市和乡村集镇及其四周的农村服务区之间的空间结构特征的研究，首创了以城市聚落为中心和通过市场原则、交通原则和行政原则等中心地区原则进行市场区网络分析的理论，也就是通常所说的"中心地理论"。帕兰德（T. Palander，1935）引入了市场区的概念，他认为企业利润取决于从区位地点到市场区的比例，并且注意到空间竞争与交通体系的改善对市场区范围的影响。勒施（2010）在继承克里斯塔勒与帕兰德思想的基础上，进一步把市场需求作为空间变量来研究区位理论，详细研究了市场规模与市场需求结构对区位选择和产业空间配置的影响，形成了较为完备的市场区位理论。勒施认为大多数工业区位选择的最终目标是寻取最大利润地点，并把利润最大化原则同产品的销售范围联系在一起。最佳区位不是费用最小点，也不是收入最大点，而是收入和费用差的最大点，即利润最大点。这样，不仅使区位分析由单纯的生产扩展到了市场，而且开始从以单个厂商为主扩展到了整个产业。胡佛（Hoover，1948）则考虑了更为复杂的运输费用结构来确定企业的最佳空间布局，他认为运输距离、运输方向、运输量以及其他交通运输条件的变化往往会引起经济活动区位选择的变化，从而修正了韦伯理论中运费与距离成比例的基本图形。

以农业区位论和工业区位论为代表的古典区位论以供给不受市场需求约束的完全竞争市场结构为基础，利用静态的局部均衡分析方法，研究单个企业成本最小化的最优区位决策，两种理论均把企业生产成本最低作为确定企业最优区位的原则。中心地理论和市场区位理论以供给受市场约束的不完全竞争市场结构为条件，以扩大和优化区域市场来实现利润最大化目标，开始利用一般均衡分析方法来分析区位问题，出现了主要分析企业区位选择中市场利润实现问题的市场学派。市场学派以市场机制为基础，把市场利润作为市场主体区位选择的动力，从根本上动摇了成本区位论的思想。总体来看，这个时期的区位理论重点是对单个企业区位选择进行静态的局部均衡分析，而很少对单个企业的相对静态、动态区位选择进行分析。

古典区位论主要关注微观区位的局部均衡问题而忽视了宏观区位选择的一般均衡问题。① 随着二战之后各种分析方法

---

① 微观区位论是论述具体生产部门或经济设施分布地点优化选择的理论，而宏观区位论是关于一国或一地区经济活动综合布局的优化选择理论。

和理论的逐渐成熟，区位理论更加接近现实，提出了"网络区位"的概念，企业的区位选择更接近现实的企业区位选择情形。该时期的代表人物主要有哈克密（Hakimi S.L.，1964）、拉伯（Labber，1985）、蒂斯（Thisse，Jaques-Francois，1987）等。他们放宽了所有区位都具有相同生产成本、技术进步、收入变动不依赖于区位的假定，引入生产要素随区位不同而产生变化的情况，由此引出异类成本概念，用更一般的方法分析在生产要素具有替代性情况下的企业区位选择问题。在此基础上，还引入异类需求概念，认为在消费者地域空间非均衡分布时，需求和市场价格会发生变化，总收入依赖区位选择，由此放宽了各地产出价格相同的假设条件。在新古典区位论者看来，针对投入价格的地域空间变化，可以通过来源地和目的地之间的协调关系区分产品，认为它们在供给方面具有完全替代性，当外生的产出交货价减去到每一个市场的运输成本、外生生产要素价格和每一个投入区位的运输成本时，能够实现利润最大化的产出区位便是整个网络体系中的企业最优生产区位，从而把古典区位论对企业区位选择的分析从局部均衡向一般均衡进行了拓展。同时还认为由于资源禀赋和需求的地域空间分散性，企业开放式生产活动的最优区位也是分散的，由此他们把市场需求完全缺乏弹性的假设放宽，给出涉及生产区位问题的一般理论分析框架，把价格政策纳入区位分析，大大拓宽了传统的古典区位论的研究视野。

2. 新经济地理学

新经济地理学源于 20 世纪 80 年代对新国际贸易理论和竞争优势经济学的研究（陈柳钦，2009），试图通过建立不完全竞争市场结构下的规模报酬递增模型，把区域经济理论研究纳入主流经济学，弥补了主流经济学忽视空间地理概念而无法解释经济空间现象的不足（耿明斋，2006）。迪克西特和斯蒂格利茨（Dixit，Stiglitz，1977）建立了一个规模经济和多样化消费之间的两难冲突模型（即 Dixit-Stiglitz 模型或 D-S 模型），解释了消费者多样化消费的偏好与厂商追求生产上的规模经济之间存在两难冲突的原因，解决的办法是实现人口规模和资源总量增加，具体途径就是国家之间进行自由贸易。该理论描述的是两个资源禀赋相同且相互之间没有技术优势的国家，如果存在规模经济，那么两国也可以分工合作和进行贸易。在 D-S 模型的基础上，赫尔普曼和克鲁格曼（Helpman，Krugman，1985）关于不完全竞争和国际贸易的著作《市场结构和对外贸易——报酬递增、不完全竞争和国际贸易》和格罗斯曼和赫尔普曼（Grossman，Helpman，1991）关于内生增长的著作《全球经济中的创新和增长》促成了这一新的研究领域的形成并为其发展指明了方向。而克鲁格曼（Krugman，1991）在《政治经济学杂志》上发表的《报酬递增和经济地理》和藤田（Fujita，1988）在《区域科学和城市经济学》上发表的《空间集聚的垄断竞争模型：细分产品方法》则完成了对 D-S 模型空间意义的解释，被视为新经济地理学的开山之作（陈柳钦，2009）。

克鲁格曼（1991）在《报酬递增和经济地理》一文里，在不完全竞争和报酬递增假设下建立了 CP 模型（中心—外围模型，the Core-periphery Model），认为两个对称的区域会分别发展成为核心和外围区域，向心力（Centripetal Force）和离心力（Centrifugal Force）[①] 这两种力量决定经济行为和经济要素在空间上是收敛还是扩散。该模型的中心思想是，一个经济规模较大的区域，由于前向联系和后向联系[②]，会出现一种自我持续的制造业集中现象。经济规模越大、运输成本越低、制造业所占份额越大，则集中越明显。沃纳伯尔斯和李茂（Venables，Limao，1999）将运输成本纳入 H-O（赫克歇尔—俄林）模型中，修正了标准的 H-O 模型所确定的贸易和生产方式，认为外生的区位（市场的远近以及由此派生出的运输成本）将对贸易和生产方式产生重要影响。集聚经济源于报酬递增以及产业集聚随运输成本非线性变化乃是新经济地理学的根本创新所在，突破了以往的"集聚经济导致集聚"的循环论证（陈柳钦，2009）。克鲁格曼的模型同时也证明了工业活动倾向于空间集聚的一般性趋势，现实中产业区的形成具有路径依赖性，产业空间集聚一旦出现，就倾向于自我延续下去（王缉慈等，2001）。

[①] 向心力受市场准入效应和生活成本效应影响，而离心力受市场挤出效应影响。
[②] 前向联系和后向联系都是为了分析向心力而提出的。其中前向联系指的是降低了生活成本，有助于劳动力在此区域的集聚；而后向联系指的是区域人口越多则市场越大，市场越大越有助于厂商在此选址，提高市场准入标准。

（二） 对产业区位选择的认识和研究

1. 产业区位的初始选择

分工理论是古典经济学的重要遗产，亚当·斯密在其《国富论》中开篇就详尽地阐述了分工对劳动生产率提高的原因。经济发展理论与实践都证明了这样一个命题：分工程度决定一个社会的文明程度，进而决定不同经济体的经济发展水平的差别。而分工的程度又与资源的配置方式密不可分，计划经济时期由政府推动的专业化分工策略破坏了企业从市场交易中获利的动力机制，社会性的专业化分工体系长期"停滞不前"，甚至在某段时间还有所倒退。伴随着资源配置方式由纵向调拨转为横向的市场竞争，分工的基础在一定程度上又返回到对市场机会获利的衡量上。分工基础的这种质变，改变了参与市场分工的成本收益函数，具体表现为消除了参与市场分工的非市场成本。这部分成本的消除，意味着在改革开放之初的短缺经济背景下，只要参与市场分工，提供短缺商品和服务就能获利（周文、李晓红，2009）。

转型时期分工和专业化对产业的市场化形成的影响只是提供了一个一般性的分析框架，并没有考虑到区域之间的异质性，某些区域"地方性产业"的形成并没有遵循韦伯意义上的"区域性因素"，如浙江的温州、河南的长垣等地，换句话说就是为什么像温州、长垣这些农业基础薄弱、没有交通区位优势、资源禀赋缺乏且没有外部要素大量流入的区域却成长起来了庞大的产业集群。克鲁格曼（Krugman，1991）将最初的产业形成归结于一种历史的偶然，初始的优势因路径依赖而被放大，从而产生"锁定"（Lock-in）效应，集聚的产业和集聚的区位都具有"历史依赖性"（陈柳钦，2009）。耿明斋和李燕燕（2009）以河南长垣为案例对这种偶然的历史性因素做了比较系统的考察，认为正是恶劣的区位环境才使历史上长垣人对生存方式不断进行创新，逐渐孕育了长垣人务实、逐利、进取的价值观念，培养了长垣人创新和冒险的精神特质，这种历史形成的价值观和精神特质在中国市场趋向的制度性变迁中得到了最有效率的经济诠释。耿明斋和李燕燕（2009）非常重视企业家的作用，认为一个地区只要有相当数量的企业家群体，某种产业就有可能在此区域形成和发展。金祥荣和朱希伟（2002）在详细考察温州鹿城制鞋、宁波服装、永康五金机械三地专业化产业区起源的历史后①，认为产业特定性要素在空间上的不断聚集是这些地区发展的主要原因。所以，在某些产业链条上拥有悠久历史的区域在体制转轨时期释放出来的市场机会也会成为本地的比较优势，从而原始的家庭手工业过渡到具有现代意义的制造业生产单元。王珺（2005）以珠三角西岸产业集

---

① 温州鹿城制鞋的历史可追溯到明朝嘉靖年间将鞋作为贡品进贡朝廷，宁波服装的历史可追溯到余姚河姆渡遗址出土的大量文物，永康五金机械的历史可追溯到"黄帝铸鼎"时期。

群为研究范本提出了衍生型产业集群①的概念，认为一个地区的产业集群可能依托专业市场而发展起来，主导企业先以进行贸易活动为主，然后逐步转向以进行生产活动为主。这一模式依赖大城市足够的辐射力和区位条件，在一定程度上解释了类似地区产业发生的情况。

2. 产业集聚与产业区位选择

与克鲁格曼论及历史对国际分工模式所起的作用相似②，特定的产业在特定的空间诞生受到某种历史的偶然性因素所左右，这种因素创造了有利于产业生成的市场需求机会。接下来，假定最初产业布局状态给定，产业在某一地区的演变或者说在某一区域内的适应性如何则是一个具有重大现实意义的问题，对这一问题的解答主要集中在专业化的产业区的演化上。在现有的文献中，集群生成和演化被认为是贴近市场区位、基于历史事件所带来的需求机会、本地可使用的资源、主导企业以及外部经济效应等因素共同作用的结果（王珺，2005）。而一个地区可选择的产业并不是单一的，在这个地区内可能出现不同的产业集聚（Martin，1999）。至于一个地区究竟出现哪一种产业集聚，主要取决于上述所说的历史的偶然事件向必然事件转化的能力。克鲁格曼（Krugman，1991）在其"中心—外

---

① 我国学术界把改革开放以来珠江三角洲地区形成的集群看成通过外部资源进入带动起来的嵌入型集群，而把浙江省一些地区根据传统生产积累形成的集群看成内生型集群，具体请见金祥荣、朱希伟（2002）。

② "某种国际分工模式也许是因为历史上的偶然事件或者这个国家的最初的经济特点所形成的，然后随着生产规模的扩大形成优势的积累使这一国际分工模式得以固定下来。"详见保罗·克鲁格曼（2001）。

围"模型中考察了不完全竞争市场结构中报酬递增对制造业区位集聚的作用机理,认为产业集聚取决于规模经济、运输成本和区域经济中制造业份额三个关键因素。在规模经济的作用下,即使初始条件相同的两个地区,在历史偶然事件作用的条件下,也有可能分别演变成中心和外围地区。给定历史偶然事件,在存在收益递增的情况下,同类企业就会相应跟进,随着积累过程与外部性经济效应的发生,一个地区就会沿着自我强化的机制逐步被锁定在这种产业范围内(Arthur,1990;Humphrey,Schmitz,1996;Porter,1998)。金祥荣和朱希伟(2002)以浙江为案例探讨了中小企业在特定地理空间大规模集聚形成专业化产业区的机制,用特定性要素和重叠性要素之间的竞争解释专业化产业区的演化情况。他们认为从历史的经验来看,产业特定性要素的低流动性特征导致这些要素一旦在一定区域内生成便很难向四周扩散,经过漫长的内生演化与累积过程形成产业特定性要素的空间集聚状态,形成"地理锁定"现象。而正是这些产业特定性要素在特定地理区域内的集聚引发了专业化产业区的兴起与演化。所以,一个企业在区位选择上的决策主要取决于这个区位内的资源禀赋、要素储备以及交通成本等(韦伯,1997;勒施,2010;Scott,1998)。

克鲁格曼(Krugman,1991)把产业集聚过程中的外部性分为货币外部性与技术外部性①两种,并认为在不完全竞

---

① 货币外部性是指生产者彼此之间通过市场所产生的外部性,技术外部性是指纯粹由技术或其他方面的关系而不是由市场机制所产生的外部性。

争市场结构中货币外部性起着重要作用，因此在其"中心—外围"模型中重点突出的是货币外部性对产业集聚的影响。而后续的学者试图在技术外部性方面寻求突破。波斯玛（Boschma，1994）认为建立在新知识和新过程生产基础上的新企业相对来说具有区位选择的自由，选择哪里取决于偶然因素的作用，随后的发展便表现路径依赖的特征。格斯贝茨和施姆兹勒（Gersbach，Schmutzler，1999）通过两阶段双寡头模型探讨了存在产业内部和外部溢出效应条件下的生产与产品创新的地理分布，认为递减的联系的成本支持产业集聚，同时也认为存在产品创新的多重均衡。Marjolein 和 Henny（2003）认为，随着世界经济一体化与自由化程度的加深，技术能力积累对经济增长和提高企业竞争力起着越来越关键的作用。而 Caniels 和 Verspagen（2001）则建立概念框架分析地理集聚影响技术能力累积的激励情况，突破了传统的产业集群的地理限制，利用信息通信技术的进步把产业集群置于全球化的虚拟学习环境中。这就在一定程度上把克鲁格曼所说的货币外部性与技术外部性有机联系起来，弥补了克鲁格曼忽视技术外部性的不足。

可见，以克鲁格曼为代表的新经济地理学家都强调经济活动集聚带来的外部经济对产业区位选择的重要影响，后续研究者就对这种规模经济的来源做了详细的研究。贝尔托拉（Bertola，1993）在内生增长模型框架下研究了存在报酬递增情况下的资本和劳动力的转移机制，模型支持区域经济一体化，认为在更广的区域范围内通过要素流动促使产业在地理上集聚。沃纳伯尔斯（Venables，1996）把产业集聚形成的动力机制定位于区域制造业上下游之间的联系上。与此类似，亨德森（Henderson，1997）认为企业之间关于投入市场和产出市场信息的交流、对公共产品成本的共同承担以及由众多企业进行分摊创造出的规模经济效益更有利于企业发展。

此外，罗曼诺等（Romano et al.，2000）利用一个全新的方法诠释产业集聚，他们用组织接近的概念来代替传统的地理接近的概念，认为组织接近是虚拟群动力的来源，而组织接近则通过供应链和客户关系管理来实现。他们突破了传统产业集群的地理限制，利用信息通信技术的进步把产业集群置于全球化的虚拟学习环境中，扩展了产业集群活动的空间。藤田和克鲁格曼（Fujita，Krugman，2004）还考察了异质性的劳动力对产业集聚的影响，厂商在技术空间中能异化它们的技术，提高劳动资源配置的市场浓度，通过竞争外部性促使集聚经济产生。

作为经济体系的一部分，产业集聚的程度将影响区域经济的增长情况。马丁和奥塔维诺（Martin，Ottaviano，2001）建立了经济增长和经济活动的空间集聚的自我强化模型，证明了区域经济活动的空间集聚由于降低了创新成本，从而刺激经济增长。一旦循环开始，地方技术外溢便是必要条件。克拉夫特和沃纳伯尔斯（Crafts，Venables，

2001）探讨了产业的区域集聚对区域经济绩效与经济增长具有的重要作用。Fan 和 Scott（2003）研究了东亚和中国的产业集聚与经济增长之间的关系，实证分析发现，二者之间具有很强的双向促进关系，而新加坡、中国香港、上海和北京等城市都是利用产业集群策略来吸引外商直接投资加速地区经济发展的例证。利奥等（Leo et al.，2001）以欧洲9城市为例进行的实证分析认为，产业集群对城市或更小的区域的经济发展可以发挥决定性作用，通过产业集群促进经济增长已经成为欧洲大多数城市实现长期增长的主要政策措施之一。Caniels 和 Verspagen（2001）在探讨了基于规模报酬递增的世界经济范围内产业集群的规模和数量，研究了国家产业集群政策与世界经济均衡发展的关系、产业集群与世界经济福利最大化的关系后，认为在均衡发展的条件下，产业集群数量太多而规模太小。产业在区域间的分布和集聚形态将直接影响各自的经济增长情况，产业区域间的集聚必然会产生"人格化"的区域之间的竞争。马丁（Martin，1999）注意到了集聚经济条件下的区位竞争问题，认为在最初的区位竞争中获胜的区域对其他企业具有较大的吸引力，为随后进入的厂商提供良好的环境和示范效应，结果是在同一区位的厂商数目会随着外生的相对成本优势和内生的集聚优势的增加而增加。

刘恒江和陈继祥（2005）综述了国内外产业区的动力机制研究成果，总结出两方面的产业区动力机制，即为源动力机制和激发动力机制，在产业区的生命周期中表现为生成动力和发展动力。在形成阶段，内源动力机制起重要作用，主要表现为历史和模仿机制；在成长和发展阶段，激发动力机制起主导作用，主要来源于外部环境与政府有意识地对产业区进行的规划、调控行为。

三 对现有文献的评述

第一，国外学者对工业化内涵的理解经历了由点到面的演变过程，从单纯考虑工业内部结构的变化到考虑整个经济社会的结构性质变。从经济学意义上说，工业化的内涵至少包含发展水平、产业结构、工业结构、就业结构、空间结构等五个方面。以库兹涅茨、钱纳里为代表的发展经济学家进行了大量的实证研究，揭示了工业化过程中结构演变的一般趋势，为欠发达区域提供了结构转变的一般范式。但在工业化的内涵和进程衡量上，国内学者则采取二分法。具体说，在工业化的内涵上，国内学者与国外学者并没有本质区别，只是特别地把体制转型作为工业化的重要组成部分；而在工业化的进程的衡量上，受计划经济时期重工业优先发展和城乡二元管理体制的影响，在相当长时间内，社会结构主要表现为工业行业内部的自循环，作为解释现实的结构指标。国内学者更多地采用经济发展水平、产业结构两个指标来衡量工业化的进程。对就业结构和空间结构的忽略实际上是城市和乡村经济反馈功能无效的反映，不仅导致城市发展滞后，而且也阻碍了农业的规模经营与现代化的实现。而对工业结构的忽视实际上是放弃了在动态发展中提高经济效率的可能，这种片面追求数量的动力机制最终使区域的产业结构层次由采矿业向资源型制造业再向"落脚自由"型制造业梯次演化，而这三类性质产业主导的工业化进程的数量顺序与质量顺序倒置。原因之一在于各自吸纳就业人口的差异，而吸纳就业人口数量正是工业化质量的重要体现。[①] 最终，从现实出发的中国学者完成了工业化与城镇化、农业现代化的分离，造成"三化"之间在理论上的不协调。而中原经济区的首要任务就是在全国层面率先实现工业化、城镇化、农业现代化"三化"协调发展，把三者纳入标准的工业化进程之内。而目前对传统农区工业化进程进行全面的度量的研究还很缺乏，本书试图在这方面进行努力。

第二，工业化理论与区位理论都不能有效解释传统农区工业化首先在没有区位、资本、技术以及政策倾斜的区域产生，原因在于工业化理论以及区位理论都建立在成熟市场经济国家成功经验的分析基础之上，沿用的是主流经济学的边际分析和均衡分析，注重资源的配置效率而忽视资源的配置

[①] 根据联合国工业发展组织的一份调查资料，在发展中国家（其中大多数为工业生产大国）的工业化过程中，有 2/3 以上的国家的工业就业人数增加速度超过生产率增长，而生产率增长速度超过就业人数增加的国家不足抽样调查对象的 1/3。也就是说，大多数工业化国家把农业剩余劳动力的转移看得比工业生产率的提高更为重要，从而推行了以增加就业为主的工业化战略。

方式。亚当·斯密在《国富论》中对分工等市场化条件进行了充分的论述，而随着生产力的发展，资本主义生产方式在欧美发达国家最终得以确立，由于这些国家的市场化程度已经很高，单纯依靠市场化条件的改善并不能进一步解释欧美发达国家经济增长的现实情况，因此建立在边际概念基础上的微观经济学体系之内找不到企业家的影子（鲁传一、李子奈，2000；宋丙涛，2007a），市场化条件被当作一个既定的前提条件而存在。不管是以库兹涅茨、钱纳里为代表的发展经济学家，还是以克鲁格曼为代表的新经济地理学家，在他们的理论体系之内都找不到企业家以及企业家发挥作用的市场经济条件的位置。这里需要注意的是，忽视企业家与市场机制的作用并不影响对以欧美为代表的成熟市场经济国家经济现实情况的解释，但若将这种理论移植到处于经济转型过程的欠发达区域时，问题就会出现（宋丙涛，2007a）。问题之一，大大低估了企业家对市场化改革的作用。传统农区是带有明显计划经济烙印的不完全竞争经济体，没有启动工业生产可供利用的自然资源，也没有交易成本优势的区位支撑，工业化的启动只能依靠市场化的企业家的创业行为和创新行为。具体来说，依靠企业家对市场机会的识别能力发现可供利用的市场机会，依靠企业家的创新精神为发现的市场机会提供产品和服务，依靠企业家勇于承担风险的精神支撑市场化交易和分工的顺利进行，等等。可见，对传统农区来说，企业家以及企业家发挥作用的市场化环境不是不需要了，而是非常需要。问题之二，强化政府主导的发展机制，在现实层面上就是"唯 GDP 论"。只有企业家主导的中小企业丛生的模式，才能尽可能多地吸纳就业人口，产业结构的层次才能更偏向于"落脚自由"型。而忽视市场机制的建设将压缩企业家的活动空间，促使企业家精神向非生产性方向配置，长期来看对地区经济环境造成制度性破坏。问题之三，企业家精神的缺失进一步造成区域缺乏"落脚自由"型产业生存的土壤，而"落脚自由"型产业正是沿海地区外向型工业化的重要驱动力（文玫，2004），国内外发展经验无一不在证明企业家精神与"落脚自由"型产业的成长呈正相关关系，且企业家精神越普遍，"落脚自由"型产业的本地化效应越明显。本书试图将与市场化条件有关的内生能力纳入传统农区工业化的分析框架中，在一定程度上弥补了现有理论的不足，增强了对现实的解释力。

第三，农业区位论和工业区位论认为经济活动选择的区位应该是运输成本最低点，而中心地理论与市场区位论认为应该选择利润最大点，这与本书关注的"长垣现象"有明显不同。在当时情况下，工业企业选择在长垣这些区域的原因肯定不是运输费用最低，也不是靠近市场，而是在当时制度环境下的制度成本最低。另外，克鲁格曼把影响产业初始形成的因素归结为历史的偶然，但如果把一次次历史的偶然联系起来，就会发现克鲁格曼所说的偶然指的是历史事件本身，也就是特定的事件在这里而没有在其他地方产生。但是，几乎每个地方都有类似的历史的偶然，为什么有的地方能发展成我们所熟知的专业化的产业区，而有的地方只能在历史的足迹中寻找？以克鲁格曼为代表的新经济地理学家虽然把空间因素和规模报酬递增融入了主流经济学，但其分析并没有克服主流经济学本身的弊端。新经济地理学假定区域之间的资源禀赋是一致的，排除了自然资源地理分布不均对各地区产业分布的影响，但是现实情况确是不同地区的自然与社会资源禀赋有很大差异。这就造成克鲁格曼关心的同一产业由于前向联系和后向联系所引起的规模报酬递增形成的"中心—外围"与不同性质的产业在区域之间由于某些因素的推动形成的"中心—外围"并存。可见，依靠前向联系和后向联系所引起的规模报酬递增只能是产业集聚的必要条件，而不是充分条件，本书将对区位理论没有充分解释这一现象进行尝试性的回答。

第三章　传统农区工业化概述

为了寻找传统农区工业化空间分异的规律，首先要对传统农区工业化涉及的相关问题进行描述性概括，具体包括工业化的模式、工业化的运行机制以及现阶段推进工业化的现实基础和有利条件等。另外，通过对传统农区工业化的描述性概括还能对传统农区工业化面临的外部环境和内部条件进行梳理，有利于从总体上把握传统农区工业化的发展脉络。

一　传统农区工业化模式的分类

一个区域工业化的推动路径受到经济社会等多方面因素的影响，既有历史的又有现实的，既有主观的也有客观的，不同影响因素的组合形成了不同的工业化模式。不同的工业化模式对地区经济社会结构变迁的影响是不同的，对这些多样化的工业化模式的特点及其对地区经济结构作用途径的考察能够帮助政府在既有的限制条件下最大可能地选择最有助于工业化进程推进的模式，从而加速地区的工业化进程。

（一）传统农区工业化模式的划分标准

传统农区工业化是外部工业化的生产要素与内部经济社会条件相互适应的过程，内外部各种因素的不同组合形式构成了区域工业化模式的空间差异，工业化进程在空间上的分异就是从各种因素的结构性差异开始的。但区域工业化的影响因素非常多，相应的工业化模式也千差万别，按照一定的标准来划分就成为关键。由于传统农区属于欠发达区域，其工业化必然受制于外部相对成熟的环境，也就是说，对于传统农区内部各区域而言面临的是相同的外部工业化生产环境，工业化模式的差异应该能够反映出本地化的历史性累积的生产要素体系对外部工业化生产要素反应的差异。具体表现就是外部工业化环境与本地化的历史性累积的生产要素体系的适应程度越高，其工业化进程越快。

传统农区的工业化属于次生工业化的范畴，支撑其工业化的现代工业体系都是从外部转移或派生过来的，支撑传统农区工业化的产业要素是从外部输入即通过产业转移过来的，产业转移在空间上适应程度的差异就是上文所说的"本地化的历史性累积的生产要素体系对外部工业化生产要素反应的差异"。这种产业转移又可以分为广义产业转移与狭义产业转移两种，广义产业转移是指不包含资本流动的技术扩散，狭义产业转移是指伴随资本流动的产业搬迁。本节余下部分将分别对这两种工业化模式及其特征进行分析。

（二）不包含资本流动的技术扩散的工业化模式及其特征

传统农区与外界交流的一种可能路径就是不包含资本流动的技术扩散，即源于原生地的现代工业通过掌握技术的人员、出版物等各种技术信息载体扩散到次生地，促使次生地也生发出现代工业来。这种形成路径一方面需要依托次生地的农业剩余积累，另一方面需要依赖本地人员通过"干中学"等途径掌握现代工业技术，从而完成原生地的现代工业嫁接到类似于传统农区这些次生区域。这个过程包括两部分，一部分是区域外的现代工业技术信息等生产条件，另一部分是区域内的资本、劳动力、制度等与工业化生产条件相配套的区域内的生产要素体系。这类模式是否成功，取决于工业化生产条件与区域内生产要素体系契合程度的高低，契合程度越高，对工业化进程的影响也越深。不包含资本流动的技术扩散的工业化模式一般包括以下六种。

1. 计划经济模式

计划经济时期的工业发展大多都是这种模式，尤其是在

1953～1978 年，大工业厂商的选址基本上遵从靠山、分散和隐蔽的原则（文玫，2004），经济效率并不是那时工业布局的主要原则。在特定制度下，这种模式对结构变迁的长期忽视不仅使结构变迁难以持续，其对总量扩张的边际效应也难以为继。改革开放之前的开封市就属于典型的计划经济模式，开封作为河南省前省会，机械厂、化肥厂、仪表厂、火电厂、制药厂等大型企业是"一五"时期投资建成的，空分厂、阀门厂、拖电厂、无线电厂、玻璃厂、毛纺厂等企业是"二五"时期投资建成的，国家持续计划性投资使开封成为当时河南省重要的工业基地。但改革开放之后，随着国家政策的调整，面对民营经济的竞争，并受诸多因素的影响，已经难觅曾经辉煌一时的开封工业的踪影，开封在河南省内的地位也开始下降。

2. 资源型依赖模式

资源型依赖模式是指产业具有向上游原材料空间布局集中的倾向。这种类型的产业所需原材料的市场半径的拓展受制于相对高昂的运输成本，而最终产品的运输成本大大低于原材料的运输成本，故这类型产业的空间布局具有明显的地理集中倾向。由于矿产资源空间分布极其不均衡，这类制造业的空间集聚程度就比较高。集中于洛阳、安阳的石油加工、炼焦及核燃料加工业，集中于安阳、平顶山的黑色金属冶炼及压延加工业，集中于洛阳、郑州的有色金属冶炼及压延加工业等就是这一类型的典型代表（详见

第五章）。

资源型依赖模式的产业布局受制于一定的区域自然条件，资源型产业的发展往往以资源枯竭与环境承载力的弱化为代价，大量负外部性的累积压制了区域内更有效率的经济活动的空间。与计划经济模式一样，这种模式如果转型效果不理想不仅不利于结构变迁的深入推进，也很难为总量提高提供持续动力。三门峡和平顶山两省辖市属于典型的初级原材料产业支撑的资源型城市，2000～2016年这两个省辖市的工业化综合指数排序下降非常明显就是例证（详见第四章）。

3. 国有大企业辐射模式

国有大企业辐射模式是指由计划经济时期布局的国有大企业派生出来的相关产业而形成的工业化发展模式。从动态角度看，国有企业在一个区域布局被接受，不仅在于其自身创造的价值，而且更重要的是这些国有企业在相对封闭的区域内提供了与非农产业交流的渠道和信息，这些国有企业的行为无形之中改变了周围居民原有的生产方式。在国有企业的示范带动下，当地的生产活动逐步渗入计划经济分工的边缘。一个最明显的结果是，与国有企业相配套的相关产业的本地化倾向越来越明显，产业环境的正外部性逐渐得到累积。可以说，计划经济时期产业的空间布局培养了区域内相关的产业环境，一旦市场成为主要的资源配置方式，这种得到累积的正外部性就将被无限放大，模仿创新也会出现，以竞争优势和集聚效应为基础的经济效率成为这类工业集聚于该区域的主要原则，国有大企业辐射模式下产生的其他企业也更容易填补"国退民进"腾出的市场空间。

现实中国有大企业辐射模式的代表有很多，如洛阳和许昌两地。洛阳是老工业基地，"一五"时期布局的以洛阳第一拖拉机厂、洛阳轴承厂为代表的通用设备、专用设备以及交通运输设备制造业仍然是目前河南省该类产业最主要的聚集地之一。2016年洛阳市通用设备、专用设备以及交通运输设备三大制造业增加值占其制造业增加值的比重高达27.64%，占同期河南省该三大产业增加值的比重也高达15.17%。① 许继集团辐射下的许昌电气机械及器材制造业也属于此种模式。许继集团的前身是在1970年积极响应国家号召下从黑龙江阿城千里迢迢搬迁到河南许昌而成立的许昌继电器厂，经过多年努力，许昌继电器厂不断发展壮大成就了今天的许继集团。许昌有着电气机械及器材制造业发展所需要的良好的产业基础，作为全国著名的电气生产企业，许继集团在业内有着较高的知名度和较大的品牌优势。经过多年的发展，在许继集团周围也衍生出了一批中小型的电气生产企业，并由此培养了数量庞大的电气行业的熟练技术工人，在许昌已经形成了电气行业发展的良好氛围。以2016年为例，许昌电气机械及器材制造业增加值占其制造业增加值的比重为11.12%，占同期河南省该产业增加值的比重更是高达22.76%。

---

① 数据根据洛阳市及各省辖市相应年份统计年鉴整理得到，本节下文如无特别说明，数据均来自河南省及各省辖市相应年份的统计年鉴。

4. 长垣模式

长垣模式以长垣县这类区域的工业化发展模式为代表。长垣县位于黄泛区，是典型的黄河水患多发地段，地下无资源，地上无矿藏，区位无优势，是有名的农业穷县。但就是在这样的贫瘠之地，偏偏生长出"中国厨师之乡""中国防腐蚀之都""中国起重机械名城"等，这种独特的发展模式被媒体和理论界誉为"长垣模式"（张静，2010）。

具体来说，农业资源禀赋较差的区域的自然地理环境一般比较恶劣，人均农业资源禀赋比较贫乏，在农业经济时代必然迫使这些区域的人背井离乡从事原始的手工业工作以获取收入。这种长期生存压力和历史习惯的积累，使这一区域的人培养了敢于冒险和创新的精神，走南闯北、勇于尝试新事物、有一技之长成为该区域的比较普遍的社会价值观。这种带有农业文明边缘的区域性价值观正是市场经济所需要的创新和敢于冒险的精神，而习惯性的为这种行为承担风险保证了创新和冒险精神的延续。这种精神在改革开放以前，只能体现在四处游走、为生存奔波之中，游离于主流价值观之外。但当遇到最适合生存的市场经济时，这种原始的劳动力外流就成为区域工业化的起点。随着制度层面对私人市场活动管制的逐渐放宽，拥有创新和冒险精神的外流劳动力逐渐完成了向创业者或者说企业家的过渡。也就是从那时起这些企业家便开始有意识地捕捉商机，这种市场化的行为最初由极个别"能人"在特殊的空间点产生，但这种示范效应一旦形成，隐藏在这一区域内的人的骨子里的姑且称为企业家精神的价值观就如同星星之火般由点到面铺陈开来。

长垣模式是传统农区工业化模式的典型代表，这类模式之所以能引起重视，是因为相对于其他区域而言，此处恶劣的自然地理环境使这一类型区域的居民都有一种冒险的意识和经商的传统，小农意识相对淡薄，当外部条件允许的时候，产业在这里成长并壮大起来也是经济规律的必然。长垣模式告诉我们，工业化的发端并不必然地受制于自然资源和区位条件，它的成功源于拥有在特定自然地理环境下形成的能够适应成本收益规则的市场经济的社会价值观，这种价值观是长垣模式成功的关键。

5. 历史传统升级模式

历史传统升级模式是指产业在特定的空间点上都或多或少有着历史的传承，这种历史的传承是历史的偶然因素不断作用的结果。在漫长的生存经济时代，某个历史的偶然事件使特定区域获得某种非农业的市场信息，经过长期的实践和探索，与该产业有关的特定性要素在区域内逐渐集聚，资本、技术以及市场信息的积累规模也越来越大。当这种被无限放大的产业的特定性要素与工业化的生产方式结合起来时，该产业就由家庭手工业向现代制造业发生质的蜕变，逐渐形成相对完整的产业链并发展出专业化的产业区。

历史传统升级模式的案例也比较多,如周口市的皮革业以及衍生出的制鞋业就是典型代表。周口在历史上曾有"南皮都"的美誉,其悠久的制革初加工传统可以追溯到清朝初期。2016年河南省皮革、毛皮、羽毛(绒)及其制品业的区位基尼系数高达0.586(详见第五章),而周口市该产业增加值占当年全省该产业增加值的比重更是高达25.91%,长期排在河南省第一位。另外,许昌发制品业的发展历程也属于此种模式,其发展历史可追溯到清朝末年许昌城西的灵井镇泉店村的制发活动,迄今已有200多年的历史,目前已发展成为全国最大的档发加工出口基地。许昌市建安区已成为全球最大的人发集散地和发制品加工出口基地之一,区内有以瑞贝卡、金福源、格菲尔、奥源等为龙头的发制品企业45家,2018年产值和利税分别达到145亿元和20亿元。

6. 农副食品加工模式

农副食品加工模式是指相关产业与农业有着密切关系,其产业链依托大农业提供主要原料。农副食品加工业起着连接农业与工业的桥梁作用,不仅吸纳农业剩余劳动力,而且可以商业化地规模经营,具有最直接的结构变迁效应。传统农区在这类产业上有着独一无二的优势,建立在这和比较优势基础上的农副食品加工业、食品制造业与饮料制造业等产业当然就具有某种比较优势。目前,传统农区农副食品加工业面临时代赋予的新机遇,激烈的市场竞争使企业兼并加剧,对食品安全的重视又要求控制上游原料产地,进行全产业链生产。这不仅需要足够大的市场，而且也需要具有可以控制上游原材料的区域。传统农区人口众多，农业资源禀赋的数量较多和质量较高，同时具有"天地之中"的区位优势，覆盖市场范围较大。农副食品加工模式在传统农区比较普遍，漯河市是其中的典型代表，拥有双汇这一国家农业产业化重点龙头企业，每年消化 1500 万头生猪、70 多万吨鸡肉，通过养殖业年转化粮食 1000 多万吨，带动周边养殖业、饲料业、屠宰加工业实现产值 600 多亿元，间接为 170 多万名农民提供了就业岗位。

（三）伴随资本流动的产业搬迁的工业化模式及其特征

随着世界经济一体化进程的推进，国际经济关系逐渐从以国际贸易为主的形式向以国际直接投资为主的形式过渡。这种经济关系的转变对承接国际直接投资的欠发达区域的工业化模式具有深刻影响，影响通过大规模的伴随资本流动的产业搬迁来实现，而这种影响对一个国家内部各个区域而言也同样存在。此种模式被学术界通常界定为狭义产业转移，这一过程伴随着资本流动的产业搬迁，即生产企业的全部或部分从原生地搬迁到次生地，一般会涉及资本、设备、技术、生产组织和管理模式等多方面的转移。根据笔者的调查和总结，这种模式可以细分为以下五种。其中，根据产业转移在转入地与转出地特点的不同，把狭义产业转移进一步细分为纯产业转移模式、产业对接模式、潜在优势挖掘模式三种。

1. 纯产业转移模式

纯产业转移模式的典型特征是承接地可以没有相应的产业基础，这种模式又可以细分为以下两种类型：一类是劣等商品的生产，随着产业升级和生活水平提高，一些正常商品逐渐演变成劣等商品，其市场不断向欠发达区域转移，这类企业便会逐渐向市场靠近，直至被彻底淘汰；另一类是工业技术达到成熟阶段以后，产品技术的标准化使模仿者逐渐掌握了该产品的生产技术，且其低廉的成本使该类型产业在原生地已没有生产的竞争优势，使其逐渐向次生地转移。改革开放以来我国东南沿海地区以外向型劳动密集型制造业为主的工业化的实现路径大都属于此种模式，经过多年的发展，随着生产要素成本的不断上升和海外市场空间增幅的下降，这类型的产业也面临向中西部等欠发达区域转移的趋势。

富士康内迁河南就是纯产业转移模式的代表。富士康科技集团属于劳动密集型制造业企业，其产品早已经开始标准化生产，产品本身并没有太多的技术含量。既然是劳动密集型制造业就有可能脱离上海、深圳这些沿海人才的聚集高地，在沿海地区劳动力、土地等生产要素价格不断上涨，压缩其利润空间的情况下，这种趋势更加明显，成本利润的倒挂会迫使这类型制造业向中西部等欠发达区域转移，2006年以来的大规模的产业转移浪潮就是这种趋势的真实写照。与此同时，广大中西部欠发达区域也逐渐认识到招商引资对本地工业化进程的重要性，各地根据实际情况相继出台了各种有利于承接沿海产业转移的政策措施。这两种因素都使富士康这种劳动密集型制造业企业直接转移到劳动力丰富及与市场相邻的区域，且不需要相应的产业环境与之相配套。

2. 产业对接模式

与纯产业转移模式不同，产业对接模式要求本地有相应的产业基础，本地在承接产业转移时就更容易成为该类型产业落脚的首选地。对该种模式的研究主要源于以下两个方面。一是原生地存在完善的产业环境，而潜在的转出地缺乏必要的配套环境，产业从转出地向转入地的转移具有黏性，一个产业要想成功转移，取决于以承接地的土地、劳动力等生产要素为基础的生产成本的降低与以转出地相对完善的配套环境为基础的产业黏性之间利益的对比。因此，欠发达区域首先应该研究发达区域面临或者潜在面临向外转移趋势的产业，也就是说，欠发达区域不能消极等待其转出，而应积极去遴选最有可能转出的产业来承接，因此研究本地区现有的产业基础对承接产业转移具有重要作用。二是欠发达区域并不能承接和发展所有产业，而是特定区域可能只适合某种产业的落地和生长，不管这种落地具有何种原因，但从长期来看确实是特定产业在特定的区域不断集聚。最有可能在本地集聚并发展的产业是本地已经具有相对完善的环境的产业，依托这类产业实现的产业转移也最有可能成功。因此，每一区域都应研究适合本区域承接的产业，积极促使沿海地区面临转移的产业与本地既有的产业环境进行对接，提高承接效率，加速本地的工业化进程。

许昌市中原电气谷中的温州产业园就是此种模式的典型代表。许昌市依托许继集团形成了电气行业发展的产业基础，在其市区东北部规划了 13.9 平方公里的产业集聚区——中原电气谷，温州产业园就属于其中民用机电产业园的一部分。温州产业园的投资人之一林金富先生是温州人，早年来许昌办企业（生产电气产品），后来，林金富先生的企业由于扩大生产规模需要增加建设用地，在申请用地的过程中了解到中原电气谷的规划。由于有着多年在许昌从事电气行业工作的经验，林先生非常了解许继集团在业内的知名度及其在许昌的良好产业基础，因此对中原电气谷的规划和发展前景表现了浓厚的兴趣。经过沟通，林先生决定牵头组建公司投资建设中原电气谷温州产业园，希望依托许继集团在业内的知名度和产业基础，吸引一批温州企业进驻，形成低压电气生产的完整产业链条，复制温州集群式的产业模式。可见，电气行业发展所需要的良好产业氛围和产业基础是许昌经过多年发展所逐步积累的，是其他区域短期内难以模仿的，因而也是许昌最独特的比较优势。这一案例证明了前面提出的产业氛围与配套能力等是中部地区承接产业转移的重要载体和平台，这也是产业对接模式能否成功的核心价值所在。

3. 潜在优势挖掘模式

潜在优势挖掘模式要求本地区具备某种潜在的资源，这种容易被人忽略的潜在的资源在产业转移的大背景下有可能成为本区域承接转移产业强大的竞争优势。潜在优势挖掘模式所适合的产业一般属于消费类行业，这类产品的需求弹性比较大，即只有当生活水平提高到一定程度以后，这类产品才会有广阔的市场空间。因此，在经济发展没有达到一定水平以前，这类产品在人口众多的传统农区缺乏生存条件，对潜在优势的利用缺乏足够的经济刺激。随着沿海地区生产要素价格的上升和内地消费市场的兴起，传统农区承东启西、连贯南北的地理位置成为这类产业获取最大市场半径的首选区域，传统农区的腹地因此就会产生倍增的经济效应。如果能够挖掘出某种产业在这一区域的某种潜在比较优势，其就极有可能演变成本区域的主导产业。这种模式要求当地对本区域内的自然社会条件进行全方位的分析，找出哪些潜在资源能够与沿海地区产业转移相匹配并产生经济效益。

鹤壁市石林陶瓷工业园区就是专门为承接沿海地区产业转移所设立的专业园区。鹤壁的烧瓷行业兴于唐代，鼎盛于北宋，鹤壁集古瓷窑遗址为国内考古迄今发现最早、规模最大的瓷窑遗址。但由于各种因素的影响，鹤壁的烧瓷行业在近代已经难觅踪迹。面临东南沿海地区陶瓷产业向内地转移的战略机遇，鹤壁市深度挖掘本地发展陶瓷产业的潜在优势，这种有着悠久历史但没有现实产业基础的陶瓷业正在作为一个潜在的支柱产业被再度予以重视。除了该地拥有悠久的烧瓷历史和部分矿物原料外，其土地绝大部分是浅山坡地，地形落差最大 50 米，很适合这种占地规模很大的企业生存，大规模的占地与国家耕地保护红线之间不冲突。以陶瓷为主的非金属矿物制品业正在成为鹤壁市工业老区新的经济支柱，成为鹤壁市煤炭资源型战略转移的重要载体和平台。2009 年，被业界誉为"建陶航母"的广东新中源陶瓷有限公司入驻该园区，对鹤壁陶瓷发展具有巨大的带动作用。

4. 回乡创业模式

回乡创业模式是近年来新出现的一种产业转移模式，是指本地人员在外出务工的动态过程中，掌握了某种产业的相关技术，也积累了相当数量的资本，在面临产业转移的大背景下，地方政府谋求发展的渴望与这些人想回乡做大事业的需求有了契合点，这些外出务工人员就带着累积的人力资本和物质资本回到家乡创业。随着产业转移进程的加快，回乡创业模式将有更大的发展空间。

回乡创业模式可以用扩展的"推—拉"理论来解释，即可以利用"推—拉—引"理论来解释这种模式形成的内在机理，它揭示了随着时间的推移，农村剩余劳动力对传统农区结构性变迁影响的时间轨迹。第一阶段"推"力，传统农区人均资源禀赋较低，生存压力迫使剩余劳动力外出从事非农产业工作，这一部分劳动者成为最先接触外界新生事物的群体，劳动力外流拉开了传统农区结构性变迁的序幕。第二阶段"拉"力，当劳动力外流从事非农产业工作的收益被大多数人看到以后，巨大的经济刺激成为劳动力向外流动的拉力，这时的劳动力流动不是为了生存产生的被动性流动，而是追求更高生活质量的主动性流动，生存的推力就让位于外界更高生活质量的拉力。第三阶段"引"力。"引"包含两方面的含义。第一层含义是对于外出务工一定阶段后成为拥有一定技术和资本实力的企业家来说的。在沿海地区面临产业转移的大背景下，这些企业家同样也面临自己事业上的空间转移。回乡创业使这类企业家的经济利益与社会荣誉两种利益诉求同时得到满足。第二层含义是对于以打工为主要收入来源的农村剩余劳动力来说的，由于长期的二元管理体制造成工作与居住空间的不一致，二元的工资标准使外出务工人员很难在工作地获得当地社会的认同，生存压力与生活水平的舒适程度严重不对称，这样一种生活状态与家乡的舒适程度形成强烈反差。伴随着沿海地区产业向中西部地区的转移，外出务工人员也逐渐回流到户籍所在地，为回流的创业者提供劳动力资源。

许昌鄢陵箱包工业园就是此种模式的典型代表。鄢陵县在外从事箱包生产的农民有 5 万多人，成为箱包企业老板的有数百人，很多人在河北白沟等地长期打工后成长为企业家，鄢陵县具有发展箱包产业的独特优势。2007 年底，鄢陵县瞅准国内箱包行业由东部地区向中西部地区转移的机会，借助该行业有众多鄢陵籍老板的比较优势，上马了箱包工业园项目。目前，鄢陵箱包工业园不仅吸引了一批省外的鄢陵籍老板回乡创业，还吸引了太康、尉氏等周边县市的老板到鄢陵创业。鄢陵箱包产业前景乐观，出口订单逐步增多，同时也带动了该县彭店镇及县城周边一批家庭型企业的发展。

5. 空降模式

空降模式是指相关产品并没有遵循生命周期从先发工业化区域向欠发达区域层级转移的规律，即一个产品在生命周期的初期就在欠发达区域投资生产。该模式主要对应于研发和生产相分离的情况，即研发在发达地区，而生产则在欠发达地区。空降模式并不是完整的产业转移的模式，是某一个产业链的转移，是传统产业转移的升级版。目前，遵循这一模式的产业转移对于欠发达传统农区来说还比较少见。但随着世界经济一体化进程的推进，先发工业化区域保留产业链的高端，后向的生产等环节向欠发达区域层级转移就是产业发展的一般性规律，空降模式将成为未来产业转移的重要模式。

二 传统农区工业化运行机制的
一般性与特殊性

（一）传统农区工业化运行机制的一般性

传统农区工业化是工业化的一种类型，其运行机制具有工业化的一般性特征。从最一般的意义上说，工业化运行机制无外乎两种：一种是依靠经济体内部的资本、劳动、技术知识、组织管理以及企业家才能等生产要素的内生积累逐渐实现产业结构层次由农业向工业、由低级到高级蜕变，这种机制一般被称为内生机制；另一种是经济体处于低水平均衡状态，自身缺乏打破这种均衡状态的必要条件，必须依靠外力，依靠与外界的交流获取必要的生产要素，这种机制一般被称为外生机制。目前主要发达国家的工业化运行机制属于内生机制，绝大多数欠发达经济体的工业化运行机制则属于外生机制。当然，内生机制和外生机制只是相对的概念，并不能绝对地划分开来，两者都不能脱离一方而单独存在。自英国工业革命以来，人类社会开始进入机器大工业时代，工业取代传统的商业和农业成为财富的主要来源。在英国的示范带动下，工业化的生产方式逐渐为当时西方国家学习。从全世界范围来看，这类国家的产业处于全球产业链的最前端，生产率的大幅度提高使这些国家率先摆脱了生存经济体系的困扰。从第一次工业革命开始整个世界在三个半世纪中处于以农业为主的生存经济体系和以工业为主的无限增长经济体系的对立状态之中，工业化的生产方式显示出无比的优越性并最终为各国效仿。工业革命所要求的各种条件是在西方经济社会漫长的历史演变中内生出来的，因此欧美发达国家的工业化是依靠内部因素即内生机制完成的。与欧美发达国家的内生机制相对应，绝大多数欠发达地区的工业化则是依靠外生机制来实现的，即通过与外界工业文明的交流及引进工业生产所必需的各种先进的生产要素实现。

　　欠发达地区工业化的外生机制的源泉来自两个方面。一方面来自欧美日等发达国家产业向外进行转移的外部机遇。由于先行工业化国家的工业生产对稀缺性要素的需求竞争，要素价格不断上升，要素禀赋结构在动态中不断完善。与此同时，工业化初期阶段大量的负外部性也被纳入微观主体的生产成本中来，这使先行工业化部门在发达国家内部逐渐失去竞争力，相关产业就有向外转移出去的内在动力。最终那些在发达国家没有竞争优势的产业逐渐转移到欠发达国家，而发达国家则通过产业转移不断完善自己的产业结构，保证了其处于全球产业链的最前端。另一方面来自欠发达国家本身。李嘉图比较优势学说暗含的一个结论是落后国家在动态过程中永远处于相对落后状态，其产业结构层次和生产率水平都必然地长期受制于发达国家。这种学说与落后国家长期要摆脱发达国家控制的意识形态严重对立，在工业化战略上落后国家采取违背比较优势的进口替代战略，这也是早期发展经济学家为落后国家开出的药方，进口替代战略成为那个时代产业转移发生的根源。不管是早期的进口替代还是后来的出口导向都强调欠发达区域为迅速实现工业化而产生的主动性的产业移入需求，工业化的运行都需要依靠外部某种关键性生产要素的引入以摆脱生存经济体系的困扰，因此这类工业化的运行机制属于外生机制。

传统农区工业化的过程也是其产业结构由农业向非农业、由低附加值领域向高附加值领域的动态升级过程。这一过程需要以大量的资本、技术以及技术人员等为依托，这些因素在世界经济一体化、信息化的今天对于传统农区来说都是很难自发形成的。由于不具备产业结构升级的这些条件，传统农区与先进工业化区域的差距会越来越大，这就进一步提高了传统农区产业结构调整的难度。因此，传统农区依靠内生机制来调整自己的产业结构是非常困难的，必然会借助于外力来实现这一过程。因此，传统农区工业化的运行机制属于外生机制，其工业化是通过内部条件与外部工业文明的互动实现的，属于次生工业化范畴。

（二）传统农区工业化运行机制的特殊性

落后的传统农区如何实现工业化一直是学术界争论的话

题之一。成熟市场经济国家经济发展的大量事实表明，经济活动首先起源于拥有区位优势的区域，这些区域普遍存在企业家才能，依靠企业家的领导协调者、中间商、创新者和不确定性承担者等作用的发挥把劳动与土地有效结合起来，创造资本，增加产出，实现经济社会良性发展。这解释了大多数区域的经济社会发展现实，也能充分解释改革开放以来沿海地区经济发展的现实，不管是珠三角地区还是长三角地区，都具有交通区位上的优势，这些区位优势伴随长期的商业文化熏陶以及外来资本与技术的助推，充分把整个中国劳动力资源禀赋的比较优势发挥到极致，造就了改革开放以来东部沿海外向型经济发展模式的空前成功。但与沿海先发工业化区域本质不同的是，传统农区既缺乏启动工业化生产的资本、技术以及自然资源，也不具备对交易成本优势的区位支撑，这两者伴随农耕文明在思想上的羁绊，构成了传统农区经济社会转型的巨大障碍。

但是，长垣工业化的成功让我们思考一个区域工业化或产业的发展到底受制于什么因素，是资本、技术、区位抑或是政策倾斜？从长垣这类区域的发展过程可以看出上述因素并不是构成工业化发生和发展的必然要素，甚至从一定程度上说正是这些区域缺乏上述所说的生产要素才创造出了目前的工业化成就。有鉴于此，本书认为传统农区工业化不能单纯用次生工业化来解释，相较于其他区域而言，传统农区工业化的性质属于"次生中的次生"。"次生中的次生"性质主要体现在以下四个层次。第一，传统农区的工业化是一个大国内部的欠发达区域的现代化问题，具有较强的区域特性，并不像珠三角地区、长三角地区那样承载着国家战略层面的意义，因此传统农区工业化过程可能不仅不会有特殊政策层面的照顾，反而会由于自身长期承担国家粮食安全的责任而在实践中演变为事实上的沉重负担，造成传统农区由农业向非农、由农村向城镇转换的现代化的步履异常沉重。第二，深处内陆平原农区的区位限制，传统农区的经济发展与社会转型的内生动力不足，根深蒂固的小农经济意识在与外界先发工业化区域的双向交流机制中极其被动，缺乏工业化思维而不是单纯缺乏经济刺激是传统农区与先发工业化区域在工业化进程中的重要区别，因此如何重塑传统农区的工业化思维对其现代化转型至关重要。第三，传统农区工业化面临的约束条件十分苛刻，依靠低成本的要素投入的粗放型发展时代已经一去不复返，工业化在技术与环保等方面的要求会更严、标准会更高，这无疑提高了传统农区工业化的门槛，使本就缓慢的工业化过程在高质量发展要求下显得更加力不从心。第四，传统农区工业化的特殊性还在于大国内部先发区域与后发区域存在二元制度上的障碍，沿海先发工业化区域长期享受到要素不完全流动带来的经济利益而完全拒绝或在一定程度上拒绝承担相应的社会成本，传统农区的工业化过程是不断探索此类二元制度的解决方案的过程，其工业化承担的使命不是单纯的经济增长，而是更深层次的社会结构变迁，其难度较大，复杂程度较高。

综上，"次生中的次生"性质使抽象于一般性的次生工业化理论的发展经济学不能充分解释传统农区工业化，对传统农区工业化在空间上突破的解释一定还有被主流经济学家遗忘的因素，这些因素将是重新诠释传统农区工业化在空间上分异这一现象的关键，因此对传统农区工业化的解释需要新的视角，这也是本书的价值所在。

三 现阶段传统农区推进工业化的现实基础和有利条件

（一）较大的人口存量规模凸显巨大的发展潜力

改革开放初期，由于缺乏启动工业化所必需的土壤和根深蒂固的二元制度障碍，传统农区大量剩余劳动力开启了漫长而沉重的外出务工之路，这种不彻底的人口外流使传统农区的经济与社会结构变迁具有较强的被动性和滞后性。但随着整个中国经济步入后工业化阶段（黄群慧，2017），沿海先发工业化区域的产业和产业生态开始在东中西部之间进行区际传递，当这种传递达到一定程度时，传统农区长期的人口压力将转化为发展的动力。这种动力主要体现在以下三点。第一，美国金融危机以来，中国处在由投资向消费转型的大趋势中，随着收入水平的持续提升，传统农区较大规模的人口基数将释放出巨大的消费升级换代需求。正如上文在工业化模式中描述的那样，为了节省运输成本和寻求最优市场半径，越来越多的市场导向型企业开始在传统农区内部布局，从而使此类型的工业及以此为基础的工业化由点到面式铺开。第二，收入水平的提高带来的不仅是消费升级，而且更重要的是产生了寻求更多的就业机会、更优越的居住环境、更高质量的教育和医疗服务等的实际需求。基于此，越来越多的传统农区居民的生存空间已经或正在向城镇聚集，在这个过程中，传统农区的人口优势为其自身的城镇化带来了巨大潜力，围绕城镇化而来的生产和生活性服务业开始渐成气候，与传统的工业生产形成有效的互动。更重要的是，党的十八大以来，随着以人的城镇化为核心的新发展理念的贯彻，传统农区长期受到的二元制度的压制会得到较大程度的纠正，劳动力流动在广度和深度上都有了更强的动力和制度上的保障，工业化、城镇化的结构变迁效应会更加全面和深化，传统农区的经济社会发展将持续释放更多动能。第三，经过多年大量人口外流的累积，传统农区内部个别地区已经出现了劳动力回流的倾向，这些回流的劳动力一方面会带来上文所说的回乡创业模式，另一方面会带来居住空间和就业空间的非农化倾向，由人口回流引致的工业化的"溢出效应"开始显现。总之，经过多年的积累和发展阶段的转换，传统农区正在把人口压力转变为自身发展的动力和宝贵财富。

（二）现代化立体综合交通枢纽的打造大大提升了区位竞争力

受益于得天独厚的地理位置，以河南省为代表的传统农区身处国家南北、东西交通大动脉的枢纽要冲，大量的人流、物流、资金流、信息流在此聚集并产生巨大吸引力，不断为区域工业化进程注入动力和活力。更为重要的是，其中心城市郑州是国内少有的集航空、铁路、公路枢纽于一体的城市，三位一体的现代化综合交通枢纽逐渐成为该区域经济社会发展的引擎。从公路来看，河南是全国最重要的公路主枢纽之一，京港澳高速、连霍高速、二广高速、大广高速等 9 条国家高速公路与 20 余条区域地方高速公路及 105、106、107、207、310、311、312 等国道纵贯全境，且在 2012 年底就已经实现了全省所有县（市）20 分钟上高速。从铁路来看，郑州享有"火车拉来的城市"的美誉，素有"中国铁路心脏"之称，京广、陇海两大干线铁路在这里交会，以郑州为中心的"米"字形高铁网预计 2020 年将正式成形，郑州正在重现或超越在普铁时代的辉煌。从航空来看，河南航空运输业基础比较薄弱但发展势头强劲，目前有郑州新郑国际机场、洛阳北郊机场、南阳姜营机场和信阳明港机场，《国家发展改革委民航局关于印发全国民用运输机场布局规划的通知》（发改基础〔2017〕290 号）中明确提出，到 2025 年要在河南布局规划新增商丘、鲁山、安阳、周口、三门峡 5 个民用机场，届时航空运输的服务保障能力将更强，覆盖面将更广。更为可喜的是，随着中国国际地位的提高和对外交流的日益频繁，北京、上海、广州三大门户枢纽机场空域资源运营已经接近饱和，在广大中西部区域挑选一个发展前景好的机场使之承担三大门户机场的部分中转功能就显得非常有必要，而郑州不可复制的地理位置再加上四通八达的铁路和公路网络能够最大限度地发挥"铁公机"的多式联运优势，这也是郑州新郑国际机场在 2008 年被国家民航局确定为全国八大区域性枢纽机场之一的重要原因。在政策刺激和各方努力下，郑州新郑国际机场年客货运规模的全国排名从 20 开外迅速上升，截至 2018 年上半年，郑州新郑国际机场旅客吞吐量和货邮吞吐量分别位居全国第 12 和第 7。

可以预见，国际化、现代化立体综合交通大枢纽的逐渐形成和影响力的逐步提升，势必会加速传统农区相对僵化的内部生产要素体系与外部先进生产要素体系的碰撞与适应，逐步改善其相对封闭的不利局面，为加速自身工业化进程提供强有力的支撑。

（三）产业转移提供了跨越式发展的难得机遇

改革开放初期，以劳动密集型制造业为基础的外向工业化模式率先在东南沿海地区产生且一发而不可收，而以传统农区为代表的广大内陆欠发达区域由于缺乏东南沿海地区那样的外部环境和内部条件而在相当长时间内不能对工业化做出有效回应。但自 2000 年以来，由于生产要素成本的不断上升，东南沿海地区劳动密集型制造业向内陆欠发达地区转移的意愿开始出现，但此时产业转移还只是偶然的个体事件，并未形成普遍趋势。美国金融危机之后，随着中国出口总额增速的下滑（见图 3 - 1）和国内对消费及消费升级的重视，那些在原有区域内失去竞争优势的出口导向型劳动密集型制造业逐渐由沿海发达地区转移至内陆欠发达地区，这与广大欠发达地区急需借助这些制造业的本地化布局实现自身现代化转型的发展诉求不谋而合，也就是从那时起产业转移对工业化进程在空间上的推进路径的影响开始逐渐显现，广大欠发达地区掀起了承接产业转移、加速推进自身工业化的浪潮。

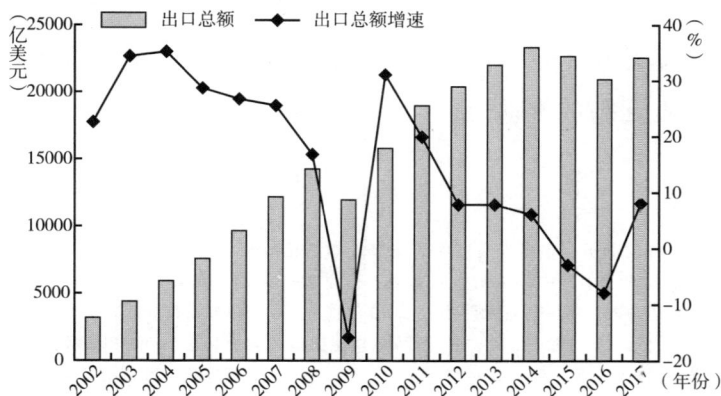

图 3 - 1　2002 ~ 2017 年中国出口总额及其增速情况

资料来源：根据相关年份《中国统计年鉴》整理得到。

　　在产业转移浪潮下，由于地理位置以及丰富的劳动力资源等的助力，传统农区迎来了难得的跨越式发展的机遇，在实践上逐渐形成了"传统制造业—高技术制造业—现代服务业"三位一体的多元产业对接框架。第一，传统农区是拥有大量劳动力的欠发达区域，工业化的顺利推进需要大量劳动密集型制造业来消化具有非农化倾向的劳动力，而传统农区各地承接产业转移的实践也印证了此类型的产业转移对区域工业化可持续发展的重要性①。第二，由于技术研发与生产环节的分离，一些高技术的劳动密集型制造业的生产环节也面临转移的内在要求。而由于高技术制造业的产业黏性，一个龙头企业的入驻就能够加速为其服务的前后向企业在此聚集，最终会形成完善的产业链生态，这无疑会大大提升传统农区工业化的厚度和高度②。第三，随着综合实力的提升，传统农区在承接现代服务业时逐渐发力，近年来以物流、金融、会展为主体的现代服务业加速崛起，传统农区的现代服务业正在或已经成为工业化新的推动力。

---

① 这样的例子有很多现实层面的支撑，如商丘市睢县的"中原鞋都"、濮阳市清丰县的"中国中部（清丰）家具产业基地"等都是典型例证。
② 富士康入驻郑州就是典型例证。2010 年富士康着手在郑州布局，其龙头带动效应立即显示出来：在中部六省中，河南省的进出口总额长期低于湖北和安徽，在富士康入驻郑州的第二年即 2011 年河南进出口总额已经超过安徽，2012 年大幅度超过湖北（数据来自相关年份各省统计年鉴）。2012 年富士康集团下辖企业进出口总额高达293.9 亿美元，占河南省进出口额的 56.8%，富士康进出口贸易对河南省外贸的贡献率为 104.2%，参见《2012 年富士康进出口额占河南省进出口总额 56.8%》，中商情报网，http://www.askci.com/news/201301/16/169293955467.shtml。富士康的入驻，将带动相关配套企业 5000 多家（笔者在富士康调研时获取的数据）以及衍生出更多"落脚自由"型制造业在此区域布局。更重要的是，国家层面也意识到了高技术制造业转移的趋势并出台了具体的鼓励措施［详见《国务院关于中西部地区承接产业转移的指导意见》（国发〔2010〕28 号）文件］，相信高技术制造业在传统农区工业化过程中将扮演越来越重要的角色。

（四）地方发展利益诉求逐步上升为国家战略，优化了政策环境

作为国家最重要的粮仓之一，以河南省为代表的传统农区长期以来承担了太多国家粮食安全的重任[1]，国家层面对该区域的政策设计理念历来就是主要围绕保障粮食生产和安全展开的。但由于土地资源的稀缺性，对农业生产用地单方面的保护[2]必然会在某种程度上造成工业化顺利推进的障碍。不可否认的是，传统农区也有着强烈的工业化与现代化的诉求，且外部区域工业化效果越显著，其实现这种诉求的愿望就会越迫切。而实现诉求的前提是要化解自身的工业化与国家要求其承担的粮食安全责任之间的矛盾，围绕化解这一矛盾，河南省进行了多年的积极尝试，并逐步探索出一条"不以牺牲农业和粮食、生态和环境为代价的新型城镇化、工业化和农业现代化协调发展的路子"，即"三化"协调发展。由于"三化"协调发展在更大范围和更高层次上调和了上述

---

① 如时任中共中央总书记的胡锦涛在河南视察工作时强调"能不能保障国家粮食安全，河南的同志肩上是有责任的"，时任国务院总理温家宝也指出："河南为保证国家粮食安全做出了重要贡献，要在加强农业基础工作、提高农业生产能力方面再上一个新台阶"。详见刘满仓《关于国家粮食战略工程河南核心区建设情况的报告——2009 年 11 月 23 日在河南省第十一届省人民代表大会常务委员会第十二次会议上》。

② 《中华人民共和国国民经济和社会发展第十一个五年规划纲要》中提出耕地保有量保持 1.2 亿公顷（18 亿亩），从此 18 亿亩耕地红线被当作一个具有法律效力的约束性指标，是不可逾越的一道红线。如时任国务院总理温家宝在 2007 年《政府工作报告》中提到，"一定要守住全国耕地不少于 18 亿亩这条红线。坚决实行最严格的土地管理制度……"河南作为农业大省，受到的影响可见一斑。

矛盾，这样的发展理念也得到了国家层面的积极回应，以"三化"协调发展理念为基础的中原经济区正式上升为国家战略就是最好例证。①

以中原经济区上升为国家战略为契机，河南省在更高层次、更宽领域、更大范围上推进自身的工业化和现代化进程，高端制造业和现代服务业的平台建设和集群化培育也已初见成效。作为中原经济区"三化"协调发展的重要平台，郑州航空港经济综合实验区是全国首个也是目前唯一上升为国家战略层面的航空港经济发展先行区。② 郑州航空港经济综合实验区除了会形成电子信息、生物医药等高端制造业的发展高地外，更重要的是能够依托日益完善的国际货运网络把正在打造的现代立体交通体系转化为具有相当大竞争力的国际国内市场深度融合的现代物流和贸易体系，这也是建设中国（郑州）跨境电子商务综合试验

---

① 2011年9月28日，国务院正式出台了《国务院关于支持河南省加快建设中原经济区的指导意见》（国发〔2011〕32号），标志着建设中原经济区正式上升为国家战略，这是作为传统农区的河南省谋求地方发展战略上升为国家战略的一大突破。指导意见明确了河南省作为"全国工业化、城镇化和农业现代化协调发展示范区"的重要战略定位，这为河南省工业化的发展提供了前所未有的契机。这种契机主要体现在以下两个方面：第一，河南省通过发展工业尤其是制造业实现自身现代化的前提条件是破解现有的土地红线约束，因此可以充分利用"三化"协调示范区赋予的先行先试的政策，探索人地挂钩、城乡统一的土地制度等新方向，在最大程度上实现"人口集中、土地集约、产业集聚"，不断破解发展中的制度障碍；第二，指导意见明确提出要"加快新型工业化进程，构建现代产业体系"，"抢抓产业转移机遇，促进结构优化升级"。

② 《郑州航空港经济综合实验区发展规划（2013—2025年）》于2013年3月7日由国务院正式批复。

区、中国（河南）自由贸易试验区等国家战略①赋予的重要建设任务。随着一系列国家战略的落地，与此相配套的政策支持和改革红利将助推河南省内陆开放型经济高地的形成，其工业化和现代化的动力机制也会越来越完善和高级化。

（五）对发展质量的重视降低了走弯路的风险

改革开放以来，中国经济维持了40年的高速粗放型增长，这种粗放型增长方式对生产要素利用的多维护的少、重经济收益忽视社会效益和环境承载力，各种逐步累积的矛盾逐渐成为经济进一步高速增长的掣肘。在这样的背景下，习近平总书记在2013年12月10日的中央经济工作会议上首次提出"新常态"，也就是从那时起我国全面进入以"速度换挡、结构优化、动力转换"为主要特征的新常态，经济发展的关键词已经从"高速增长"转变为"创新驱动"和"结构调整"。

新常态下，创新成为我国经济可持续增长的新动力和新源泉，新常态也是经济迈向高效率、低成本的新一轮稳态过程，更是对过去偏重经济总量而忽视发展质量的纠正。这一系列发展理念的转变对工业化道路还比较长的传统农区来说意义深远。从城镇化来看，传统农区的城镇化任重而道远②，

---

① 两个国家战略正式获批的时间分别为2016年1月和2017年3月。

② 详见第六章。

新常态要求从偏重物的城镇化转向重视人的城镇化，彻底打破二元体制下的农民工市民化面临的种种约束和不公平待遇，使资源配置与劳动力流动相匹配，在社保、教育、土地、规划等方面建立一套与劳动力自由流动相适应的制度保障体系，而传统农区可以充分利用中原经济区等国家战略赋予的先行先试政策进行积极探索。从工业化来看，新常态必然要经历传统产业与新兴产业此消彼长的过程，这也是重新构筑和夯实发展基础的重大机遇。其中，传统产业要持续以供给侧改革推进产能结构的调整，对长期陷入经营困境的"僵尸企业"坚决进行退出处理，释放其占有的稀缺的实物和信贷资源。与此同时，要积极抢占新兴产业制高点，广泛运用"新技术、新产业、新业态、新模式"寻找经济发展的更高级的驱动力和支撑力，积极探索具有较大创新潜力的新型经济业态的具体实现形式。传统农区传统资源型产业面临的去产能形势也比较严峻，新常态为传统产业的升级改造与新型产业的培育提供了可以充分利用的政策环境和机会。从生态环境保护来看，新常态要求秉持"环境就是民生……绿水青山就是金山银山"的发展理念，要坚信"保护环境就是保护生产力，改善环境就是发展生产力"。传统农区环保意识还比较淡薄，个别地方政府对招商引资的"饥渴"已经把环保问题抛到脑后，①

---

① 如 2018 年 4 月 19 日晚，央视财经频道《经济半小时》栏目以"吃子孙饭的陶瓷园"为题报道了内黄县陶瓷产业园区污染问题。

而新常态对生态环境的系统性的重视会使传统农区有望做到工业化与环境保护的协调发展。

四　本章结语

传统农区的典型经济特征是具有低水平均衡的生存经济，内部缺乏必要的资本、技术、自然资源等工业化的生产要素，其工业化是依靠与外界的信息交流获取战略性生产要素。通过对现实系统的归纳与总结，本书认为传统农区内外部各种不同要素的结构组合会形成不同的工业化模式。整个过程是一个由外而内的传导过程，这个传导过程一般又分为两个有机组成部分：一个是伴随资本流动的产业搬迁模式，也就是狭义产业转移；另一个是不包含资本流动的技术扩散，也就是广义产业转移。以广义产业转移为视角，试图穷尽传统农区工业化模式的所有类型，并对每一种类型的特点做一概述。分析结论认为：不包含资本流动的技术扩散的工业化模式包括计划经济模式、资源型依赖模式、国有大企业辐射模式、长垣模式、历史传统升级模式、农副食品加工模式等六种。以狭义产业转移为视角，伴随资本流动的产业搬迁的工业化模式有纯产业转移模式、产业对接模式、潜在优势挖掘模式、回乡创业模式以及空降模式等五种。值得注意的是，区域的工业化进程应该是由其占主导地位的工业化模式来推动的，给定区域的工业化模式对工业化进程的影响程度要受到其所处的自然与经济社会条件的限制,这种限制条件又随着时间的推移不断发生变化。

传统农区工业化的运行机制不仅具有工业化的一般性,也具有自身的特殊性。作为欠发达区域,传统农区的工业化属于典型的次生工业化,需要依靠外部工业文明提供的生产要素体系不断改变原有的发展路径。但与一般次生工业化区域不同的是,传统农区工业化首先发端于没有区位、资本、技术、自然资源等传统生产要素支撑的区域,这与一般性的次生工业化区域明显不同,其工业化的性质属于"次生中的次生"。

次生中的次生性质使传统农区工业化的推进相当困难,但随着发展阶段的转换,传统农区工业化面临的某些内外部因素有逐渐向好的趋向:第一,后工业化阶段较大的人口存量逐渐从发展的压力转变为发展的动力,这是人口红利从生产端向消费端转移的体现;第二,现代化立体综合交通枢纽的形成使传统农区交流的深度、广度、高度都得到了相当程度的发展,将逐步改变传统农区在要素交流和反馈机制中的不利地位;第三,产业转移对于传统农区这一类型区域的工业化来说仍将发挥重要作用,更重要的是产业转移的层次和质量都在不断优化;第四,地方发展利益诉求融入国家总体战略有助于其获取更多的政策支持和市场关注度,结果是传统农区工业化面临的政策约束大大减少；第五，经济发展阶段由追求数量扩张转向追求质量提升大大降低了走弯路的风险。当然，传统农区工业化生态环境的改善并不局限于上述五个方面，传统农区工业化的基础越来越牢固将是不争的事实。

第四章　传统农区工业化空间分异的
综合评价与演变路径

本章主要从评价指标选取的时代背景、选取的依据、评价方法以及最终的估计结果等方面对传统农区工业化空间分异进行综合评价，以期全面评价以河南省为代表的传统农区内部各个区域的工业化进程，试图找出传统农区工业化进程的特征及其支撑因素。

一　传统农区地区工业化评价指标的选取

（一）评价指标选取的时代背景

与成熟市场经济国家不同的是，中国尤其是传统农区的工业化并不是完全的结构变迁过程。受制于制度变迁的约束，传统农区工业化必然首先从工业尤其是重工业入手，有意无意地忽视城镇化以及农业现代化的实现，导致工业化、城镇化与农业现代化分离。从理论层面来说，工业化、城镇化和农业现代化应该是同步推进的，工业化不仅表现为经济总量的提升，还能带来社会结构的重大变迁。实际经济运行过程中城镇化和农业现代化发展的不充分表明工业化与结构变迁之间存在某种"不协调"。这种不协调主要受城乡二元管理体制及重工业优先发展战略的双重影响，在相当长时间内，社会结构的变迁主要表现为人均 GDP 的提高和产业结构的优化。因此，国内学者更多地采用人均 GDP 和产业产值结构两个指标来衡量工业化进程，有意无意地忽视城镇化和农业现代化的同步变化。对城镇化的忽略实际上是城市和乡村经济社会正反馈机制不畅的反映，不仅导致城市发展滞后，而且也阻碍了农业的规模经营与现代化的实现，进而造成工业化衡量标准的扭曲。改革开放以来，资源的分配方式由计划逐渐向市场过渡，经济发展的目的由单纯的总量扩张转向纵深的结构调整，相应地，在文献中也出现了评价在不同层面推动工业化进程情况的方法。

以河南省为代表的传统农区的工业化要想顺利推进的前提是化解土地红线的约束，河南省也在这方面进行了大量的理论和实践探索，而中原经济区上升为国家战略就是这一系列探索成果最有效的体现。《国务院关于支持河南省加快建设中原经济区的指导意见》（国发〔2011〕32 号）中明确了中原经济区作为"国家重要的粮食生产和现代农业基地""全国工业化、城镇化和农业现代化协调发展示范区""全国重要的经济增长板块"等五大战略定位，也就是河南要走出一条"不以牺牲农业和粮食、生态和环境为代价的新型城镇化、新型工业化、新型农业现代化'两不三新'式的'三化'协调发展之路"[①]。可以看出，国家战略层面淡化了中原经济区经济产出的重要性，更加强调其承担的社会责任以及为履行这种社会责任所需要破解的制度障碍。也就是说，国家层面对传统农区的定位已经不仅仅着眼于经济的产出，而且把经济产出水平放到对整个社会文明变革的结构变迁的角度上考虑。这样一种发展定位与发展思路的转变要求把原有的侧重经济产出水平的"增长式"的评价指标体系向侧重于结构变迁的"发展式"的评价指标体系转变，尽可能全面反映传统农区内部各区域的发展面貌，因此建立一套科学的指标体系综合度量和评价传统农区的工业化进程就是一个紧迫而又重大的时代课题。

本书在上述时代背景的基础之上，以河南省 18 个省辖市的数据构建区域工业化综合指数[②]，以期从全新的角度审视以

---

① 此说法来源于时任河南省委书记卢展工在河南省第九次党代会上所做的报告。

② 发展指数是衡量某一领域发展程度的一种复杂的、系统的、历史与现实的综合数据标准，其产生的过程与对以 GDP 为基础的衡量标准的争议密不可分。以 GDP 为基础的国民经济核算体系从 20 世纪 40 年代末运用以来一直都是衡量区域发展最流行的方法之一。但该种方法偏重产出的增长，忽视经济与社会的结构变迁，有些严重影响社会发展和人们生活质量的内容无法得到反映，如收入差距过大、生态环境恶化等，这些负外部性的不断累积大大降低人们对经济实际产出水平的主观满意度。因此对用 GDP 衡量不同区域真实发展水平的质疑从未间断过，20 世纪 70 年代的两次石油危机导致对资源枯竭问题的担忧使这种质疑更加广泛，可持续发展理论也就是在那个时代被提出来并逐渐得到学术界的认可。与此相对应，学者们也在不断尝试用不同的方法克服 GDP 核算方法的不足，产生了多种关于综合评价发展进程的研究成果，（转下页注）

河南省为代表的传统农区内部各区域在标准的工业化进程视角下的特征及其支撑因素，为以后各章奠定研究基础。

（二）评价指标的选取及其依据

工业化本身不是目的，而是实现经济社会发展的手段。因此，这一重大变革过程首先应该体现为经济增长和居民收入水平的提高。综合各方面考虑，人均 GDP 是最有效也最容易被大多数人接受的指标。但人均 GDP 最大的弊端是不能衡量经济结构的变化，一国人均 GDP 的提高可能是以经济结构的恶化为代价的，长期来看并不利于经济的可持续发展。因此用人均 GDP 来衡量欠发达转轨经济体的工业化进程就显得比较单薄和无力，客观上需要用其他结构性指标加以补充和修正。

第一个加进来的是三次产业结构。三次产业结构演变的"国际标准模式"已经证明，在工业化过程中产业结构会逐渐由第一产业向第二产业转变，直到第二产业比例达到最高点后这两种转变才会趋于稳定，接下来产业结构的演变主要是第一产业和第三产业之间的转换。三次产业结构演变的"国际标准模式"主要是对成熟市场经济国家发

（接上页注②）而联合国开发计划署编制的"人类发展指数"（HDI）就是其中最具代表性的成果之一。而工业化综合指数则涉及特定区域由于工业化引致的经济社会发展的全貌的演变过程，是可持续发展理论在工业化综合进程衡量中的具体应用，在衡量非成熟市场经济国家或区域的现代化进程时具有较大的应用价值。

展经验的总结，但对于欠发达传统农区而言，由于受到多种因素的影响和制约，在经济增长过程中，三次产业结构的演变更倾向于突出有直接产出效应的第二产业，这在一定程度上阻碍了第二产业与第一、第三产业的良性互动，陷入"唯工业化"的认识和操作误区，工业化对经济社会结构的"化"的效应得不到应有体现，故应在人均GDP指标的基础上，用三次产业结构对工业化水平进行适当调整。

第二个加进来的是工业结构。在工业化促使三次产业结构演化的同时，第二产业结构尤其是工业结构的变化也呈现某种规律。正如霍夫曼定理所揭示的那样，一国工业化开始时首先会选择传统农业部门与现代工业部门最容易交叉的行业入手，这些行业是居民消费的主要领域，较容易形成市场规模，如纺织、食品制造等。所以，工业化开始时霍夫曼系数是比较高的，随着工业化进程的推进，消费资料工业逐渐向生产资料工业转移，社会化的迂回生产使经济结构重型化，霍夫曼系数呈逐渐降低趋势。但由于霍夫曼系数在衡量重工业赶超战略下我国工业化水平时存在缺陷（杨海军等，2008），因此也不能简单用霍夫曼系数衡量传统农区工业结构的变化。有鉴于此，本书遵循陈佳贵等（2006）的研究思路，采用约翰·科迪等（1990）提出的工业化水平的判断标准，即以制造业增加值在总商品部门增加值中所占份额为标准把工业化水平划分为非工业化（20%以下）、正在工业化（20%~40%）、半工业化（40%~60%）、工业化（60%以上）等四类。正如前文分析的那样，从结构变迁的角度看，制造业是第二产业尤其是工业的最重要的组成部分，约翰·科迪等的划分标准与本书的理念高度一致。

第三个加进来的是人口居住的空间结构，一般用城镇化率来表示。产业的发展离不开要素在特定的空间集聚，集聚的过程使人类的聚落形式不断从分散的村落向高度组织化的城市形态演化。钱纳里等（1988）提出的城市化率标准揭示出，工业化与城市化存在类似于"S"形上升的曲线关系，也就是当经济发展到一定程度时，城市化将比工业化发挥更大的作用。城镇化率的不断提高以及背后城市功能的不断完善不仅能为规模不断壮大的工业或制造业的发展提供优良的外部环境，而且更重要的是不断聚集的人口和产业必然会产生源源不断的生产性服务业与生活性服务业与之相配套，这为第三产业的发展创造了市场基础。尤其是进入后工业化社会后，产业与城市的发展已经深度融合，第三产业发展的高度、广度与深度在一定程度上决定了城市功能的层次，这又会对工业尤其是制造业的发展产生反作用。因此，在衡量传统农区工业化时，城镇化率是不得不考虑的一个重要指标。

第四个加进来的是人口的就业结构，一般用三次产业就业结构来表示。在其他条件不变的情况下，就业结构能否大幅转换主要依据的是工业是劳动密集型还是资本密集型，它们导致了在吸纳农村剩余劳动力数量上存在巨大差异，进而影响到农业的规模经营和现代化的实现。按照"配第—克拉克定理"所揭示的要素流动规律，工业化过程中大量的农村剩余劳动力必然会从第一产业中解脱出来并不断地投入第二、第三产业中，如果一个国家或区域的产业对吸纳劳动力缺乏弹性，则该产业在吸纳劳动力上动力不足，即该产业的劳动力和其他生产要素不能进行结构性的优化升级，工业化的效果会大打折扣。作为正在转型的大国内部的一个欠发达农区，传统农区就业结构的不断优化无疑是实现工业化要重点突破的难题。

（三）评价指标体系与工业化阶段的划分标准

以上的分析确立了衡量以河南省为代表的传统农区的地区工业化进程的基本评价指标体系：用人均 GDP 衡量经济发展水平，用三次产业产值比衡量产业结构的变化，用制造业增加值占总商品增加值的比重衡量工业结构的变化，用城镇化率来衡量人口居住空间结构的变化，用劳动力在三次产业之间的就业结构来衡量就业结构的变化。在此基础上，陈佳贵等（2006）根据钱纳里等（1989）、库兹涅茨（1999）、约翰·科迪等（1990）、魏后凯和陈耀（2003）、郭克莎（2000）等的相关研究和对国际经验的估计把工业化过程划分为五个阶段，并确定了每个阶段所对应的标志值区间，具体见表 4-1。

表 4 - 1 工业化不同阶段的标志值区间

基本指标	前工业化阶段（1）	工业化实现阶段			后工业化阶段（5）
		工业化初期（2）	工业化中期（3）	工业化后期（4）	
1. 经济发展水平					
人均 GDP					
（1）1964 年	100～200 美元	200～400 美元	400～800 美元	800～1500 美元	1500 美元以上
（2）1996 年	620～1240 美元	1240～2480 美元	2480～4960 美元	4960～9300 美元	9300 美元以上
（3）2000 年	660～1320 美元	1320～2640 美元	2640～5280 美元	5280～9910 美元	9910 美元以上
（4）2001 年	676～1352 美元	1352～2704 美元	2704～5408 美元	5408～10816 美元	10816 美元以上
（5）2002 年	680～1360 美元	1360～2730 美元	2730～5460 美元	5460～10200 美元	10200 美元以上
（6）2003 年	702～1404 美元	1404～2808 美元	2808～5616 美元	5616～10530 美元	10530 美元以上
（7）2004 年	720～1440 美元	1440～2880 美元	2880～5760 美元	5760～10810 美元	10810 美元以上
（8）2005 年	746～1492 美元	1492～2984 美元	2984～5968 美元	5968～11188 美元	11188 美元以上
（9）2006 年	770～1540 美元	1540～3080 美元	3080～6160 美元	6160～12320 美元	12320 美元以上
（10）2007 年	792～1584 美元	1584～3168 美元	3168～6336 美元	6336～12672 美元	12672 美元以上
（11）2008 年	810～1620 美元	1620～3240 美元	3240～6480 美元	6480～12960 美元	12960 美元以上
（12）2009 年	818～1636 美元	1636～3272 美元	3272～6544 美元	6544～12267 美元	12267 美元以上
（13）2010 年	827～1655 美元	1655～3310 美元	3310～6620 美元	6620～12412 美元	12412 美元以上
（14）2011 年	848～1696 美元	1696～3393 美元	3393～6785 美元	6785～12723 美元	12723 美元以上
（15）2012 年	864～1728 美元	1728～3455 美元	3455～6910 美元	6910～12957 美元	12957 美元以上
（16）2013 年	878～1756 美元	1756～3511 美元	3511～7022 美元	7022～13166 美元	13166 美元以上

续表

基本指标	前工业化阶段(1)	工业化实现阶段			后工业化阶段(5)
		工业化初期(2)	工业化中期(3)	工业化后期(4)	
1. 经济发展水平					
人均 GDP					
(17)2014 年	893～1787 美元	1787～3574 美元	3574～7148 美元	7148～13402 美元	13402 美元以上
(18)2015 年	903～1806 美元	1806～3613 美元	3613～7226 美元	7226～13548 美元	13548 美元以上
(19)2016 年	915～1829 美元	1829～3659 美元	3659～7318 美元	7318～13721 美元	13721 美元以上
2. 产业结构					
三次产业产值比	A > I	A > 20%，且 A < I	A < 20%，且 I > S	A < 10%，且 I > S	A < 10%，且 I < S
3. 工业结构					
制造业增加值占总商品增加值的比重	20% 以下	20%～40%	40%～50%	50%～60%	60% 以上
4. 空间结构					
城镇化率	30% 以下	30%～50%	50%～60%	60%～75%	75% 以上
5. 就业结构					
第一产业就业人员占比	60% 以上	60%～45%	45%～30%	30%～10%	10% 以下

注：1964 年与 1996 年的换算因子为 6.2，系都克莎（2000）计算得到的，1996 年与 2000～2016 年的换算因子是笔者根据美国国家经济研究局提供的美国实际 GDP 数据推算得到的。A、I、S 分别代表第一、第二和第三产业增加值在 GDP 中所占的比重。

资料来源：在陈佳贵等（2006）的基础上修改补充而成。

二　传统农区地区工业化的评价方法与结果

（一）评价方法

根据以上分析，本书选用加法合成法来构造并计算反映

工业化水平的综合指数，即 $K = \dfrac{\sum\limits_{i=1}^{n} x_i w_i}{\sum\limits_{i=1}^{n} w_i}$。其中，$K$ 为区域工

业化水平的综合评价值，x_i 为单个指标的评价值，n 为评价指标的个数，w_i 为单个评价指标的权重。具体求解步骤如下。

首先对掌握的单个指标的实际值进行无量纲化处理。由于各指标所代表的物理含义不同，因此存在量纲上的差异，需要通过数学变换消除原始变量量纲不同的影响。鉴于处理问题的阶段性和发展的连续性，本章选择阶段阈值法进行无量纲化处理。公式如下：

$$\begin{cases} x_{ik} = 0, (j_{ik} = 1) \\ x_{ik} = (j_{ik} - 2) \times 33 + \dfrac{X_{ik} - \min_{kj}}{\max_{kj} - \min_{kj}} \times 33, (j_{ik} = 2,3,4) \\ x_{ik} = 100, (j_{ik} = 5) \end{cases}$$

式中，i 代表第 i 个地区，k 代表第 k 个指标，x_{ik} 为 i 地区 k 指标的评价值，j_{ik} 为 i 地区 k 指标所处的工业化阶段，X_{ik} 为 i 地区 k 指标的实际值，$\max_{kj}$ 为 k 指标在 j 阶段的最大值，

$\min_{kj}$ 为 k 指标在 j 阶段的最小值；j_{ik} 取值为 1～5 的自然数。如果 $j_{ik}=1$，则说明该区域还处于前工业化阶段，对应的评价值 $x_{ik}=0$；如果 $j_{ik}=5$，则说明该区域已经实现了工业化，处于后工业化阶段，对应的评价值 $x_{ik}=100$；如果 $j_{ik}=2$，3，4，则分别代表该指标原始数值处于工业化前期、工业化中期、工业化后期，对应的评价值区间分别为（0，33）、［33，66）、［66，100）。而每个阶段实际值的无量纲化则通过公式

$$\frac{实际值 - 该阶段最小临界标志值}{该阶段最大临界标志值 - 该阶段最小临界标志值}$$

来处理，此数值小于 1，且越大代表工业化水平越高，这也是通过阈值法进行无量纲化处理的前提条件。然后用消除量纲差异的数值乘以每一个阶段的区间数值 33，再加上对应阶段的基础评价值，最后得出的数值就是该指标所体现的工业化进程在该阶段的标准评价值。

在对指标进行无量纲化处理之后，就要确定各个评价指标的权重。学术界关于确定评价指标权重的方法有两大类。第一类是客观分析方法，包括主成分分析法和因素分析法等。客观分析方法确定的权重虽然具有较强的数学理论依据，但这种赋权方法往往就数据论数据，脱离了所研究实际问题的经济学逻辑，没有考虑决策人的主观意向，因而其通用性和决策人的可参与性较差，且计算方法大都比较烦琐，因此使用客观分析方法的研究较少。第二类是主观分析方法，包括研究者直接对指标体系进行简单等量赋权法和以专家对指标体系打分为基础的德尔菲法与层次分析法等，其中层次分析

法应用较多。层次分析法的优点是将定性与定量相结合，将复杂问题层次化、定性问题定量化，体现主观分析法中相当的客观性质，在多层次、多目标决策以及权重确定方面具有重要作用。层次分析法的优点是专家可以根据实际问题，较为合理地确定各指标之间的排序，然后再按照相应的数学处理方法转化出相应的权重数值。虽然该种方法的科学性会受到打分专家知识背景与主观意念等因素的影响，但该种方法很明显比等量赋权法和德尔菲法更科学，也更能克服客观分析方法不能单纯从数据上体现指标的重要性的缺点。在具体应用中只要能保证打分专家的知识背景与来源的科学性，通过层次分析法确定的权重无疑是最合理的。陈佳贵等（2006）曾用层次分析法确定了各个指标的评价权重，比较客观地衡量了各个工业化指标的相对重要程度，其确定的权重数值还是相对可靠和权威的。传统农区的工业化是中国工业化进程的缩影，因此本书在权重方面直接加以借鉴，尽量避免专家知识背景与主观意识对权重确定的不利影响。各指标权重具体见表4-2。

表4-2 地区工业化指标的权重

单位：%

指标	人均GDP	三次产业产值比	制造业增加值占总商品增加值的比重	城镇化率	第一产业就业人员占比
权重	36	22	22	12	8

资料来源：转引自陈佳贵等（2006）。

（二）数据处理结果

本章选取的时间是 2000～2016 年，原始数据均来源于官方统计资料，其中人均 GDP、三次产业产值比、城镇化率、三次产业就业结构指标直接取自历年《河南统计年鉴》，而制造业增加值占总商品增加值的比重是根据 18 个①省辖市的统计年鉴整理得到的。在此基础上，运用阶段阈值法对原始数据进行无量纲化处理，可以得到各个年份相应指标的标准评价值。考虑到正文篇幅的限制，本书把 2000～2016 年无量纲化后的标准评价值放于附录部分。无量纲化处理之后再利用上一部分确定的各个指标的权重，得到衡量河南省地区工业化进程的综合指数（见表 4-3、表 4-4、表 4-5）。

在表 4-3、表 4-4、表 4-5 中"一、二、三、四、五"分别表示地区工业化的五个阶段："一"表示前工业化阶段，对应的工业化综合指数为 0；"二"表示工业化初期阶段，对应的工业化综合指数区间为（0，33）；"三"代表工业化中期阶段，对应的工业化综合指数区间为 [33，66）；"四"代表工业化后期阶段，对应的工业化综合指数区间为 [66，100）；"五"代表后工业化阶段，对应的工业化综合指数为 100。表 4-3、表 4-4、表 4-5 中小括号中的"Ⅰ"和"Ⅱ"分别

---

① 济源市的地级市地位虽然没有得到民政部许可，但河南省各项政策都将其视作地级市对待，可以说它是个事实上的地级市，本书为了避免歧义就以 18 个省辖市来表述。

表 4-3　河南省地区工业化进程的综合指数与所处阶段（2000~2005 年）

地区	2000 年			2001 年			2002 年			2003 年			2004 年			2005 年		
	综合指数	排序	工业化阶段	综合指数	排序	工业化阶段	综合指数	排序	工业化阶段	综合指数	排序	工业化阶段	综合指数	排序	工业化阶段	综合指数	排序	工业化阶段
全省	8	—	二（I）	8	—	二（I）	8	—	二（I）	11	—	二（I）	11	—	二（I）	14	—	二（I）
郑州	28	1	二（II）	30	1	二（II）	33	1	三（I）	35	1	三（I）	46	1	三（I）	53	1	三（II）
开封	4	14	二（I）	4	15	二（I）	5	15	二（I）	6	13	二（I）	6	13	二（I）	7	13	二（I）
洛阳	20	2	二（II）	20	2	二（II）	19	3	二（II）	18	6	二（II）	22	4	二（II）	28	4	二（II）
平顶山	11	8	二（I）	11	8	二（I）	11	8	二（I）	12	10	二（I）	14	11	二（I）	17	11	二（II）
安阳	13	5	二（I）	14	5	二（I）	15	6	二（I）	19	5	二（II）	19	6	二（II）	23	7	二（II）
鹤壁	8	11	二（I）	9	11	二（I）	10	11	二（I）	12	11	二（I）	16	8	二（I）	21	9	二（II）
新乡	10	9	二（I）	9	10	二（I）	11	9	二（I）	15	7	二（I）	15	9	二（I）	24	6	二（II）
焦作	15	4	二（II）	17	4	二（II）	18	4	二（II）	22	3	二（II）	28	3	二（II）	39	3	二（II）
濮阳	7	12	二（I）	7	12	二（I）	7	12	二（I）	11	12	二（I）	11	12	二（I）	15	12	二（I）
许昌	9	10	二（I）	10	9	二（I）	11	10	二（I）	13	9	二（I）	15	10	二（I）	19	10	二（II）
漯河	13	6	二（I）	14	6	二（I）	15	5	二（I）	20	4	二（I）	20	5	二（II）	26	5	二（II）
三门峡	12	7	二（I）	13	7	二（I）	14	7	二（I）	15	8	二（I）	17	7	二（II）	21	8	二（II）
南阳	5	13	二（I）	5	14	二（I）	5	13	二（I）	6	15	二（I）	5	14	二（I）	6	14	二（I）
商丘	0	16	—	0	18	—	0	18	—	5	17	—	4	16	二（I）	4	16	二（I）

续表

地区	2000年 综合指数	2000年 排序	2000年 工业化阶段	2001年 综合指数	2001年 排序	2001年 工业化阶段	2002年 综合指数	2002年 排序	2002年 工业化阶段	2003年 综合指数	2003年 排序	2003年 工业化阶段	2004年 综合指数	2004年 排序	2004年 工业化阶段	2005年 综合指数	2005年 排序	2005年 工业化阶段
信阳	0	16	二(Ⅱ)	5	13	二(Ⅰ)	5	14	二(Ⅰ)	6	14	二(Ⅰ)	5	15	二(Ⅰ)	6	15	二(Ⅰ)
周口	0	16	一	3	17	二(Ⅰ)	3	17	二(Ⅰ)	5	18	二(Ⅰ)	3	18	二(Ⅰ)	4	18	二(Ⅰ)
驻马店	4	15	二(Ⅰ)	4	16	二(Ⅰ)	4	16	二(Ⅰ)	5	16	二(Ⅰ)	4	17	二(Ⅰ)	4	17	二(Ⅰ)
济源	17	3	二(Ⅱ)	20	3	二(Ⅱ)	22	2	二(Ⅱ)	27	2	二(Ⅱ)	35	2	三(Ⅰ)	44	2	三(Ⅰ)

表4-4 河南省地区工业化进程的综合指数与所处阶段（2006~2010年）

地区	2006年 综合指数	2006年 排序	2006年 工业化阶段	2007年 综合指数	2007年 排序	2007年 工业化阶段	2008年 综合指数	2008年 排序	2008年 工业化阶段	2009年 综合指数	2009年 排序	2009年 工业化阶段	2010年 综合指数	2010年 排序	2010年 工业化阶段
全省	18	—	二(Ⅱ)	24	—	二(Ⅱ)	33	—	三(Ⅰ)	36	—	三(Ⅰ)	42	—	三(Ⅰ)
郑州	59	1	三(Ⅱ)	67	1	四(Ⅰ)	75	1	四(Ⅰ)	77	1	四(Ⅰ)	79	1	四(Ⅰ)
开封	9	13	二(Ⅰ)	12	14	二(Ⅰ)	20	13	二(Ⅱ)	23	13	二(Ⅱ)	28	13	二(Ⅱ)
洛阳	33	5	三(Ⅰ)	38	6	三(Ⅰ)	45	6	三(Ⅰ)	46	8	三(Ⅰ)	56	5	三(Ⅱ)
平顶山	21	11	二(Ⅱ)	27	11	二(Ⅱ)	34	11	三(Ⅰ)	36	11	三(Ⅰ)	40	12	三(Ⅰ)

续表

地区	2006年 综合指数	2006年 排序	2006年 工业化阶段	2007年 综合指数	2007年 排序	2007年 工业化阶段	2008年 综合指数	2008年 排序	2008年 工业化阶段	2009年 综合指数	2009年 排序	2009年 工业化阶段	2010年 综合指数	2010年 排序	2010年 工业化阶段
安阳	26	8	二（Ⅱ）	36	7	三（Ⅰ）	45	7	三（Ⅰ）	47	6	三（Ⅰ）	52	8	三（Ⅱ）
鹤壁	27	6	二（Ⅱ）	40	5	三（Ⅰ）	49	4	三（Ⅰ）	51	4	三（Ⅱ）	56	4	三（Ⅱ）
新乡	25	10	二（Ⅱ）	31	10	二（Ⅱ）	39	10	二（Ⅱ）	40	9	三（Ⅰ）	49	9	三（Ⅰ）
焦作	48	3	三（Ⅰ）	56	3	三（Ⅰ）	60	3	三（Ⅱ）	62	3	三（Ⅱ）	64	3	三（Ⅱ）
濮阳	19	12	二（Ⅱ）	25	12	二（Ⅰ）	30	12	二（Ⅱ）	35	12	二（Ⅱ）	42	11	三（Ⅰ）
许昌	25	9	二（Ⅱ）	34	9	三（Ⅱ）	42	8	三（Ⅰ）	47	7	三（Ⅰ）	53	7	三（Ⅰ）
漯河	33	4	三（Ⅰ）	42	4	三（Ⅰ）	49	5	三（Ⅰ）	51	5	三（Ⅱ）	54	6	三（Ⅱ）
三门峡	27	7	二（Ⅱ）	35	8	三（Ⅰ）	40	9	三（Ⅰ）	39	10	三（Ⅰ）	45	10	三（Ⅰ）
南阳	9	14	二（Ⅰ）	13	13	二（Ⅰ）	18	14	二（Ⅱ）	20	14	二（Ⅱ）	25	14	二（Ⅱ）
商丘	4	18	二（Ⅰ）	6	18	二（Ⅰ）	8	18	二（Ⅰ）	11	18	二（Ⅰ）	16	16	二（Ⅰ）
信阳	7	15	二（Ⅰ）	10	15	二（Ⅰ）	13	15	二（Ⅰ）	15	15	二（Ⅰ）	19	15	二（Ⅰ）
周口	6	16	二（Ⅰ）	9	16	二（Ⅰ）	10	17	二（Ⅰ）	11	17	二（Ⅰ）	15	17	二（Ⅰ）
驻马店	5	17	二（Ⅰ）	8	17	二（Ⅰ）	10	16	二（Ⅰ）	12	16	二（Ⅰ）	15	18	二（Ⅰ）
济源	53	2	三（Ⅱ）	62	2	三（Ⅱ）	71	2	四（Ⅰ）	71	2	四（Ⅰ）	75	2	四（Ⅰ）

表4-5 河南省地区工业化进程的综合指数与所处阶段（2011~2016年）

地区	2011年			2012年			2013年			2014年			2015年			2016年		
	综合指数	排序	工业化阶段	综合指数	排序	工业化阶段	综合指数	排序	工业化阶段	综合指数	排序	工业化阶段	综合指数	排序	工业化阶段	综合指数	排序	工业化阶段
全省	48	—	三（I）	50	—	三（I）	53	—	三（II）	56	—	三（II）	58	—	三（II）	60	—	三（II）
郑州	86	1	四（II）	88	1	四（II）	90	1	四（II）	92	1	四（II）	93	1	四（II）	96	1	四（II）
开封	34	13	三（I）	38	13	三（I）	43	12	三（I）	44	12	三（I）	49	12	三（I）	57	11	三（II）
洛阳	63	4	三（II）	66	4	四（I）	67	6	四（I）	72	4	四（I）	74	4	四（I）	80	3	四（I）
平顶山	42	12	三（I）	41	12	三（I）	42	13	三（I）	43	13	三（I）	44	14	三（I）	45	14	三（I）
安阳	54	9	三（II）	55	9	三（II）	59	9	三（II）	59	9	三（II）	61	9	三（II）	62	9	三（II）
鹤壁	58	6	三（II）	63	6	三（II）	68	4	三（II）	71	5	四（I）	73	5	四（I）	74	5	四（I）
新乡	54	8	三（II）	56	8	三（II）	60	7	三（II）	62	7	三（II）	62	7	三（II）	64	7	三（II）
焦作	69	3	四（I）	71	3	四（I）	73	3	四（I）	75	3	四（I）	76	3	四（I）	78	4	四（I）
濮阳	44	11	三（II）	46	11	三（II）	53	10	三（II）	58	10	三（II）	60	10	三（II）	61	10	三（II）
许昌	60	5	三（II）	64	5	三（II）	68	5	四（I）	69	6	四（I）	70	6	四（I）	71	6	四（I）
漯河	56	7	三（II）	57	7	三（II）	59	8	三（II）	61	8	三（II）	62	8	三（II）	63	8	三（II）

续表

地区	2011 年			2012 年			2013 年			2014 年			2015 年			2016 年		
	综合指数	排序	工业化阶段	综合指数	排序	工业化阶段	综合指数	排序	工业化阶段	综合指数	排序	工业化阶段	综合指数	排序	工业化阶段	综合指数	排序	工业化阶段
三门峡	49	10	三（Ⅰ）	51	10	三（Ⅱ）	52	11	三（Ⅱ）	53	11	三（Ⅱ）	53	11	三（Ⅱ）	53	12	三（Ⅱ）
南　阳	31	14	二（Ⅱ）	33	14	三（Ⅰ）	35	14	三（Ⅰ）	38	15	三（Ⅰ）	39	15	三（Ⅰ）	40	16	三（Ⅰ）
商　丘	21	17	二（Ⅱ）	24	17	二（Ⅱ）	28	18	二（Ⅱ）	28	18	二（Ⅱ）	34	18	三（Ⅰ）	39	17	三（Ⅰ）
信　阳	26	15	二（Ⅱ）	28	15	二（Ⅱ）	30	16	二（Ⅱ）	32	17	二（Ⅱ）	34	17	三（Ⅰ）	36	18	三（Ⅰ）
周　口	22	16	二（Ⅱ）	26	16	二（Ⅱ）	34	15	三（Ⅰ）	41	14	三（Ⅰ）	46	13	三（Ⅰ）	46	13	三（Ⅰ）
驻马店	20	18	二（Ⅱ）	23	18	二（Ⅱ）	29	17	二（Ⅱ）	33	16	三（Ⅰ）	38	16	三（Ⅰ）	40	15	三（Ⅰ）
济　源	77	2	四（Ⅰ）	81	2	四（Ⅰ）	82	2	四（Ⅰ）	83	2	四（Ⅱ）	83	2	四（Ⅱ）	84	2	四（Ⅱ）

109

代表工业化所处阶段的前半阶段和后半阶段，对应的工业化综合指数分别是以该阶段的中间值为界限的上半区间和下半区间：二（Ⅰ）等价于区间（0，16.5）；二（Ⅱ）等价于区间［16.5，33）；三（Ⅰ）等价于区间［33，49.5）；三（Ⅱ）等价于区间［49.5，66）；四（Ⅰ）等价于区间［66，82.5）；四（Ⅱ）等价于区间［82.5，100）。

三　传统农区地区工业化的评价结果分析

（一）空间结构特征呈现明显的分化倾向

2000 年的时间界面显示河南省工业化水平才刚刚起步，各省辖市的工业化水平普遍不高，除了商丘、信阳、周口三地仍处于前工业化阶段之外，其余省辖市都处于工业化初期阶段。其中，郑州（28）[①]、洛阳（20）、济源（17）处于工业化初期的第二阶段，属于河南省工业化的第一梯队；而商丘、信阳、周口的工业化从数据上看还没有启动，属于河南省工业化的第三梯队；剩余 12 个省辖市的工业化水平处于工业化初期的第一阶段，属于河南省工业化的第二梯队。

2010 年的时间界面显示河南省工业化水平整体已经步入工业化中期阶段（42），且工业化水平的区域差距在逐渐扩大，层次也更加分明，在一定程度上表明农区工业化正处于关键阶

---

① 此小节括号中数据为工业化综合指数，下同。

段。其中，郑州（79）、济源（75）处于工业化后期的第一阶段，属于河南省工业化的第一梯队；焦作（64）、鹤壁（56）、洛阳（56）、漯河（54）、许昌（53）、安阳（52）处于工业化中期的第二阶段，属于河南省工业化的第二梯队；新乡（49）、三门峡（45）、濮阳（42）、平顶山（40）处于工业化中期的第一阶段，属于河南省工业化的第三梯队；开封（28）、南阳（25）、信阳（19）、商丘（16）、周口/驻马店（15）处于工业化初期阶段，属于河南省工业化的第四梯队。

再来看 2016 年数据，河南省工业化综合指数上升到了60，已经步入了工业化中期的第二阶段，而各省辖市的工业化综合指数也进一步分化。其中，郑州（96）和济源（84）两市已经步入工业化后期的第二阶段，是河南省工业化水平的第一梯队；洛阳（80）、焦作（78）、鹤壁（74）、许昌（71）已经步入工业化后期的第一阶段，属于河南省工业化水平的第二梯队；新乡（64）、漯河（63）、安阳（62）、濮阳（61）、开封（57）、三门峡（53）处于工业化中期第二阶段，为河南省工业化的第三梯队；周口（46）、平顶山（45）、驻马店/南阳（40）、商丘（39）、信阳（36）处于工业化中期第一阶段，为河南省工业化的第四梯队。

可以看出，河南省工业化综合指数的空间演变特征表明2000～2016 年工业化进程的区际转移也在加速推进，但在推进过程中，传统农区内部各区域对工业化的敏感程度有较大的差异，工业化综合指数要么一直保持高位，要么大幅度上升，结果导致低水平的相对均衡的状态逐渐被打破并不断被新的更高级别的均衡状态所代替。其中：郑州是河南省省会，而济源又是非常特殊的地域单元，这两地的工业化进程要远远领先于其他地区，长期处在工业化水平的第一梯队；洛阳、焦作、鹤壁、许昌四市一直处在工业化水平的第二梯队，焦作常年保持在第 3 位或第 4 位，洛阳的排序中间虽有下降但最终又赶超上来，鹤壁和许昌两市分别从 2000 年的第 11 位、第 10 位大幅上升到 2016 年的第 5 位和第 6 位，这四地都能对工业化做出积极回应；工业化起步阶段比较靠前的安阳、漯河、平顶山、三门峡四市有显著的下降趋势，分别从 2000 年的第 5、6、8、7 位调整到 2010 年的第 8、6、12、10 位，2016 年进一步下降到第 9、8、14、12 位，这四市对工业化的回应并不理想；而豫东、豫东南的开封、周口、驻马店、信阳、商丘以及豫西南的南阳、豫北的濮阳这七市的工业化综合指数相对较低，属于河南省工业化较薄弱的地区。

（二）人均 GDP 与制造业增加值占总商品增加值的比重是主要的贡献支撑因素

为了量化河南省地区工业化综合指数的五个构成因素对地区工业化综合指数增长量的相对贡献程度的高低，表 4 - 6 列举了 2000～2016 年河南省地区工业化综合指数的贡献支撑结构。就全省而言，2000～2016 年各个指标对工业化的贡献程度排序是经济发展水平（39.6%）、工业结构（32.0%）、产业结构（14.2%）、就业结构（7.2%）、空间结构（7.0%）①，人均 GDP 与制造业增加值占总商品增加值的比重对工业化综合指数的贡献率合计高达 71.6%，三次产业产值比、城镇化率以及三次产业就业结构三者总贡献率只有 28.4%。分省辖市来看，这种特征也比较明显，人均 GDP 与制造业增加值占总商品增加值的比重对工业化综合指数的合计贡献率都落在 65.3%～77.1%，远高于其他三项因素的贡献率之和。可见，河南省工业化进程贡献较大的是人均 GDP 和制造业增加值占总商品增加值的比重两项，这也意味着河南省工业化主要体现在人均收入的增加以及工业结构的优化升级上。

表 4-6 2000～2016 年河南省地区工业化综合指数的贡献支撑结构

地区	人均GDP（%）	三次产业产值比（%）	制造业增加值占总商品增加值的比重（%）	城镇化率（%）	三次产业就业结构（%）	工业化综合指数累计增加值	工业化综合指数排序
全 省	39.6	14.2	32.0	7.0	7.2	52.5	—
郑 州	48.3	6.4	24.2	14.4	6.7	67.9	1(1)
开 封	35.6	10.4	41.5	5.9	6.5	53.0	14(11)
洛 阳	43.4	11.7	28.2	9.5	7.3	59.8	2(3)
平顶山	53.0	11.6	16.0	12.6	6.7	33.9	8(14)
安 阳	39.6	14.6	29.1	7.5	9.2	48.8	5(9)
鹤 壁	35.8	14.2	31.2	10.2	8.7	65.5	11(5)
新 乡	34.3	14.8	34.5	7.7	8.7	53.9	9(7)
焦 作	42.9	12.6	28.0	10.5	6.1	62.3	4(4)
濮 阳	36.0	12.5	40.5	4.4	6.7	54.4	12(10)
许 昌	40.8	15.8	31.9	6.2	5.4	62.3	10(6)
漯 河	40.4	15.4	31.1	7.6	5.5	49.8	6(8)

---

① 此小节括号中数据为地区工业化综合指数相应组成部分的贡献率。

地区	人均GDP（%）	三次产业产值比（%）	制造业增加值占总商品增加值的比重（%）	城镇化率（%）	三次产业就业结构（%）	工业化综合指数累计增加值	工业化综合指数排序
三门峡	64.6	7.2	9.5	12.6	6.2	41.2	7（12）
南　阳	42.9	13.7	29.1	7.3	7.0	35.3	13（16）
商　丘	34.5	19.9	30.8	5.1	9.7	38.7	16（17）
信　阳	43.3	19.0	21.7	8.0	8.1	35.9	16（18）
周　口	27.1	15.5	47.4	4.1	5.9	46.4	16（13）
驻马店	37.9	8.7	38.2	5.3	10.0	36.5	15（15）
济　源	45.8	8.6	29.1	11.6	5.0	67.2	3（2）

注：增长贡献度为各个指标标准评价值的增量占工业化综合指数增量的比重；最后一列括号外为 2000 年数据，括号内为 2016 年数据。

（三）制造业增加值占总商品增加值的比重与人均 GDP 的贡献均衡程度对区域工业化进程具有重要影响

制造业增加值占总商品增加值的比重与人均 GDP 的贡献均衡程度在较大程度上影响着地区工业化综合指数净增量的大小以及排序的相应变化，但是此特征并不能从表 4 – 6 中得到，原因在于 2016 年时有很多市的制造业增加值占总商品增加值的比重的标准评价值已经达到 100①，这势必会削弱该指标实际的贡献程度，因此本部分退而求其次选取 2000 ~ 2010 年的贡献支撑结构（见表 4 – 7）来进一步说明该问题。从表 4 – 7 中可以看出，工业化综合指数累计增加值越大的区域，

---

① 在 2016 年，河南省已经有 11 个市的制造业增加值占总商品增加值的比重的标准评价值达到 100。

工业化综合指数排序越具有正向调整的倾向，相应的制造业增加值占总商品增加值的比重与人均 GDP 指标也比较均衡，工业结构与人均 GDP 指标不均衡的区域的工业化进程比较慢。其中，工业化综合指数累计增加值排名前五的依次是济源（57.8）、郑州（51.1）、焦作（48.7）、鹤壁（47.8）、许昌（44.1）①，排除郑州是省会的特殊情况，剩余四个省辖市工业化综合指数的排名都有不同程度的提高。尤其是鹤壁和许昌两市，2000 年两者工业化综合指数全省排名分别是第 11 位、第 10 位，2010 年分别提升至第 4 位、第 7 位。进一步观察，这四个省辖市的人均 GDP 与制造业增加值占总商品增加值的比重的贡献率相对比较均衡。差距较大的为三门峡、平顶山、洛阳，三者的差距分别高达 54.1 个百分点、29.6 个百分点、26.9 个百分点，而相应的工业化综合指数分别只增加了32.7、28.8、35.7，工业化综合指数排名分别由第 7 位、第 8 位、第 2 位下降到 2010 年的第 10 位、第 12 位、第 5 位。

表 4 - 7 2000～2010 年河南省地区工业化综合指数的贡献支撑结构

地区	人均GDP（%）	三次产业产值比（%）	制造业增加值占总商品增加值的比重(%)	城镇化率（%）	三次产业就业结构（%）	工业化综合指数累计增加值	工业化综合指数排序
全 省	37.2	14.1	36.1	5.0	7.6	34.9	—
郑 州	46.4	3.7	27.1	15.3	7.5	51.1	1(1)
开 封	39.1	8.7	41.0	5.1	6.0	23.2	14(13)
洛 阳	53.1	2.5	26.2	7.9	10.3	35.7	2(5)

① 此部分括号中数据为 2000～2010 年地区工业化综合指数累积增加值。

地区	人均GDP（%）	三次产业产值比（%）	制造业增加值占总商品增加值的比重（%）	城镇化率（%）	三次产业就业结构（%）	工业化综合指数累计增加值	工业化综合指数排序
平顶山	49.2	16.0	19.6	7.8	7.5	28.8	8(12)
安　阳	34.8	15.4	38.0	4.4	7.4	38.6	5(8)
鹤　壁	31.7	14.4	37.9	7.2	8.9	47.8	11(4)
新　乡	27.0	15.0	43.3	5.6	9.2	39.3	9(9)
焦　作	38.9	13.5	35.8	6.9	4.9	48.7	4(3)
濮　阳	32.3	13.8	47.8	0.8	5.2	34.7	12(11)
许　昌	36.7	14.8	36.6	4.1	7.8	44.1	10(7)
漯　河	35.5	15.1	38.4	4.5	6.6	40.3	6(6)
三门峡	63.5	12.0	9.4	8.6	6.5	32.7	7(10)
南　阳	42.6	11.1	33.4	3.0	9.9	19.8	13(14)
商　丘	26.1	36.6	22.5	0.0	14.8	15.8	16(16)
信　阳	31.4	29.5	22.9	4.5	11.8	19.4	16(15)
周　口	12.0	31.8	43.3	0.0	12.9	15.4	16(17)
驻马店	28.9	14.5	41.6	0.0	14.9	10.7	15(18)
济　源	44.1	9.6	33.8	6.7	5.8	57.8	3(2)

注：增长贡献度为各个指标标准评价值的增量占工业化综合指数增量的比重；最后一列括号外为 2000 年数据，括号内为 2010 年数据。

（四）资源禀赋相对丰富的区域更容易导致工业化进程相对滞后

上述两部分主要解释了工业化综合指数排名靠前或表现相对较好的地区有着强力的制造业基础，与此相对应，工业化综合指数排名靠后或表现相对较差的地区面临类似于"资源诅咒"式的困境，这些地区自然或农业资源禀赋的丰富没有带来制造业的发展，相应的结构变迁的速度或效果显得力不从心。在 18 个省辖市中，三门峡、平顶山是典型的初级原材料产业支撑的资源型城市，其 2016 年采矿业在工业所占比重分别高达 51.55% 和 25.01%，远远高于其他省辖市[1]（见表 4－8）。而在 2000～2016 年三门峡、平顶山两市工业化综合指数的贡献支撑结构中，人均 GDP 的贡献率分别高达 64.6%、53.0%，相应的制造业增加值占总商品增加值的比重的贡献率分别只有 9.5%、16.0%，而两市工业化综合指数的排名也从 2000 年的第 7 位、第 8 位下降到 2016 年的第 12 位、第 14 位。可以说两市较高的采矿业比重在较大程度上阻碍了对结构变迁带动能力更强的制造业的发展，造成了人均 GDP 与制造业增加值占总商品增加值的比重的贡献非常不均衡，而这种不均衡正是造成工业化进程缓慢推进的重要原因。农业资源禀赋相对丰富的区域工业化综合指数排名比较靠后，从图 4－1 可以看出地区工业化综合指数排名比较靠后的开封、南阳、商丘、周口、驻马店、信阳的第一产业增加值占比要比其他省辖市高。

表 4－8　2016 年河南省 18 个省辖市采矿业所占比重

单位：%

指标	郑州	开封	洛阳	平顶山	安阳	鹤壁	新乡	焦作	濮阳
采矿业所占比重	3.01	0.00	5.47	25.01	5.00	7.05	0.88	2.58	5.44
指标	许昌	漯河	三门峡	南阳	商丘	信阳	周口	驻马店	济源
采矿业所占比重	2.81	0.11	51.55	6.21	7.72	2.67	0.01	1.28	—

资料来源：根据《河南统计年鉴 2017》18 个省辖市数据整理得到。

[1]　其他省辖市采矿业所占比重最高的是鹤壁，但数值也仅为 7.05%。

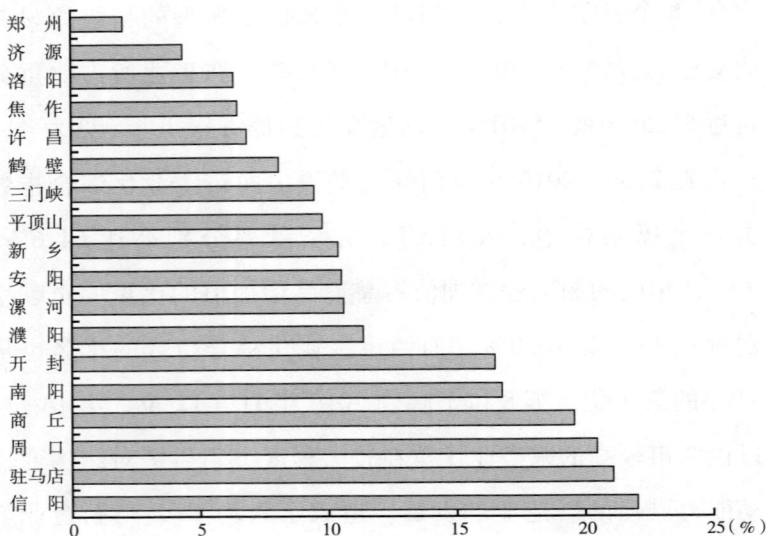

图 4 – 1   2016 年河南省 18 个省辖市第一产业增加值占比

资料来源：《河南统计年鉴 2017》。

（五）结构变迁将是未来工业化进程的主要支撑因素

对于传统农区而言，工业化必然首先从数量型的扩张开始，当数量型的扩张达到一定程度时，深层次的结构变迁对工业化的贡献才能真正体现出来。不管是何种因素支撑的工业化，其工业化的效果必然体现在人均 GDP 上，这也是所有区域人均 GDP 对工业化的贡献率普遍较高的重要原因。工业化的核心在于结构变迁，制造业主导的经济发展模式对工业化综合指数提升必然有较大影响，这也是制造业增加值占总商品增加值的比重与人均 GDP 的贡献均衡程度对区域工业化进程具有重要影响的原因。但是，随着制造业推动的工业化模式向前演进，从数据上来看制造业增加值占总商品增加值的比重对工业化的贡献率必然先达到峰值，2016 年有高达 11个省辖市制造业增加值占总商品增加值的比重的标准评价值达到 100 就是例证。这也就意味着传统农区未来工业化的推动力将从制造业增加值占总商品增加值的比重过渡到三次产业产值比、城镇化率和三次产业就业结构上，工业化的结构变迁效应将进一步得到体现。

四　本章结语

本章从结构变迁的角度综合衡量了以河南省为代表的传统农区的地区工业化进程，克服了过去单纯从数量上衡量的结构性弊端，把工业化、城镇化、农业现代化还原到标准的工业化进程之内综合衡量。在此思想引导下，本书选择人均GDP 衡量经济发展水平，利用三次产业产值比衡量产业结构变化，利用制造业增加值占总商品部门增加值的比重来衡量工业结构变化，利用城镇化率来衡量空间结构变化，利用三次产业就业结构来衡量就业结构变化。可见，这样一个评价指标体系既有产业结构，又有工业的内部结构；既有人口的空间流向，又有人口的产业流向，利用此指标体系可以构造一个综合衡量地区工业化进程的评价指标体系。然后，运用阶段阈值法对指标体系进行无量纲化处理，采用加法合成法测算了地区工业化综合指数，全面衡量了以河南省为代表的传统农区工业化空间的分异程度。本章的主要结论是：由于传统农区内部各个区域对工业化的反应不同，地区工业化的空间结构特征呈现明显的分化倾向；在地区工业化综合指数的五个构成因素中，人均 GDP 与制造业增加值占总商品增加值的比重是主要的贡献支撑因素，且两者的贡献均衡程度对区域工业化进程具有重要影响；资源禀赋相对丰富的区域更容易导致工业化进程的相对滞后；随着工业化进程的推进，依靠制造业的进一步发展无法从量上刺激工业化，而由制造业的发展带来的质的结构变迁将是未来工业化进程的主要支撑因素。

可见，工业在传统农区地区工业化进程中具有重要作用，而制造业是工业的主体，制造业的性质与空间布局对地区工业化进程具有重要影响。那么，哪一类型的制造业布局在哪一类型区域？制造业的性质与地区工业化进程的快慢有什么规律可循？对这一系列问题的回答有助于认识工业化空间分异的规律，下一章将对这些问题进行回答。

第五章　传统农区制造业的发展现状
及空间聚集的演变特征

　　本章的目的是要论证制造业在工业化进程中的重要作用，通过对制造业区位基尼系数的估算，弄清楚不同性质的制造业的空间布局与工业化进程在空间上的对应关系，进一步验证制造业的性质与空间布局对工业化进程的空间分异具有重要影响这一结论。

一　制造业在传统农区工业化过程
中的重要性及现实基础

　　正如上一章所说，制造业对地区工业化综合指数在数据上的提高已经或正在达到极限，但这并不意味着制造业对工业化就没有进一步刺激效果了。事实上，制造业的发展带来的结构变迁需要进一步向经济社会各个方面进行传递，经济社会结构越僵化，这种传递越需要更加强劲的动力，而这种动力的源泉就是制造业的进一步发展，因此传统农区相对僵化的经济社会结构的变迁需要更高质量的制造业的进一步发展做支撑。可喜的是，传统农区制造业基础虽然比较薄弱，但随着中国工业化进程的整体推进，传统农区的制造业基础逐步夯实，制造业的重要性及影响力已经有很大提高。

（一） 从整体来看，制造业的进一步发展有助于传统农区实现可持续的经济增长

作为传统农区的代表，河南省的工业化并不是主要依靠劳动密集型制造业来推动的，而是基于资源优势的原材料加工业来推动的。这样工业结构支撑的工业化不仅不利于经济社会的长期结构变迁，在短期内还会因内外部约束力量的增加出现增长乏力。以中部六省[①]为例（具体数据见表 5 - 1），山西工业结构具有明显的资源型特征，2016 年山西省采矿业销售产值[②]达到 4488 亿元，占工业销售产值的比重高达 35.18%，相应的制造业销售产值所占比重只有 52.13%。除了山西省之外，其他省中采矿业所占比重并没有

---

① 中部地区具体包含哪些省份经历了多次变迁，2004 年的《政府工作报告》中首次明确提出促进中部地区崛起的计划，从此中部六省（河南省、山西省、湖北省、安徽省、湖南省、江西省）作为正式的经济地理区划概念被延续下来。

② 制造业分行业增加值数据是最适宜的指标选择，但从 2008 年开始国家层面就不再公布制造业分行业增加值数据，随后各省份在不同年份也相继采用此种做法，故退而求其次只能用工业的三大组成部分即"制造业、采矿业以及电力、热力、燃气及水的生产和供应业"的销售产值的数据的对比来代表。

太大差别,都在 5% 以内。但是以河南省为代表的传统农区的采矿业所占比重为 4.69%,在除山西省之外的中部省份中所占比重是最高的,而相应的制造业销售产值比重是最低的。这样的工业结构在一定程度上导致了中部六省经济增长表现出差异性(见图 5 - 1):2008 年金融危机以前,在顺经济周期对资源型产业强烈刺激下,山西和河南的经济增长率的表现总体要强于其他四个省份;但金融危机以后,在逆经济周期以及发展阶段转换双重压力下,对资源型产业的需求大幅度萎缩,这也是山西和河南的经济增长调整程度较大的重要原因。可见,正是制造业发展的相对不足才导致以河南省为代表的传统农区的经济增长表现不佳,重视制造业的发展是传统农区实现可持续经济增长的必要途径。

表 5 - 1 2016 年中部六省工业三大组成部分销售产值情况对比

单位:亿元,%

省份	销售产值			销售产值比重		
	采矿业	制造业	电力、热力、燃气及 水生产和供应业	采矿业	制造业	电力、热力、燃气及 水生产和供应业
山西	4488	6650	1619	35.18	52.13	12.69
安徽	1415	39190	1725	3.34	92.58	4.08
江西	1078	31361	489	3.27	95.24	1.49
河南	3722	72751	2931	4.69	91.62	3.69
湖北	1089	44392	1814	2.30	93.86	3.84
湖南	1247	36568	1504	3.17	93.00	3.83

资料来源:根据《中国工业统计年鉴 2017》整理得到。

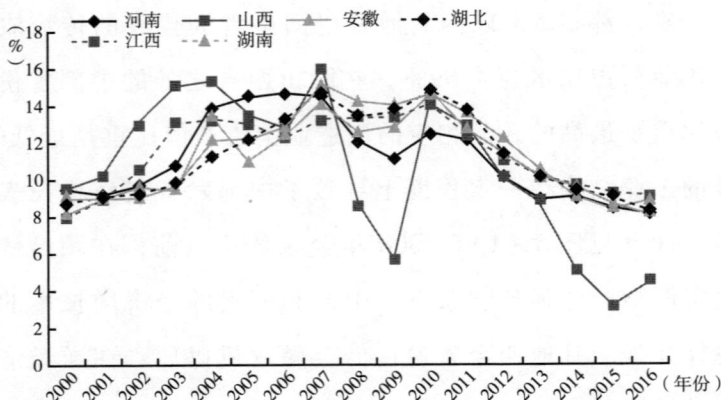

图 5 - 1 2000 ~ 2016 年中部六省份 GDP 增长率变化

资料来源：根据中部六省份历年统计年鉴整理得到。

（二）从时间趋势来看，制造业经历了"稳定增长—快速增长—调整增长"三个阶段的演变

作为工业的一个重要分支，制造业发展的阶段性特征与整个经济环境有着密切的关系，产业转移、金融危机等外部因素都会对制造业的发展产生重要影响。图 5 - 2 描述了 2000 ~ 2013 年[①]规模以上制造业增加值及其增长率变化趋势，大致可以划分为三个发展阶段。

1. 稳定增长阶段（1997 ~ 2002 年）

这一阶段的特点是平稳和低速，从图 5 - 2 可以看出这一阶段规模以上制造业增加值曲线处于最低位置且类似于一条

---

① 河南省制造业增加值数据只公布到 2013 年，故此部分数据描述也截至 2013 年，下同。

水平线，规模以上制造业增加值增长率曲线整体上呈低水平变化态势。从具体数据来看，规模以上制造业增加值从 2000 年的 804 亿元增加到 2002 年的 982 亿元。而三年的规模以上制造业增加值增长率①呈下滑态势，分别为 14.7%、10.4%、9.9%。稳定增长的特征表明传统农区制造业的发展水平还处于低水平增长状态，但也为进一步的发展奠定了基础。

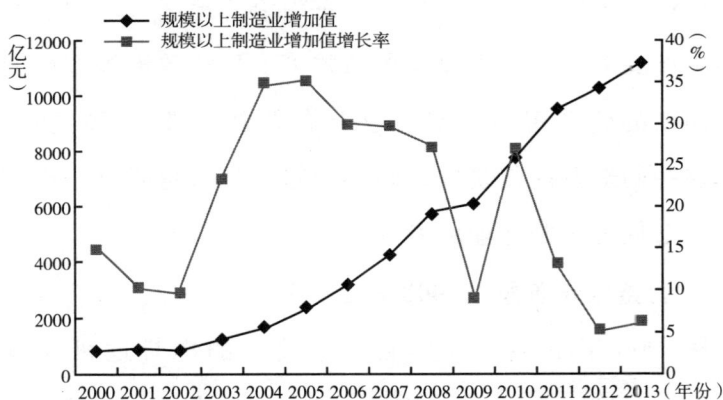

图 5-2 2000~2013 年规模以上制造业增加值
及其增长率变化趋势

资料来源：根据历年《河南统计年鉴》整理得到。

2. 快速增长阶段 (2002~2008 年)

这一阶段规模以上制造业增加值的曲线比较陡峭，增长率大幅度提升，相应的年均增长速度稳定在一个较高水平。从具体的数据来看，规模以上制造业增加值从 2002 年的 982 亿元增加到 2008 年的 5653 亿元，增加了 4671 亿元，增

---

① 增长率数据已按照 CPI 进行调整，下同。

长率从 2002 年的 9.9% 飞跃至 2005 年的 35.3%（历史最高点），即使 2008 年也高达 27.3%。这样高速增长的原因在于中国加入世界贸易组织以后出口导向战略完全确立起来，东南沿海地区劳动密集型制造业飞速发展，"世界工厂"的终端消费品的生产能力引致了对上游资源型制造业需求大幅度增长，这直接拉动了以资源型制造业为主的传统农区制造业增加值的跳跃式上升。另外，东南沿海地区劳动力、原材料等生产要素价格上涨以及贸易政策、环境政策等方面变化使外向型的劳动密集型制造业面临向中西部地区转移的趋势，这些制造业向传统农区转移的趋势越来越明显，也在一定程度上促进了制造业的发展。

3. 调整增长阶段（2008 年至今）

从 2006 年下半年开始起源于美国的次贷危机经过了 2007 年、2008 年的发酵与传导之后，"扩内需、调结构、保增长"成为国内社会各界最普遍的共识，整个宏观经济环境面临由外需转向内需、由投资转向消费的两大转变。而对于传统农区来说，这样的过程体现为从资源能源依赖型的粗放型增长路径向集约型的高加工度与最终消费品领域转变，而又由于发展惯性的影响，这一调整过程不仅是漫长的，而且还要以降低增长率为代价，规模以上制造业增加值曲线走势的相对平缓以及增长率曲线的大幅波动就是例证。可以预见，随着调整过程的不断推进，规模以上制造业增加值增长率将逐渐稳定在一个合适的水平。

（三）从产出结构来看，制造业在国民经济体系中的重要性日益凸显

1. 制造业增加值比重整体呈不断上升态势

从规模以上制造业增加值分别占 GDP 与工业增加值的比重的走势可以看出，制造业三个阶段的发展历程也大体上反映了其在国民经济体系中地位的变迁。规模以上制造业增加值占 GDP 比重从 2000 年的 15.9% 增加到 2013 年的35.0%，而规模以上制造业增加值占工业增加值比重从2000 年的 69.6% 增加到 2013 年的 80.4%（见图 5 - 3）。可见，随着制造业增加值的不断增长，制造业在国民经济体系中的重要性必将日益凸显。

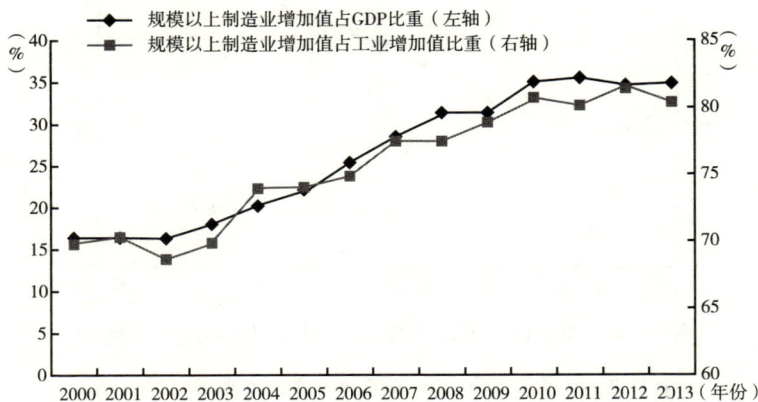

图 5 - 3　2000～2013 年规模以上制造业增加值分别
占 GDP 与工业增加值的比重变化

资料来源：根据历年《河南统计年鉴》整理得到。

2. 制造业对劳动力的吸纳能力也在不断增强

制造业的重要性不仅体现在产出水平上，而且更重要的是体现在对要素尤其是对劳动力的吸纳能力上，只有充分吸纳劳动力的制造业支撑的工业化才是结构变迁意义上的工业化。以制造业从业人员为例，图 5-4 显示制造业从业人员数从 2000 年的 572 万人增加到 2016 年的 1275 万人，增加了703 万人，增长了 1.23 倍。从相对角度来看，制造业从业人员数占全体从业人员数的比重从 2000 年的 10.3% 增加到2016 年的 19.0%，而其占工业从业人员数的比重更是从2000 年的 89.2% 增加到 2016 年的 94.5%。

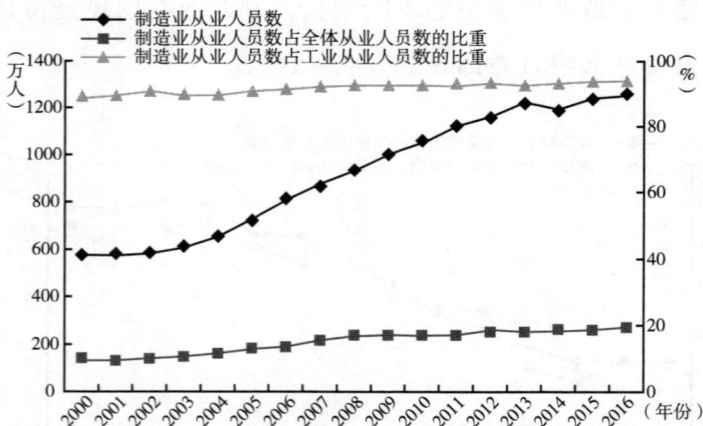

图 5-4　2000~2016 年制造业从业人员数变化情况

资料来源：根据历年《河南统计年鉴》整理得到。

（四）从宏观环境来看，有利于微观经济活动的市场化环境在逐步得到改善

与采矿业和电力、热力、燃气及水的生产和供应业不

同，制造业尤其是"落脚自由"型制造业的发展是不依赖特定区域而存在的，因此一个较好的内部环境将有利于制造业在此区域的聚集。这个较好的内部环境就是在不断改善的市场化环境，这主要表现在扭曲的轻重工业比不断得到纠正以及国有企业增加值占比不断下降两个方面。一个值得阐释的问题是，虽然国有经济或者超越现实的重化工业的发展对国民经济也有相当的乘数效应，但两者对民营经济的挤出效应也非常大，而民营经济是制造业的主体，对民营经济的挤出相当于对制造业的挤出。

1. 扭曲的轻重工业比逐步得到纠正

长期的以重工业赶超战略为目标的二元经济体制造成我国的轻重工业比与一般性的工业化国家具有较大差别，重工业是在脱离了轻工业的基础上"优先"发展起来的，因此从数值上来看轻重工业比比较畸形，可以说是以牺牲轻工业的正常发展为代价的，这在一定程度上扭曲了经济结构。改革开放以来，随着要素与产品市场化程度的提高，不具备比较优势或者与发展条件不相称的重工业逐步萎缩，轻工业同步扩张，相应地，建立在比较优势基础上的产业获得自生能力并不断得到发展。美国金融危机以来在由外需向内需、由生产向消费转变的大趋势下，传统农区巨大的市场潜力和现代化的立体综合交通枢纽将为沿海地区劳动密集型制造业向本地的转移提供强大的竞争优势，从而使相应的轻重工业比总体上得到提高。值得说明的是，由于存在发展路径上的依赖以及资源型产业与制造业两种力量的反复较量，轻重工业比的调整过程是长期的，但总体上轻重工业结构在不断优化是不争的事实（见图 5 - 5）。

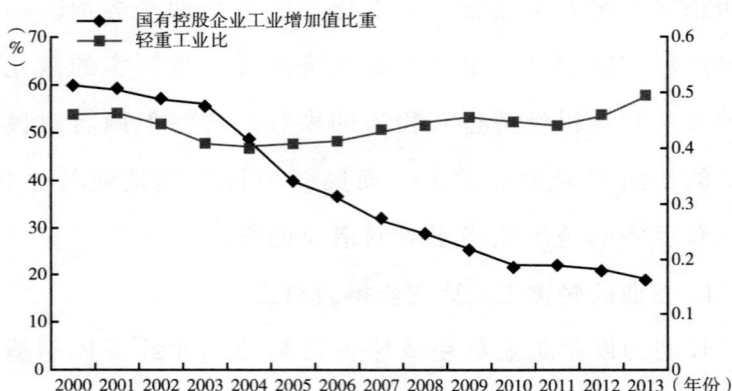

图 5 - 5　2000 ~ 2013 年传统农区轻重工业比与国有控股企业工业增加值比重变化情况

资料来源：根据历年《河南统计年鉴》整理得到。

2. 国有经济份额在不断下降

从一般意义上来说，国有经济应该进入那些具有自然垄断性质或关乎国民经济命脉的行业，如采矿业以及电力、热力、燃气及水的生产和供应业就比较适合国有资本进入。国有资本进入这些行业一方面可以快速实现规模化经营，另一方面还可以通过制度硬约束有效降低对环境的破坏程度。但是，如果国有经济比重过高，其对资源的强大的行政控制能力和对稀缺资源的占有能力就将使非国有经济的生存环境恶化。改革开放以来，传统农区国有经济所占份额呈现大幅度下降趋势，有利于制造业发展的市场化环境逐步形成。由图 5 - 5 可知，2000 ~ 2013 年，国有控股企业工业增加值比重整体呈下降态势，尤其是 2003 年以后下降的幅度较以前更大，已经从最高点的 60.01% 大幅下降到 2013 年的 19.30% 。更重要的是，随着经济结构调整的深入和发展阶段的转换，国有经济份额还将进一步下降，其对民营经济或制造业的挤出效应将进一步削弱。

（五）从支撑条件来看，技术与组织高级化将成为普遍特征

由于商品奇缺，传统农区工业化起步时技术门槛比较低，只要参与生产就能获利，使当时粗放型发展的制造业企业能够依附于农村而广泛存在。但是，随着体制改革对生产力的释放，供需矛盾开始转换，生产过剩以及工业品市场竞争的激烈程度使新进入的企业必须在资本、技术与经营管理等方面具备某种优势。同时由于全球产业链分工的不断深入，技术的落后与先进对于制造业中的制造环节已经没有明显的界限区分，如果企业不能适应技术标准化的要求，势必会遭到淘汰。因此，高技术化将成为传统农区制造业发展的一大特征，不能适应这一变化的企业将在优胜劣汰规则面前消失。现代企业的竞争是全方位的竞争，

一个企业要想在激烈的竞争中存活下来就必然不能再采用过去那种粗放式的经营与管理模式，即企业会提出更高层次的组织高级化的强烈需求，因此组织管理创新也是制造业进一步发展的特征。

二 传统农区制造业空间聚集程度的评价方法与实施过程

(一) 制造业空间布局演变对地区工业化的空间分异有重要影响

区域工业化的过程的一个重要结果就是结构变迁，而结构变迁需要通过产业尤其是制造业吸纳劳动力来支撑。联合国工业发展组织认为，大多数工业化国家发展的经验是把农业剩余劳动力的转移看得比工业生产率的提高更为重要，在实践上推行以增加就业为主的工业化战略。而传统农区农村人口比重大，小农思想根深蒂固，结构变革相对缓慢，传统农区应该着重通过发展能够最大限度吸纳劳动力的制造业来加速推进经济社会结构变迁。更为重要的是，制造业的发展离不开合理的空间分工，产业发展的高级形态要求从现有的分散状态向集中状态动态演化，制造业的发展规律是一个特定的区域应该集中生产和销售具有比较优势的产品。这种比较优势一方面来自已经形成的优势产业，另一方面来自由于经济发展阶段的变化形成的市场机会以及对本地潜在优势资源的挖掘和利用。这种新增的市场机会以及对潜在优势资源的挖掘和利用可能会在短期内改变地区制造业的聚集程度，但在长期内适合于特定产业的特定要素在某一空间的不断聚集会改变产业的空间配置，最终会表现出在特定的区域聚集特定的产业，长期来看聚集程度会不断提高。既然制造业的空间聚集具有一定的规律可循，通过对制造业的空间聚集程度、聚集区域的类型与制造业结构之间的分析可以看出工业化进程的空间分异与制造业空间结构之间的关系。

（二）制造业空间聚集程度的评价方法

本书采用区位基尼系数来衡量传统农区制造业的空间聚集程度。区位基尼系数用来衡量生产在地理上的集中程度，一般情况下采用制造业增加值指标[①]进行具体的测算。基尼系数的计算与洛伦茨曲线密切相关，不妨设洛伦茨曲线与 45 度线之间图形的面积为 S_1，与横轴的面积为 S_2，且设 $S_1 + S_2 = 0.5$。假设计算 N 个地区的某一制造业的基尼系数，在对该制造业增加值从低到高进行排列后，得到 Z_i（$i = 1$，2，…，N），$W_i = \sum_{j=1}^{i} Z_j$（$i = 1$，2，…，N；$j = 1$，2，…，i），再有 $W_0 = 0$，区位基尼系数计算公式的推导过程具体如下：

---

① 增加值指标是最具有代表性也最让人信服的指标之一，采用其他指标要么数据的对比性较差，要么不易获得。

$$GINI = \frac{S_1}{S_1 + S_2} = \frac{S_1}{0.5} = \frac{0.5 - S_2}{0.5} = 1 - 2S_2$$

$$= 1 - 2\sum_{i=1}^{N} \frac{\frac{W_{i-1}}{W_N} + \frac{W_i}{W_N}}{2N} = 1 - \frac{1}{N}\sum_{i=1}^{N}\left(\frac{W_{i-1}}{W_N} + \frac{W_i}{W_N}\right)$$

$$= 1 - \frac{1}{N}\left(2\sum_{i=1}^{N}\frac{W_i}{W_N} - \frac{W_N}{W_N}\right) = 1 - \frac{1}{N}\left(2\sum_{i=1}^{N}\frac{W_i}{W_N} - 1\right)$$

$$= 1 - \frac{1}{NW_N}\left(2\sum_{i=1}^{N}W_i - W_N\right)$$

基尼系数的理论取值范围为 [0, 1]，制造业的区位基尼系数越大，代表着生产活动在空间上越集中。本书参考张同升等（2005）对制造业区位基尼系数聚集程度的划分方法（见表5-2）。

表5-2　区位基尼系数与行业的地区分布类型

区位基尼系数	行业的地区分布类型
小于0.20	高度分散
0.20~0.30	比较分散
0.30~0.35	相对分散
0.35~0.40	相对集中
0.40~0.50	比较集中
大于0.50	高度集中

本章仍然选取2000~2016年作为研究的时间区间，由于制造业区位基尼系数需要分行业的具体数据，故原始数据均来源于各省辖市相应年份的统计年鉴。本书所说的制造业属于《国民经济行业分类》（GB/T 4754—2002）中的两位数制

造业（见表 5 - 3），并对《国民经济行业分类》（GB／T
4754—1994）和《国民经济行业分类》（GB／T 4754—2011）
中涉及相应年份的行业名称与统计口径也进行了相应调整，
使其符合表 5 - 3 中的标准名称。但橡胶制品业与塑料制品业
在《国民经济行业分类》（GB／T 4754—2011）中被合并成为
"橡胶和塑料制品业"，故该数据没有办法整合进表 5 - 3，因
此本章的分析并没有包含此类行业数据。另外，工艺品及其
他制造业（C41）以及废弃资源和废旧材料回收加工业
（C42）的工业化意义并不显著，基于篇幅的限制，本章也将
这两类行业排除在外。

表 5 - 3　制造业《国民经济行业分类》（GB／T 4754—2002）代码及名称

代码	名称	代码	名称
C13	农副食品加工业	C21	家具制造业
C14	食品制造业	C22	造纸及纸制品业
C15	饮料制造业	C23	印刷业和记录媒介的复制业
C16	烟草制品业	C24	文教体育用品制造业
C17	纺织业	C25	石油加工、炼焦及核燃料加工业
C18	纺织服装、鞋、帽制造业	C26	化学原料及化学制品制造业
C19	皮革、毛皮、羽毛（绒）及其制品业	C27	医药制造业
C20	木材加工及木、竹、藤、棕、草制品业	C28	化学纤维制造业

代码	名称	代码	名称
C29	橡胶制品业	C36	专用设备制造业
C30	塑料制品业	C37	交通运输设备制造业
C31	非金属矿物制品业	C38	电气机械及器材制造业
C32	黑色金属冶炼及压延加工业	C39	通信设备、计算机及其他电子设备制造业
C33	有色金属冶炼及压延加工业	C40	仪器仪表及文化、办公用机械制造业
C34	金属制品业	C41	工艺品及其他制造业
C35	通用设备制造业	C42	废弃资源和废旧材料回收加工业

（三）数据处理结果

根据制造业区位基尼系数的计算方法，把传统农区 17 个地级市①的两位数制造业的原始数据进行分类整理，并按照上文推导的公式分别计算每个制造业的区位基尼系数。表 5 - 4、表 5 - 5、表 5 - 6 列出了 2000 ~ 2016 年传统农区两位数制造业的区位基尼系数，并以 2016 年数据为基准从大到小进行排序。为了清楚直观地显示空间聚集特征，表 5 - 4、表 5 - 5、表 5 - 6 中同时也列出了每一个行业增加值排前两位的地级市。

---

① 在本章中没有包含济源的数据，虽然济源在河南省内被视同地级市，但由于其是在县级单位基础上成长起来的，相关统计内容还不能与其他地级市有效衔接，关于制造业行业的增加值数据就是其中之一。除了黑色金属冶炼及压延加工业、有色金属冶炼及压延加工业以及石油加工、炼焦及核燃料加工业等济源市传统优势产业之外，济源市的其他制造业行业的绝对量占比都比较小，把济源当作一个独立的空间去掉后的相关制造业区位基尼系数会偏低。

三　传统农区制造业区位基尼系数的评价结果分析

（一）时间趋势特征呈现整体下降趋势

从表 5 - 4、表 5 - 5、表 5 - 6 可以看出，传统农区制造业区位基尼系数整体水平较高，2000 ~ 2016 年各个年份中高度集中的行业数量都占绝对多数，表明了两位数制造业在空间上呈现高度聚集状态。但随着时间的推移，大部分制造业的区位基尼系数有降低倾向，即纵向来看传统农区制造业的空间布局呈现分散态势，这也在一定程度上支撑着传统农区工业化在空间的扩散。

为了更直观地说明上述特征，不妨以 2000 年、2010 年和 2016 年三年的数据加以说明（见表 5 - 7、表 5 - 8、表 5 - 9）。2000 年的数据显示：高度集中的行业（区位基尼系数大于 0.5）数量有 20 个，占所统计制造业门类的 76.92%，其中石油加工、炼焦及核燃料加工业，通信设备、计算机及其他电子设备制造业以及化学纤维制造业的区位基尼系数非常高，数值分别高达 0.907、0.838、0.824；比较集中的行业（区位基尼系数大于 0.4 小于 0.5）数量有 2 个，占所统计制造业门类的 7.69%；相对集中的行业（区位基尼系数大于 0.35 小于 0.4）数量有 4 个，占所统计制造业门类的 15.38%；没有相对分散、比较分散和高度分散的制造业门类。再来看

表 5 - 4　传统农区制造业区位基尼系数及各制造业中占比前两位的地级市（2000～2005 年）

行　业	2000 年		2001 年		2002 年		2003 年		2004 年		2005 年	
	GINI	RANK	GINI	RANK	GINI	RANK	GINI	RANK	GINI	RANK	GINI	RANK
烟草制品业	0.670	郑州 许昌	0.657	郑州 许昌	0.661	郑州 许昌	0.691	郑州 许昌	0.704	郑州 许昌	0.717	郑州 许昌
家具制造业	0.538	洛阳 漯河	0.584	洛阳 驻马店	0.546	洛阳 驻马店	0.617	洛阳 驻马店	0.590	洛阳 周口	0.637	洛阳 安阳
石油加工、炼焦及核燃料加工工业	0.907	洛阳 濮阳	0.912	洛阳 濮阳	0.902	洛阳 濮阳	0.881	洛阳 濮阳	0.837	洛阳 平顶山	0.807	洛阳 平顶山
通信设备、计算机及其他电子设备制造业	0.838	安阳 新乡	0.838	安阳 新乡	0.847	安阳 新乡	0.858	安阳 新乡	0.841	安阳 郑州	0.753	安阳 郑州
有色金属冶炼及压延加工工业	0.731	郑州 焦作	0.751	郑州 焦作	0.738	郑州 焦作	0.685	郑州 焦作	0.673	郑州 焦作	0.657	郑州 洛阳
文教体育用品制造业	0.765	许昌 信阳	0.706	南阳 许昌	0.723	许昌 南阳	0.649	许昌 信阳	0.622	南阳 许昌	0.655	南阳 开封
黑色金属冶炼及压延加工工业	0.732	安阳 平顶山	0.719	安阳 平顶山	0.705	安阳 平顶山	0.701	安阳 平顶山	0.705	安阳 平顶山	0.688	安阳 平顶山
皮革、毛皮、羽毛（绒）及其制品业	0.689	周口 漯河	0.717	周口 焦作	0.717	周口 焦作	0.739	周口 商丘	0.687	周口 焦作	0.665	周口 焦作
仪器仪表及文化、办公用机械制造业	0.623	驻马店 郑州	0.653	南阳 焦作	0.610	南阳 郑州	0.562	商丘 郑州	0.601	南阳 商丘	0.554	南阳 郑州

续表

行　业	2000年 GINI	2000年 RANK	2001年 GINI	2001年 RANK	2002年 GINI	2002年 RANK	2003年 GINI	2003年 RANK	2004年 GINI	2004年 RANK	2005年 GINI	2005年 RANK
化学纤维制造业	0.824	平顶山 新乡	0.822	平顶山 新乡	0.822	平顶山 新乡	0.823	平顶山 新乡	0.753	新乡 洛阳	0.747	洛阳 新乡
交通运输设备制造业	0.649	郑州 洛阳	0.619	郑州 洛阳	0.638	郑州 洛阳	0.687	郑州 新乡	0.667	郑州 洛阳	0.608	郑州 安阳
通用设备制造业	0.544	洛阳 郑州	0.522	郑州 洛阳	0.528	洛阳 郑州	0.543	郑州 洛阳	0.597	洛阳 郑州	0.545	洛阳 郑州
纺织服装、鞋、帽制造业	0.591	许昌 郑州	0.616	许昌 郑州	0.601	许昌 郑州	0.569	许昌 郑州	0.489	郑州 洛阳	0.481	郑州 洛阳
造纸及纸制品业	0.547	郑州 新乡	0.502	郑州 新乡	0.539	郑州 新乡	0.548	郑州 新乡	0.552	郑州 漯河	0.547	郑州 新乡
纺织业	0.370	南阳 郑州	0.363	南阳 周口	0.397	南阳 许昌	0.367	南阳 许昌	0.394	南阳 新乡	0.418	南阳 新乡
电气机械及器材制造业	0.620	新乡 许昌	0.622	许昌 新乡	0.640	许昌 新乡	0.650	许昌 新乡	0.610	许昌 新乡	0.560	许昌 新乡
非金属矿物制品业	0.521	郑州 许昌	0.513	郑州 许昌	0.508	郑州 许昌	0.536	郑州 焦作	0.539	郑州 焦作	0.560	郑州 焦作
印刷业和记录媒介的复制业	0.628	郑州 安阳	0.677	郑州 安阳	0.652	郑州 安阳	0.629	郑州 安阳	0.635	郑州 漯河	0.649	郑州 漯河

续表

行　业	2000年		2001年		2002年		2003年		2004年		2005年	
	GINI	RANK	GINI	RANK	GINI	RANK	GINI	RANK	GINI	RANK	GINI	RANK
专用设备制造业	0.647	郑州 洛阳	0.579	郑州 洛阳	0.589	郑州 洛阳	0.595	郑州 洛阳	0.570	郑州 洛阳	0.534	郑州 洛阳
木材加工及木、竹、藤、棕、草制品业	0.446	开封 周口	0.449	开封 许昌	0.457	开封 许昌	0.484	开封 商丘	0.442	开封 许昌	0.375	开封 许昌
食品制造业	0.601	周口 漯河	0.634	周口 漯河	0.644	周口 漯河	0.598	周口 漯河	0.537	漯河 郑州	0.542	漯河 周口
饮料制造业	0.373	三门峡 南阳	0.350	南阳 郑州	0.370	郑州 南阳	0.377	南阳 焦作	0.357	漯河 郑州	0.412	南阳 焦作
化学原料及化学制品制造业	0.367	濮阳 郑州	0.381	濮阳 郑州	0.375	濮阳 郑州	0.381	濮阳 郑州	0.357	濮阳 洛阳	0.362	濮阳 洛阳
医药制造业	0.506	郑州 南阳	0.516	郑州 南阳	0.508	新乡 南阳	0.492	新乡 南阳	0.451	新乡 南阳	0.447	新乡 郑州
金属制品业	0.409	郑州 周口	0.410	郑州 周口	0.412	郑州 周口	0.525	郑州 商丘	0.487	郑州 新乡	0.488	郑州 新乡
农副食品加工业	0.372	漯河 南阳	0.399	漯河 南阳	0.399	漯河 周口	0.370	漯河 周口	0.347	漯河 周口	0.323	漯河 周口

表5-5 传统农区制造业区位基尼系数及各制造业中占比前两位的地级市(2006~2011年)

行业	2006年 GINI	2006年 RANK	2007年 GINI	2007年 RANK	2008年 GINI	2008年 RANK	2009年 GINI	2009年 RANK	2010年 GINI	2010年 RANK	2011年 GINI	2011年 RANK
烟草制品业	0.721	郑州/许昌	0.726	郑州/许昌	0.731	郑州/许昌	0.751	郑州/许昌	0.755	郑州/许昌	0.823	郑州/许昌
家具制造业	0.688	洛阳/郑州	0.742	洛阳/郑州	0.716	洛阳/郑州	0.704	洛阳/郑州	0.673	洛阳/郑州	0.696	洛阳/郑州
石油加工、炼焦及核燃料加工业	0.772	洛阳/平顶山	0.751	洛阳/平顶山	0.733	洛阳/安阳	0.723	洛阳/安阳	0.723	洛阳/安阳	0.746	洛阳/安阳
通信设备、计算机及其他电子设备制造业	0.705	安阳/新乡	0.572	新乡/安阳	0.524	洛阳/鹤壁	0.561	洛阳/鹤壁	0.521	郑州/鹤壁	0.695	郑州/安阳
有色金属冶炼及压延加工业	0.635	郑州/洛阳	0.609	郑州/洛阳	0.624	洛阳/郑州	0.613	洛阳/郑州	0.619	洛阳/郑州	0.635	洛阳/郑州
文教体育用品制造业	0.750	南阳/开封	0.731	南阳/开封	0.703	南阳/开封	0.605	开封/郑州	0.667	洛阳/开封	0.625	洛阳/漯河
黑色金属冶炼及压延加工业	0.682	安阳/平顶山	0.689	安阳/平顶山	0.701	安阳/平顶山	0.683	安阳/平顶山	0.705	安阳/郑州	0.653	安阳/郑州
皮革、毛皮、羽毛(绒)及其制品业	0.638	焦作/周口	0.651	焦作/周口	0.635	周口/焦作	0.649	周口/焦作	0.667	焦作/周口	0.652	焦作/周口
仪器仪表及文化、办公用机械制造业	0.665	南阳/平顶山	0.591	南阳/平顶山	0.574	南阳/平顶山	0.550	南阳/平顶山	0.611	南阳/平顶山	0.584	南阳/平顶山

续表

行业	2006年 GINI	2006年 RANK	2007年 GINI	2007年 RANK	2008年 GINI	2008年 RANK	2009年 GINI	2009年 RANK	2010年 GINI	2010年 RANK	2011年 GINI	2011年 RANK
化学纤维制造业	0.770	洛阳 新乡	0.777	新乡 洛阳	0.727	新乡 平顶山	0.752	新乡 洛阳	0.741	新乡 洛阳	0.644	新乡 洛阳
交通运输设备制造业	0.582	郑州 洛阳	0.594	郑州 安阳	0.555	郑州 安阳	0.559	郑州 安阳	0.558	郑州 安阳	0.561	郑州 安阳
通用设备制造业	0.516	洛阳 郑州	0.505	洛阳 郑州	0.519	郑州 洛阳	0.520	郑州 洛阳	0.536	洛阳 新乡	0.567	洛阳 新乡
纺织服装、鞋、帽制造业	0.480	郑州 洛阳	0.452	郑州 平顶山	0.453	郑州 驻马店	0.441	郑州 周口	0.459	郑州 商丘	0.484	郑州 商丘
造纸及纸制品业	0.553	郑州 漯河	0.542	郑州 鹤壁	0.543	郑州 新乡	0.573	郑州 新乡	0.559	郑州 新乡	0.564	郑州 新乡
纺织业	0.412	南阳 新乡	0.420	南阳 鹤壁	0.407	南阳 新乡	0.445	南阳 新乡	0.451	南阳 新乡	0.479	南阳 新乡
电气机械及器材制造业	0.571	新乡 许昌	0.534	新乡 许昌	0.504	许昌 新乡	0.505	许昌 新乡	0.514	许昌 新乡	0.532	许昌 濮阳
非金属矿物制品业	0.537	郑州 焦作	0.560	郑州 焦作	0.542	郑州 焦作	0.514	郑州 许昌	0.517	郑州 洛阳	0.530	郑州 洛阳
印刷业和记录媒介的复制业	0.652	郑州 焦作	0.623	郑州 焦作	0.552	郑州 焦作	0.532	郑州 漯河	0.529	郑州 焦作	0.559	焦作 郑州

续表

行业	2006年		2007年		2008年		2009年		2010年		2011年	
	GINI	RANK	GINI	RANK	GINI	RANK	GINI	RANK	GINI	RANK	GINI	RANK
专用设备制造业	0.528	郑州 洛阳	0.522	郑州 洛阳	0.520	郑州 洛阳	0.519	郑州 洛阳	0.508	郑州 洛阳	0.478	郑州 洛阳
木材加工及木、竹、藤、棕、草制品业	0.366	开封 南阳	0.355	开封 南阳	0.372	开封 驻马店	0.368	开封 驻马店	0.367	开封 许昌	0.366	开封 许昌
食品制造业	0.540	漯河 周口	0.523	周口 郑州	0.530	漯河 郑州	0.536	漯河 郑州	0.500	漯河 郑州	0.520	漯河 郑州
饮料制造业	0.418	焦作 南阳	0.386	焦作 漯河	0.391	漯河 焦作	0.386	焦作 漯河	0.375	焦作 南阳	0.374	焦作 漯河
化学原料及化学制品制造业	0.379	洛阳 濮阳	0.335	洛阳 焦作	0.344	焦作 郑州	0.298	焦作 郑州	0.313	焦作 郑州	0.319	焦作 郑州
医药制造业	0.494	新乡 南阳	0.510	新乡 南阳	0.474	新乡 南阳	0.457	新乡 南阳	0.458	新乡 周口	0.432	新乡 周口
金属制品业	0.480	郑州 新乡	0.427	郑州 新乡	0.393	郑州 新乡	0.348	郑州 新乡	0.403	郑州 新乡	0.385	郑州 洛阳
农副食品加工业	0.325	漯河 周口	0.307	漯河 周口	0.303	漯河 周口	0.289	漯河 周口	0.285	漯河 周口	0.275	漯河 周口

表 5-6　传统农区制造业区位基尼系数及各制造业中占比前两位的地级市(2012～2016 年)

行 业	2012 年		2013 年		2014 年		2015 年		2016 年	
	GINI	RANK	GINI	RANK	GINI	RANK	GINI	RANK	GINI	RANK
烟草制品业	0.817	郑州 许昌	0.821	郑州 许昌	0.824	郑州 许昌	0.817	郑州 许昌	0.814	郑州 许昌
家具制造业	0.702	洛阳 郑州	0.694	洛阳 开封	0.671	洛阳 濮阳	0.699	洛阳 濮阳	0.700	洛阳 濮阳
石油加工、炼焦及核燃料加工业	0.714	洛阳 安阳	0.714	洛阳 安阳	0.713	洛阳 安阳	0.685	安阳 洛阳	0.699	洛阳 安阳
通信设备、计算机及其他电子设备制造业	0.795	郑州 周口	0.776	郑州 周口	0.763	郑州 周口	0.751	郑州 周口	0.699	郑州 周口
有色金属冶炼及压延加工业	0.635	洛阳 郑州	0.618	洛阳 郑州	0.631	郑州 洛阳	0.634	郑州 洛阳	0.646	郑州 洛阳
文教体育用品制造业	0.654	许昌 南阳	0.613	许昌 南阳	0.607	许昌 南阳	0.653	许昌 南阳	0.636	许昌 南阳
黑色金属冶炼及压延加工业	0.582	安阳 洛阳	0.579	安阳 许昌	0.604	安阳 许昌	0.603	安阳 许昌	0.596	安阳 许昌
皮革、毛皮、羽毛(绒)及其制品业	0.607	焦作 周口	0.610	焦作 周口	0.605	周口 焦作	0.599	周口 焦作	0.586	周口 焦作
仪器仪表及文化、办公用机械制造业	0.633	南阳 洛阳	0.586	南阳 郑州	0.574	南阳 商丘	0.590	南阳 商丘	0.570	商丘 南阳

续表

行业	2012年 GINI	2012年 RANK	2013年 GINI	2013年 RANK	2014年 GINI	2014年 RANK	2015年 GINI	2015年 RANK	2016年 GINI	2016年 RANK
化学纤维制造业	0.695	新乡 洛阳	0.674	新乡 洛阳	0.656	新乡 平顶山	0.605	新乡 平顶山	0.552	新乡 平顶山
交通运输设备制造业	0.580	郑州 安阳	0.551	郑州 安阳	0.544	郑州 安阳	0.545	郑州 洛阳	0.545	郑州 洛阳
通用设备制造业	0.569	新乡 郑州	0.575	新乡 郑州	0.542	郑州 洛阳	0.546	郑州 洛阳	0.539	郑州 洛阳
纺织服装、鞋、帽制造业	0.466	郑州 周口	0.475	周口 郑州	0.508	郑州 周口	0.526	商丘 周口	0.533	商丘 周口
造纸及纸制品业	0.544	郑州 新乡	0.526	郑州 新乡	0.543	郑州 新乡	0.536	郑州 新乡	0.512	郑州 新乡
纺织业	0.450	南阳 周口	0.464	南阳 周口	0.483	南阳 周口	0.478	周口 南阳	0.488	周口 南阳
电气机械及器材制造业	0.536	许昌 濮阳	0.510	许昌 濮阳	0.517	许昌 濮阳	0.488	许昌 濮阳	0.484	许昌 濮阳
非金属矿物制品业	0.515	郑州 洛阳	0.504	郑州 洛阳	0.498	郑州 洛阳	0.492	郑州 洛阳	0.474	郑州 许昌
印刷业和记录媒介的复制业	0.521	焦作 郑州	0.499	焦作 郑州	0.504	焦作 郑州	0.460	焦作 郑州	0.437	焦作 郑州

续表

行业	2012年		2013年		2014年		2015年		2016年	
	GINI	RANK	GINI	RANK	GINI	RANK	GINI	RANK	GINI	RANK
专用设备制造业	0.477	郑州 洛阳	0.458	郑州 洛阳	0.447	郑州 洛阳	0.429	郑州 洛阳	0.413	郑州 洛阳
木材加工及木、竹、藤、棕、草制品业	0.384	开封 信阳	0.387	开封 信阳	0.322	开封 濮阳	0.345	濮阳 开封	0.412	开封 濮阳
食品制造业	0.487	漯河 郑州	0.466	漯河 郑州	0.442	漯河 郑州	0.416	漯河 周口	0.391	漯河 周口
饮料制造业	0.388	漯河 焦作	0.395	漯河 焦作	0.383	漯河 焦作	0.388	漯河 焦作	0.390	漯河 焦作
化学原料及化学制品制造业	0.320	郑州 新乡	0.322	郑州 新乡	0.346	新乡 郑州	0.348	新乡 郑州	0.362	新乡 焦作
医药制造业	0.387	新乡 周口	0.371	新乡 周口	0.356	新乡 周口	0.354	周口 新乡	0.352	周口 新乡
金属制品业	0.398	洛阳 郑州	0.369	洛阳 郑州	0.365	洛阳 郑州	0.340	洛阳 郑州	0.338	洛阳 郑州
农副食品加工业	0.262	漯河 周口	0.274	周口 漯河	0.306	周口 漯河	0.316	周口 漯河	0.315	周口 漯河

2010 年的数据：高度集中的行业（区位基尼系数大于 0.5）数量下降到 18 个，占所统计制造业门类的 69.23%，其中烟草制品业，化学纤维制造业，石油加工、炼焦及核燃料加工业，黑色金属冶炼及压延加工业的区位基尼系数属于第一梯队，除烟草制品业之外的其他制造业相较 2000 年时都呈现不同程度的下降，数值分别为 0.755、0.741、0.723、0.705；比较集中的行业（区位基尼系数大于 0.4 小于 0.5）数量有 4 个，占所统计制造业门类的 15.38%；相对集中的行业（区位基尼系数大于 0.35 小于 0.4）数量有 2 个，占所统计制造业门类的 7.69%；相对分散的行业（区位基尼系数大于 0.3 小于 0.35）数量有 1 个，占所统计制造业门类的 3.85%；比较分散的行业（区位基尼系数大于 0.2 小于 0.3）数量有 1 个，占所统计制造业门类的 3.85%；没有高度分散布局的制造业门类。最后来看 2016 年的数据：高度集中的行业（区位基尼系数大于 0.5）数量下降到 14 个，占所统计制造业门类的 53.85%，除了区位基尼系数不断上升的烟草制品业和家具制造业外，其他制造业的区位基尼系数进一步下降到 0.7 以下；比较集中的行业（区位基尼系数大于 0.4 小于 0.5）数量有 6 个，占所统计制造业门类的 23.08%；相对集中的行业（区位基尼系数大于 0.35 小于 0.4）数量有 4 个，占所统计制造业门类的 15.38%；相对分散的行业（区位基尼系数大于 0.3 小于 0.35）数量有 2 个，占所统计制造业门类的 7.69%；没有比较分散和高度分散的制造业门类。

表 5 – 7　2000 年传统农区两位数制造业空间分布特征

分布特征	具体行业
高度集中（20 个）	石油加工、炼焦及核燃料加工业（0.907），通信设备、计算机及其他电子设备制造业（0.838），化学纤维制造业（0.824），文教体育用品制造业（0.765），黑色金属冶炼及压延加工业（0.732），有色金属冶炼及压延加工业（0.731），皮革、毛皮、羽毛（绒）及其制品业（0.689），烟草制品业（0.670），交通运输设备制造业（0.649），专用设备制造业（0.647），印刷业和记录媒介的复制业（0.628），仪器仪表及文化、办公用机械制造业（0.623），电气机械及器材制造业（0.620），食品制造业（0.601），纺织服装、鞋、帽制造业（0.591），造纸及纸制品业（0.547），通用设备制造业（0.544），家具制造业（0.538），非金属矿物制品业（0.521），医药制造业（0.506）
比较集中（2 个）	木材加工及木、竹、藤、棕、草制品业（0.446），金属制品业（0.409）
相对集中（4 个）	饮料制造业（0.373），农副食品加工业（0.372），纺织业（0.370），化学原料及化学制品制造业（0.367）

表 5 – 8　2010 年传统农区两位数制造业空间分布特征

分布特征	具体行业
高度集中（18 个）	烟草制品业（0.755），化学纤维制造业（0.741），石油加工、炼焦及核燃料加工业（0.723），黑色金属冶炼及压延加工业（0.705），家具制造业（0.673），皮革、毛皮、羽毛（绒）及其制品业（0.667），文教体育用品制造业（0.667），有色金属冶炼及压延加工业（0.619），仪器仪表及文化、办公用机械制造业（0.611），造纸及纸制品业（0.559），交通运输设备制造业（0.558），通用设备制造业（0.536），印刷业和记录媒介的复制业（0.529），通信设备、计算机及其他电子设备制造业（0.521），非金属矿物制品业（0.517），电气机械及器材制造业（0.514），专用设备制造业（0.508），食品制造业（0.500）
比较集中（4 个）	纺织服装、鞋、帽制造业（0.459），医药制造业（0.458），纺织业（0.451），金属制品业（0.403）

续表

分布特征	具体行业
相对集中(2个)	饮料制造业(0.375),木材加工及木、竹、藤、棕、草制品业(0.367)
相对分散(1个)	化学原料及化学制品制造业(0.313)
比较分散(1个)	农副食品加工业(0.285)

表 5 - 9　2016 年传统农区两位数制造业空间分布特征

分布特征	具体行业
高度集中(14个)	烟草制品业(0.814),家具制造业(0.700),石油加工、炼焦及核燃料加工业(0.699),通信设备、计算机及其他电子设备制造业(0.699),有色金属冶炼及压延加工业(0.646),文教体育用品制造业(0.636),黑色金属冶炼及压延加工业(0.596),皮革、毛皮、羽毛(绒)及其制品业(0.586),仪器仪表及文化、办公用机械制造业(0.570),化学纤维制造业(0.552),交通运输设备制造业(0.545),通用设备制造业(0.539),纺织服装、鞋、帽制造业(0.533),造纸及纸制品业(0.512)
比较集中(6个)	纺织业(0.488),电气机械及器材制造业(0.484),非金属矿物制品业(0.474),印刷业和记录媒介的复制业(0.437),专用设备制造业(0.413),木材加工及木、竹、藤、棕、草制品业(0.412)
相对集中(4个)	食品制造业(0.391),饮料制造业(0.390),化学原料及化学制品制造业(0.362),医药制造业(0.352)
相对分散(2个)	金属制品业(0.338),农副食品加工业(0.315)

　　可以看出,随着时间的推移,不仅高度集中的行业个数总体减少了,而且大多数制造业的区位基尼系数也相应降低了,制造业在空间上的分散布局倾向意味着越来越多的地区获取到了更多的制造业发展的"基因",这必然会推动地区

工业化综合指数不断提高。值得说明的是，制造业的空间布局并不是一成不变的，规模经济和最优市场半径的存在，一方面使不适合在本地发展的制造业在产业体系中的地位逐渐降低甚至消失，另一方面使适合在本地成长的制造业不断聚集。最终的结果是特定的制造业最终会在特定的区域内获得生存与发展，逐渐出现专业化的产业区，长期来看聚集程度会不断提高。而传统农区的现实情况却是大多数制造业的区位基尼系数并没有提高，这一方面是因为本书采用的是两位数制造业和以省辖市为区域统计单元，更加细分的制造业可能在更小的地域单元更加集中；另一方面是由农区工业化在空间上的扩散所致，同时地方政府致力于经济发展的体制性激励与沿海地区产业转移的外部机遇结合在一起使空间布局的变化更加复杂。但是随着工业化的快速推进，这种粗放型的空间布局会由于市场化的成本收益规则的纠正而不断调整，终究会产生最优的空间布局。当然，这个调整过程也是长期的。

（二）制造业的性质与区位基尼系数的相对大小有密切关系

通过观察传统农区制造业区位基尼系数发现，不同性质的制造业的空间聚集程度不一样，但总体呈现分层特征。以2016年数据为例，传统农区制造业的性质大致可以划分为三种，其与区位基尼系数的关系如下。

第一种性质制造业是对不可再生能源依赖程度较强的制造业。这种类型的制造业的空间布局与赫克歇尔—俄林模型的预测结论相一致，一个地区应该集中生产并销售本地具有丰富资源的产品，即该类型制造业主要集中在生产所需资源尤其是上游原材料丰富的区域。这主要是因为这种类型制造业所需原材料的运输成本太高，靠近原材料区域布局能最大限度度节约运输成本，所以这种类型制造业的空间布局具有原材料生产地的指向性属性。石油加工、炼焦及核燃料加工业（0.699）[①]、有色金属冶炼及压延加工业（0.646）、黑色金属冶炼及压延加工业（0.596）等是这种类型制造业的代表。

第二种性质制造业是各个区域都有较大需求且产品运输成本相对合理的制造业。这种类型制造业空间布局相对分散，区位基尼系数在 0.5 以内的大部分制造业属于此类。农副食品加工业（0.315），金属制品业（0.338），化学原料及化学制品制造业（0.362），饮料制造业（0.390），食品制造业（0.391），木材加工及木、竹、藤、棕、草制品业（0.412），印刷业和记录媒介的复制业（0.437）等是这种类型制造业的代表。

第三种性质制造业是除上述两种以外的制造业。这种类型制造业的空间布局大多不会由于对特定投入的需求而定位在特定的地区（文玫，2004），即理论上可以布局在任何区域。但由于这种类型制造业并不会像第二种性质制造业那样在地区之间都有较大需求，故大多数情况下这种类型制造业

---

① 此部分括号中数据为相应制造业行业 2016 年的区位基尼系数。

的空间聚集程度要比第二种性质制造业高，甚至个别还要高于第一种性质制造业。烟草制品业（0.814），家具制造业（0.700），通信设备、计算机及其他电子设备制造业（0.699），仪器仪表及文化、办公用机械制造业（0.570），交通运输设备制造业（0.545），通用设备制造业（0.539）等是这种类型制造业的代表。

四 制造业空间布局结构与工业化
进程空间分异的关系

从制造业的结构特征来看，三种类型的制造业对工业化进程的影响并不一致，制造业的性质与空间分布特征对传统农区工业化的空间分异具有重要影响。

第一种性质制造业对工业化进程具有短期向好、长期结构僵化的作用，如果没有第二种与第三种性质特别是第三种性质制造业支撑，那么这一类型制造业支撑的区域的工业化发展水平将出现起点较高①但未来空间受到产业结构本身的约束而不断萎缩的局面，主要由这一类型制造业支撑的区域包括平顶山、三门峡、安阳三地。正如上一章所提到的，三门峡和平顶山具有典型的以初级原材料采矿业为主的工业结构，较大的采矿业比重意味着制造业的缺乏，两地前5位制造业增加值占总

---

① 在工业化初期阶段，资源型产业容易形成规模上的优势从而使人均 GDP 指标较高，故工业化的效果也比较显著。

商品增加值的比重分别只有 20.97%、19.66%，在所列地级市中居后两位。而安阳则形成了黑色金属冶炼和压延加工业绝对主导的产业结构，其增加值占总商品增加值的比重高达 13.65%（见表 5-10）。这三个地级市工业化的起点较高，2000 年的工业化综合指数排名分别为第 8、7、5 位，但是它们缺乏长期结构变迁的动力，2016 年排名分别下降至第 14、12、9 位。

第二种性质制造业属于典型的劳动密集型制造业，由于其起着连接农业和工业的桥梁作用，故其对工业化进程具有普遍的刺激作用。但是由于各地对这种类型制造业都有较大需求，生产条件在空间上也没有太大差异，如果这种类型制造业不能成长为行业的龙头，那么这种类型制造业的企业规模及市场半径就相对较小，其对工业化进程空间分异的影响有限。主要由这种类型制造业支撑的区域有漯河、开封、周口、驻马店、南阳、商丘、信阳等地，从表 5-10 可以看出这些地级市制造业增加值占总商品增加值的比重排名前 5 的制造业大都属于这种类型制造业，且除漯河[①]以外的其他地级市的制造业增加值占总商品增加值的比重还比较低，其对本地工业化的总量和结构效应都还远远不足，这也是造成这些地区工业化综合指数排名靠后的原因。

---

① 漯河市是传统农区食品制造业与饮料制造业最大的集聚地，同时也是农副食品加工业的第二大集聚地，三大制造业增加值之和占总商品增加值的比重高达 40.00%，且漯河也成长起来了双汇等行业龙头，庞大的聚集效应使漯河市工业化的结构效应较强，第二种性质制造业能够充分发挥连接农业和工业、农村和城市的桥梁作用。

表 5 - 10　2016 年河南省各地级市分行业制造业增加值占总商品增加值的比重排前 5 位的对比

单位：%

郑州		开封		洛阳		平顶山		安阳		鹤壁	
行业	比重	行业	比重	行业	比重	行业	比重	行业	比重	行业	比重
非金属矿物制品业	17.74	农副食品加工业	6.65	非金属矿物制品业	8.95	电气机械及器材制造业	6.15	黑色金属冶炼及压延加工业	13.65	农副食品加工业	14.17
通信设备、计算机及其他电子设备制造业	9.79	化学原料及化学制品制造业	5.59	有色金属冶炼及压延加工业	6.72	非金属矿物制品业	4.55	交通运输设备制造业	8.78	非金属矿物制品业	12.93
烟草制品业	8.00	纺织业	5.29	专用设备制造业	6.20	黑色金属冶炼及压延加工业	3.38	非金属矿物制品业	5.37	橡胶和塑料制品业	5.13
交通运输设备制造业	6.61	木材加工及木、竹、藤、棕、草制品业	4.37	通用设备制造业	5.67	专用设备制造业	3.05	烟草制品业	4.07	食品制造业	4.52
专用设备制造业	4.53	非金属矿物制品业	4.21	交通运输设备制造业	5.17	金属制品业	2.53	农副食品加工业	3.78	专用设备制造业	4.38

续表

新乡		焦作		濮阳		许昌		漯河		三门峡	
行业	比重	行业	比重	行业	比重	行业	比重	行业	比重	行业	比重
化学原料及化学制品制造业	8.87	非金属矿物制品业	12.37	化学原料及化学制品制造业	11.02	非金属矿物制品业	12.40	食品制造业	16.66	有色金属冶炼及压延加工业	7.69
电气机械及器材制造业	5.68	化学原料及化学制品制造业	8.34	农副食品加工业	10.17	黑色金属冶炼及压延加工业	9.76	农副食品加工业	15.48	非金属矿物制品业	6.31
非金属矿物制品业	5.38	橡胶和塑料制品业	6.15	电气机械及器材制造业	8.33	电气机械及器材制造业	9.35	酒、饮料和精制茶制造业	7.86	化学原料及化学制品制造业	3.31
纺织业	4.76	皮革、毛皮、羽毛（绒）及其制品业	5.70	非金属矿物制品业	5.34	文教体育用品制造业	5.59	专用设备制造业	5.18	专用设备制造业	2.43
医药制造业	4.16	通用设备制造业	5.44	橡胶和塑料制品业	4.61	交通运输设备制造业	5.46	化学原料及化学制品制造业	5.17	食品制造业	1.23

续表

南阳		商丘		信阳		周口		驻马店	
行业	比重	行业	比重	行业	比重	行业	比重	行业	比重
非金属矿物制品业	8.18	纺织服装、服饰业	6.18	非金属矿物制品业	9.17	农副食品加工业	11.42	农副食品加工业	8.63
纺织业	5.44	农副食品加工业	4.60	农副食品加工业	7.88	纺织业	7.02	非金属矿物制品业	6.07
农副食品加工业	3.59	非金属矿物制品业	4.06	纺织服装、服饰业	2.33	皮革、毛皮、羽毛（绒）及其制品业	6.80	皮革、毛皮、羽毛（绒）及其制品业	4.82
交通运输设备制造业	2.54	食品制造业	3.82	纺织业	2.31	医药制造业	5.22	交通运输设备制造业	3.15
化学原料及化学制品制造业	2.16	纺织业	3.76	通信设备、计算机及其他电子设备制造业	2.19	食品制造业	4.77	化学原料及化学制品制造业	3.00

资料来源：根据河南省 17 个地级市 2017 年统计年鉴整理得到。

而第三种性质制造业对工业化的空间分异具有重要影响。这一方面是因为这种类型制造业不受自然资源等条件的约束，其负的外部性相较于资源型产业来说比较小，长期的可持续性发展能力比较强；另一方面其比单纯依靠农产品或劳动力的制造业的市场空间大，更加有利于本地与外地企业之间的交流与合作，从而能够为地区工业化水平的提高提供源源不断的动力支持。因此，如果一个区域的产业结构向第三种性质制造业方向演化，则表明制造业的动态变化是有利于区域工业化进程的。主要由这种类型制造业支撑的区域有郑州、洛阳、焦作、鹤壁、许昌等地，这些地级市是交通运输设备制造业、通用设备制造业、专用设备制造业、电气机械及器材制造业等的主要聚集地。值得说明的是，这些地级市中也有相当程度的第一种、第二种性质制造业，如郑州是黑色金属冶炼及压延加工业、有色金属冶炼及压延加工业的主要集聚地，洛阳是化学纤维制造业以及石油加工、炼焦及核燃料加工业的主要集聚地，鹤壁也形成了庞大的农副食品加工业产业集群，即在这些地级市大都形成了以第三种性质制造业为主，以第一种、第二种性质制造业为辅的制造业结构，工业化的总量和结构形成了良性发展局面，故从长期来看这些地区工业化综合指数的表现较其他地区要好。

五　本章结语

制造业增加值占总商品增加值的比重对工业化进程的贡

献虽然在数值上已经达到了标准评价值的上限，但长期的结构变迁仍然离不开制造业的进一步带动作用。可喜的是，传统农区对制造业越来越重视，各种内外部因素也构成了传统农区制造业可持续发展的现实基础。

制造业在传统农区的重要性越来越突出，其发展的基础和内生动力也在逐步增强。本章利用区位基尼系数测算了以河南省为代表的传统农区的制造业的空间聚集程度，研究结果发现：大多数制造业空间布局高度集中，且随着时间的推移呈扩散趋势，表明农区工业化在空间上正在扩散；制造业的性质与区位基尼系数的相对大小有密切关系。

制造业性质大致可以分为三种：第一种性质制造业对工业化进程从长期来看具有消极作用，能源资源型产业支撑的区域工业化水平的相对下降就是例证；第二种性质制造业虽然结构效应较大，但由于其分布比较均匀，除非其占有的市场规模足够大，否则对工业化进程的空间分异的影响程度有限；第三种性质制造业空间布局的差异对工业化进程的空间分异的影响程度最强，如果一个区域的产业结构向第三种性质制造业方向演化，则表明制造业的动态变化是有利于区域工业化进程的。最后通过与地区工业化综合指数相对照，发现制造业的性质与空间分布特征对传统农区工业化的空间分异具有重要影响。

第六章 传统农区城镇化的发展
历程与空间结构演变

在工业化综合指数的五个构成因素中，人均 GDP 属于工业化的数量效果范畴，而三次产业产值比、制造业增加值占总商品增加值的比重、城镇化率以及三次产业就业结构属于工业化的质量效果范畴。在四个质量效果范畴中，三次产业产值比、制造业增加值占总商品增加值的比重和三次产业就业结构是产业发展的结果，而城镇化率不仅是产业发展的结果，还是工业化的结构效应从经济层面向社会生活层面传递效率的体现。而影响这种传递效率的因素除了产业层面的因素之外，更重要的是还涉及城乡二元制度遗留的破解问题以及在此基础上的城镇化的顶层设计问题。传统农区拥有全国庞大的农业人口，城镇化水平还很低，半城镇化问题比较突出。因此，在系统梳理传统农区城镇化的发展历程的基础上，总结区域之间城镇化结构特征的演变以及这种演变的推动力，并探索外出务工人员的就业空间和居住空间融合的实现路径以及相应的顶层设计，对于其未来城镇化的可持续发展来说无疑具有重大的现实意义。

一　传统农区城镇化的发展历程

一个地区的城镇化发展战略与国家政策环境密切相关，而城镇化水平则取决于该地区对既定外部环境的反应程度。按照这一思路，本章在系统梳理国家层面实施的城镇化战略以及以河南省为代表的传统农区相机做出的一系列反应的基础之上，试图从 1978～2016 年的数据对比中寻找出河南省城镇化发展的阶段性特征。

（一）缓慢起步阶段（1978～1987 年）

1978 年党的十一届三中全会以后，党和国家工作的重心重新回到了以经济建设为中心的正确轨道上。在农村改革的带动和促进下，城市和国企也拉开了改革的大幕，国家有选择地在若干城市进行改革试点工作。但由于担心就业和财力不足，国家层面上采取了十分严格的限制人口流入大城市的政策措施。与此同时，限制农业人口向大城市流动却促进了乡镇企业的蓬勃发展，追求自身利益最大化的亿万农民通过乡镇企业这一载体实现了用产品之间的城乡流动来弥补人口不能城乡流动的缺陷。在这样的时代背景下，乡镇企业的载体——小城镇自然而然就成为重点关注的对象，这一阶段城市改革试点的着力点主要围绕"限制大城市，发展小城镇"。1978 年召开的第三次全国城市工作会议提出了"控制大城市规模，多搞小城镇"的城市发展方针，1980 年国务院批转了《全国城市规划工作会议纪要》，进一步提出了"控制大城市规模，合理发展中等城市，积极发展小城市"的城市发展思路，1984 年中央又颁布了新的户籍管理制度即允许农民自带粮进镇务工经商落户，诸如此类的政策松绑基本围绕发展小城镇和农民进乡镇来展开的。

在这一时期，河南省根据国家关于多搞小城镇、积极发展小城市的总体方针，确定了优先发展小城镇的城镇化发展战略。但由于河南省是以农业为基础的中国人口大省，在工业化发展的初期还没有跳出"农业思维"的范式，同时本地又缺乏足够多的小城镇作为载体，总体来看，这一阶段河南省城镇化水平并不高。图 6－1 数据显示，河南省城镇化率由 1978 年的 13.6% 上升到 1987 年的 15.1%，10 年仅提高了 1.5 个百分点。与此相对应，河南省城镇化率与全国平均水平的差距不仅没有缩小反而呈逐步扩大趋势，两者差距从 1978 年的 4.3 个百分点进一步扩大到 1987 年的 10.2 个百分点。因此从总体来看，这一阶段以优先发展小城镇为主的城镇化发展战略并没有改变河南省城镇化相对滞后的窘境，城市作为区域政治、经济、文化和科技中心的功能并没有发挥出来，河南省城镇化的道路任重而道远。

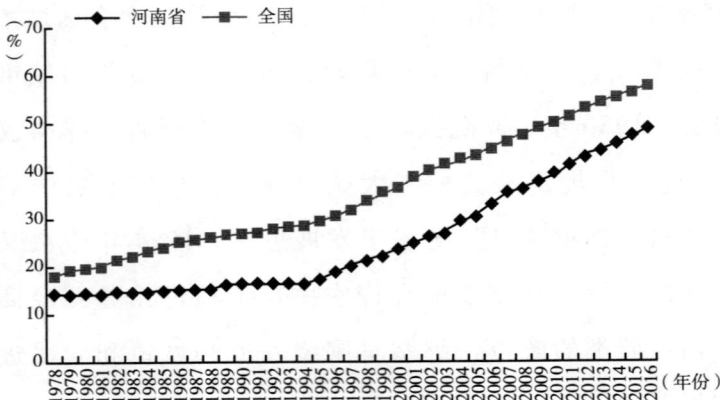

图 6-1 1978~2016 年河南省与全国城镇化率趋势对比

资料来源：根据历年《中国统计年鉴》《河南统计年鉴》整理得到。

（二）快速推进阶段（1988~2002 年）

1988~2002 年，中国城镇化经历了从发展"小城镇"到发展"中小城市"，再进一步到"大中小城市和小城镇协调发展"的战略演变。基于对小城镇发展战略的延续，1987 年之后国家层面又进一步强调了促进小城镇发展的重大意义。其中代表性事件如下：1998 年 10 月 14 日，中国共产党第十五届中央委员会第三次全体会议通过的《中共中央关于农业和农村工作若干重大问题的决定》指出，"发展小城镇，是带动农村经济和社会发展的一个大战略"；1999 年 9 月，党的十五届四中全会进一步指出，"实施西部大开发和加快小城镇建设，都是关系我国经济和社会发展的重大战略问题"；2000 年 6 月，中共中央、国务院又颁布了《中共中央　国务院关于促进小城镇健康发展的若干意见》，指出，"加快城镇化进程的时机和条件已经成熟。抓住机遇，适时引导小城镇健康发展，应当作为当前和今后较长时期农村改革与发展的一项重要任务"。这些都表明，2000年之前大力发展小城镇仍然是国家层面城镇化发展的主基调。与此相对应，在1988～2000年，河南省在贯彻落实发展小城镇、加快推进农村城镇化方面进行了很多有益的探索。1990年，在时任河南省代省长李长春的主导下，河南官方正式提出了"团结奋进、振兴河南"的口号，这是传统农业大省自我意识的首次苏醒，不再把自己束缚在"把农业搞好"的思维定式中。河南省立足自身实际，逐渐探索出一条农业大省的特色城镇化的实现之路，即在决不放松粮食生产的前提下，全面发展农村的商品经济，把大力发展城乡集体工业作为振兴河南的战略措施来抓。在这一系列努力下，1993年3月，河南出现了"十八罗汉闹中原"的局面，将巩义、偃师、禹州、邓州等18个县（市）确定为改革、开放、发展的"特别试点县（市）"，赋予其部分省级经济管理权限，实行特殊政策，以活跃县域经济，带动农村地区城镇化进程。

随着市场经济改革步伐的加快和工业化进程的深入推进，小城镇的要素聚集能力日益不能满足经济社会发展的需要，同时对大城市发展规模的控制在实践中也收效甚微。越来越多的人认识到，探讨中国的城市化发展道路，没有必要局限在大小之争层面（白南生，2003）。因此，以"十五"计划为开端，我国城镇化道路开始在反思中重构。2000年10月，中共中央在关于"十五"计划的建议中指出,"在着重发展小城镇的同时,积极发展中小城市,完善区域性中心城市功能,发挥大城市的辐射带动作用,走出一条符合我国国情、大中小城市和小城镇协调发展的城镇化道路"。2002 年,党的十六大报告第一次明确提出"走中国特色的城镇化道路",这标志着我国城镇化建设进入了新的发展阶段,确立了逐步提高城市化水平、坚持大中小城市和小城镇协调发展、走中国特色城镇化道路的指导方针。在城镇化从小城镇发展战略的反思与重构过程中,河南省走在了前列,河南省早在"八五"计划时期就已提出"中原城市群"的概念。1995 年河南省六次党代会上,提出"继续发展大城市,大力发展中小城市,积极发展小城镇"。编制"九五"计划时,河南省委省政府提出要统一协调中原城市群重大基础设施、产业布局、城镇体系和生态环境建设。

虽然在这一阶段河南省城镇化战略的反思与重构走在了全国前列,但是在现实中基本上还是以小城镇发展为主。由于缺乏相应的工业基础和外部环境,大中小城市协调发展的效果并不理想。因此总体来看,这一阶段还是以小城镇发展为主。图6-1 数据显示,河南省的城镇化率由 1988 年的 15.3% 上升到 2002 年的 25.8%,14 年提高了 10.5 个百分点。虽然纵向来看发展势头喜人,但该阶段河南省城镇化率与全国平均水平的差距还在进一步扩大,两者的差距从 1988 年的 10.6 个百分点上升到 2002 年的 13.3 个百分点。值得说明的是,虽然该阶段差距仍然在扩大,但是扩大的幅度保持稳定并呈逐步收窄趋势。

（三） 加速推进阶段 （2003～2009 年）

党的十六大以后，尤其是加入 WTO 之后，大中小城市的协调发展逐步升级到获取更大的规模效益和形成有效的区域分工，因此高度同城化和高度一体化的城市群以及以城市群为基础培育区域增长极的发展理念日益受到重视。2005 年，《中共中央关于制定国民经济和社会发展第十一个五年规划的建议》提出，坚持大中小城市和小城镇协调发展，提高城镇综合承载能力，按照循序渐进、节约土地、集约发展、合理布局的原则，积极稳妥地推进城镇化，并明确要求"珠江三角洲、长江三角洲、环渤海地区，要继续发挥对内地经济发展的带动和辐射作用，加强区内城市的分工协作和优势互补，增强城市群的整体竞争力"，"有条件的区域，以特大城市和大城市为龙头，通过统筹规划，形成若干用地少、就业多、要素集聚能力强、人口分布合理的新城市群"。2007 年，党的十七大对走中国特色城镇化道路这一战略进行了完善和发展，时任中共中央总书记胡锦涛在党的十七大报告中指出，要"走中国特色城镇化道路，按照统筹城乡、布局合理、节约土地、功能完善、以大带小的原则，促进大中小城市和小城镇协调发展。以增强综合承载能力为重点，以特大城市为依托，形成辐射作用大的城市群，培育新的经济增长极"。这一论述确立了我国新型城镇化的发展模式，即统筹考虑新型工业化、新型城镇化和新型农业现代化的同步协调推进问题。

在走中国特色城镇化道路总体方针的指引下，河南省城镇化进入加速推进时期。河南省在"十五"计划中就已经明确提出"坚持大型中心城市、中小城市和小城镇三头并举的发展方针，加快城镇化步伐，促进城镇化与经济社会的协调发展"。2003 年时任河南省委书记的李克强在制定河南全面建设小康规划纲要时明确指出，"加快工业化、城镇化、推进农业现代化，是全面建设小康社会的基本途径，也是从根本上解决'三农'问题的必由之路"，"坚持大中小城市和小城镇协调发展……促进农村人口向城镇转移，大幅度提高城镇人口占总人口的比重"。2003 年 8 月，《河南省全面建设小康社会规划纲要》出台，正式将"中原城市群"确定为河南今后一个时期带动经济社会发展的重点区域。随后，在李克强的直接领导和推动下，中心城市带动战略、协调发展大中小城市、规划建设郑东新区、谋划中原城市群、振兴小城镇等一系列重大举措相继展开，河南经济社会发展的动力空前增强。2005 年 12 月，河南省委省政府又制定了《中共河南省委 河南省人民政府关于进一步促进城镇化快速健康发展的若干意见》，明确提出把"实施中心城市带动战略，突出发展中原城市群，加速提升郑州区域中心城市定位，重点建设省辖市，加快县级市和县城建设"作为"十一五"及今后一个时期河南省城镇化发展的战略重点。2006 年 10 月，在河南省第八次党代会上，时任省委书记徐光春提出"坚持走新型城镇化道路，努力在促进城乡区域协调发展上取得新突破。要适应城镇化发展趋势，走城乡互动、区域协调、体系合理、发展集约、以人为本的理念得到充分体现的新型城镇化路子"。这一时期,河南将中心城市带动战略作为经济社会发展的主战略之一,不断优化城镇空间布局,充分发挥城市对农村的带动作用,逐步形成了大型中心城市、中小城市、小城镇协调发展的城镇体系。

总体来看,这一阶段河南省城镇化发展势头强劲,河南省城镇化率从 2003 年的 27.2% 提高到 2009 年的 37.7%,7年提高了 10.5 个百分点。值得说明的是,河南省城镇化率与全国的差距没有进一步扩大的时间节点出现在 2003 年,之后差距呈缩小趋势,数据显示两者的差距从 2003 年的 13.3 个百分点缩小到 2009 年的 10.6 个百分点。

(四) 协调推进阶段 (2010 年至今)

进入 2010 年之后,尤其是"十二五"以来,城镇化的内涵进一步深化和丰富,逐渐从"数量"城镇化向"质量"城镇化转变,经历了从城镇化与工业化、信息化、农业现代化的协调到重视人的城镇化的演变。因此这一阶段可以概括为通过城镇化协调推进工业发展、信息化建设、农业现代化实现以及与人的城镇化有关的一系列制度性障碍的破除,这一阶段可以称为协调推进阶段,是城镇化发展的高级形态。2012 年,党的十八大报告提出"坚持走中国特色新型工业化、信息化、城镇化、农业现代化道路,推动信息化和工业化深度融合、工业化和城镇化良性互动、城镇化和农业现代化同步发展"。2012 年 12 月，中央经济工作会议再次提出：积极稳妥推进城镇化，着力提高城镇化质量；要构建科学合理的城市格局，大中小城市和小城镇、城市群要科学布局，与区域经济发展和产业布局紧密衔接，与资源环境承载能力相适应；要把有序推进农业转移人口市民化作为重要任务抓实抓好；要把生态文明理念和原则全面融入城镇化全过程，走集约、智能、绿色、低碳的新型城镇化道路。2013 年 11 月，党的十八届三中全会通过的《中共中央关于全面深化改革若干重大问题的决定》第一次明确了"坚持走中国特色新型城镇化道路，推进以人为核心的城镇化"，这一总结和对未来的展望标志着新型城镇化进入一个新的发展阶段。2014 年 3 月《国家新型城镇化规划（2014—2020 年）》发布，进一步明确了未来城镇化的发展路径、主要目标和战略任务。

在协调推进城镇化的进程中，河南省立足自身实际，持续探索实施中原崛起、河南振兴总体战略，不断创新和丰富城镇化的发展内涵，把城镇化作为带动经济社会发展的具有综合性、关键性、全局性的工作来抓：在发展战略上，从"城镇化战略"到"中心城市带动战略"再到"新型城镇化战略"；在发展布局上，从提出发展大城市、中小城市、小城镇"三头并举"到明确"建设大郑州"，从"形成若干带动力强的省内区域性中心城市和新的经济增长极"到"着力培育城市群和城市组团，促进城镇布局与综合交通体系有效衔接，把省辖市全部纳入中原城市群整体规划布局"，构建"一极两圈三层"现代城镇体系等；在发展理念上，坚持以产业为基础、以就业为根本、住房和学校牵动，进一步完善城镇功能、增强城镇承载能力。在这一系列探索和努力下，河南省坚持走大城市带动和集约化的城镇化的发展之路逐步获得国家认可。2016 年 12 月 20 日，《国家发展改革委关于印发促进中部地区崛起"十三五"规划的通知》中，郑州市被国家发改委正式列为全国仅有的 8 个"国家中心城市"之一。2016 年 12 月 29 日《中原城市群发展规划》获批，进一步提出"支持郑州建设国家中心城市"。2017 年 1 月 24 日国家发改委进一步出台了《关于支持郑州建设国家中心城市的指导意见》，明确提出郑州市要努力建设具有创新活力、人文魅力、生态智慧、开放包容的国家中心城市，在引领中原城市群一体化发展、支撑中部崛起和服务全国发展大局中做出更大贡献。在郑州建设国家中心城市的进程中，河南省的核心增长极进一步拓展，从郑汴一体化到郑汴港"金三角"进一步过渡到郑州大都市区[①]，河南省迎来了新型城镇化系统性协调推进的快速发展阶段。

总体来看，河南省城镇化率从 2010 年的 38.8% 提高到 2016 年的 48.5%，提高了 9.7 个百分点，与上一阶段基本持平。而同期河南省城镇化率与全国平均水平的差距除了 2010 年（11.1 个百分点）比 2009 年（10.6 个百分点）扩大之

---

① 《中原城市群发展规划》中提到，"支持郑州建设国家中心城市……推动郑州与开封、新乡、焦作、许昌四市深度融合，建设现代化大都市区"，郑州大都市区概念正式被提出来，郑州大都市区空间范围包括郑州这一国家中心城市和开封、新乡、焦作、许昌四个次级中心城市。

外，其余年份均呈不断缩小态势，两者差距从 2010 年的
11.1 个百分点缩小到 2016 年的 8.9 个百分点。

二 传统农区城镇化的空间结构及特点

（一）城镇化的空间结构具有相当大的稳定性和层次性

河南省是传统农业大省，充足的农业剩余劳动力与工业化、城镇化发展的不充分形成了鲜明的对比，改革开放以来河南省城镇化率主要源于本地农业剩余劳动力的外流而实现被动提升的。但是随着沿海发达地区生产要素成本的上升以及外需的萎缩，沿海地区外向型产业向内地转移，大规模的产业转移为处于内陆的欠发达的传统农区带来了工业化的契机。在人口外流及产业转移带动本地工业化的双重作用下，河南省各省辖市城镇化率呈现快速发展态势。本部分用 2010 年和 2016 年①河南省各省辖市城镇化率对比来说明该趋势，具体如图 6-2 所示。

在 2010～2016 年这 7 年，河南省各省辖市城镇化率都在稳步提高，城镇化率最高的是郑州市（由 63.6% 上升到71.0%），最低的是周口市（由 29.7% 上升到 39.5%）。年均增长最快的是濮阳，年均增长 1.8 个百分点，最慢的是郑

---

① 更长时间的考察是本章本来的出发点，但是由于第六次人口普查在 2010 年，这就造成 2010 年及以后各年相应人口数据都根据"六普"进行调整，如果单从时间趋势来看，这样的处理就会使 2010 年前后的城镇化率变得不规则，趋势性的结论很难得出，退而求其次选择 2010 年作为分析的基期。

州，年均增长 1.2 个百分点。除郑州以外，其他省辖市年均
增长在 1.5 个百分点至 1.8 个百分点，并没有显而易见的差
别。从空间相对位置变化来看，各省辖市城镇化率排名基本
没有太大变化，只有许昌从第 10 位上升至第 9 位、漯河从第
9 位下降至第 10 位，两者排序互换了位置，其余省辖市排名
不变，在一定程度上说明河南省城镇化的空间结构具有相当
大的稳定性。

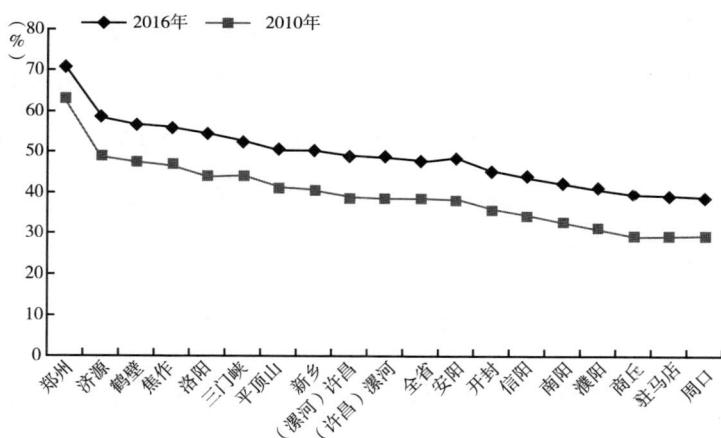

图 6 - 2　2010 年和 2016 年河南省各省辖市城镇化水平对比

注：许昌、漯河横轴括号中的内容意味着这两个数据点 2010
年的数据对应的省辖市为漯河、许昌。

资料来源：根据《河南统计年鉴》（2011 年、2017 年）整理得
到。

更进一步分析，如果把河南省平均水平当作衡量标准，则
河南省各省辖市的城镇化水平还具有明显的层次性。以 2016
年为时间节点，城镇化率高于河南省平均水平的省辖市有郑
州、济源、鹤壁、焦作、洛阳、三门峡、平顶山、新乡、许昌

以及漯河，而低于河南省平均水平的省辖市有安阳、开封、信阳、南阳、濮阳、商丘、驻马店以及周口。可以把河南省18个省辖市划分为四个梯队，而高于河南省平均水平的10个城市为前三个梯队，低于河南省平均水平的为第四梯队。具体来看：第一梯队为郑州市，城镇化率远高于排在第二位的济源市，两者之差为11.4个百分点；第二梯队为济源、鹤壁、焦作、洛阳、三门峡，除了鹤壁在地理空间上属于豫北以外，其他大致位于豫西、豫西北，这一区域包含河南省传统工业强市；第三梯队为平顶山、新乡、许昌、漯河，基本上围绕在郑州的南北两面，除了平顶山是传统工业强市外，其余都是新兴工业化城市；而低于河南省平均水平的8个省辖市属于第四梯队，这些省辖市大致位于豫东、豫南、豫西南、豫北，在空间上基本连接成一体，工业基础弱、城镇承载能力差是其典型特征。

（二）城镇化发展模式与产业尤其是制造业基础有密切关系

河南省各省辖市城镇化率出现如图6-2所示的分层是由经济的、自然的、社会的多方面因素造成的，但产业基础无疑是最根本的驱动力。城镇化的本质是人口从以农业为基本特征的农村向以非农产业为基本特征的城镇转移，在现实中就是人口从就业少的区域向有产业基础的区域转移，产业基础越好，吸纳劳动力就越多。基于此，本部分判断城镇化发展模式主要依赖产业基础以及产业基础的性质在城镇化过程中所起的作用。

1. 资源导向型的主动型城镇化发展模式

对于传统农区来说，工业化更易起源于资源导向型产业。依靠拥有丰富的自然资源禀赋，某些特定区域的资源导向型产业起步较早，工业化和城镇化水平也比较高。因此该类型区域大体遵循"资源型区域—主动工业化—主动城镇化"的发展模式，即"资源导向型的主动型城镇化发展模式"，平顶山、三门峡等地是资源导向型的主动型城镇化发展模式的代表。

2. 人口外流型的被动型城镇化发展模式

该类型区域以平原农业区为主，产业基础薄弱，非农就业机会有限，本地丰富的农村剩余劳动力纷纷向外流动以谋求更高收入。本地劳动力的大量外流导致常住人口的大幅度减少，在一定程度上促使本地城镇化的被动型发展。因此该类型区域基本遵循"平原农业型区域—被动工业化—劳动力外流—被动城镇化"的发展模式，即"人口外流型的被动型城镇化发展模式"，周口、驻马店、信阳、南阳、商丘、开封等地是这种模式的代表。需要特别说明的是，强调人口外流型的被动型城镇化发展模式并不是否认本地主动城镇化，只是在驱动力方面，人口外流对城镇化率的提高至少在现阶段仍具有较强的影响力。

3. 以就业导向型为主的综合型城镇化发展模式

制造业基础较好的区域的城镇化率的动态提高是依赖本地非农产业的发展不断吸纳劳动力来实现的，这一类型区域基本遵循"非农产业较好的区域—主动工业化—主动吸纳劳动力—主动城镇化"的发展模式，即"以就业导向型为主的综合型城镇化发展模式"。郑州、济源、鹤壁、焦作、新乡、许昌、漯河等地是以就业导向型为主的综合型城镇化发展模式的典型代表，这些区域是河南省未来的发展重点和突破口。值得说明的是，以就业导向型为主的综合型城镇化发展模式兼有上述两种模式的特征：一方面该类型区域虽有可能拥有庞大的资源型产业，但在产业结构中资源型产业所占比重仍有限，"资源诅咒"并没有成为区域可持续发展的障碍（具体见第五章内容分析）；另一方面除郑州、济源以外的其他地区的产业基础还不足以使区域成为劳动力净流入地区，随着农业劳动力进一步释放，这些区域的劳动力外流趋势也在不断增强，但人口外流规模相较于人口外流型的被动型城镇化发展模式的区域要小得多（见图6-3）。因此，该类型区域基本遵循"以就业导向型为主，以资源导向型和人口外流型为辅的综合型城镇化发展"原则。

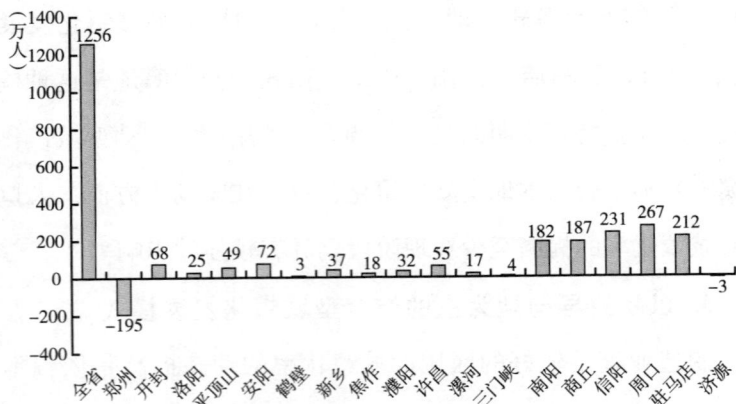

图 6-3 2016 年河南省各省辖市人口净流出规模

资料来源：根据《河南统计年鉴2017》整理得到。

（三）城镇常住人口并未呈现向中心城区聚集的明显趋势

河南省目前有 1 个国家级中心城市以及 17 个省级中心城市，这 18 个城市是河南省工业化和城镇化的重要载体，经济基础较好、基础设施和公共服务平台供给相对充足，在特定的地理空间内要素集聚能力一般会更强。与此相对应，在省级中心城市以下还有 105 个县（市）和 1802 个乡镇[①]，这些县（市）、乡镇主要肩负着为其所辖范围提供要素聚集的平台和为农村提供生产生活基本需求的责任，是农村生产和生活向工业化和城镇化跨入的初级平台，因此，从理论上来说，18 个城市的发展动力更足、后劲更大、空间更为广阔，随着城镇化进程的推进，18 个城市的人口承载能力会相对提高。

表 6-1 列出了 2013~2016 年[②]河南省城镇常住人口在省辖市与县（市）及其以下地区的分布状况，从中可以看出河南省城镇常住人口并未呈现向中心城区聚集的明显趋势，即

---

① 县（市）和乡镇个数为 2016 年数据，且县（市）数据中不包含济源市。

② 更长时间的考虑是初衷，但是《河南统计年鉴》从 2013 年开始才有各个省辖市下辖县的城镇人口数据。本来也可以从各省辖市统计年鉴中换算得到，但是各省辖市的县域城镇人口和《河南统计年鉴》中的差距较大，考虑到《河南统计年鉴》的权威性，本书只能用这四年的数据进行分析。同时，《河南统计年鉴》城市概况栏目中是有 2011 年、2012 年、2013 年、2014 年的省辖市市区常住人口数据的，但是数据非常不平稳，如郑州四年的数据分别为 529.8 万人、587.2 万人、517.1 万人、533.2 万人，可能是该项统计指标不是法定统计指标才造成统计数据年度差距较大，故本书也没有用该组数据分析。

省辖市市区的人口承载能力并未随着时间推移而相对提高。需要特别说明的是，2014 年以来，由于城镇化的快速推进，个别省辖市市区已经不能满足日益增长的空间需求，为了提高综合承载能力，与主城区相连的县开始了"撤县改区"的进程，2014 年 10 月 19 日开封市开封县正式更名为开封市祥符区、2016 年 1 月 6 日三门峡市陕县正式更名为三门峡市陕州区以及 2017 年 2 月 5 日许昌市许昌县正式更名为许昌市建安区就是这一进程的典型代表。[①] "撤县改区"的变化使省辖市市区总人口和县（市）及其以下地区的总人口的统计口径前后不一致。由于"撤县改区"的时间比较短，这三个地区的经济社会发展特征还并没有与主城区深度融合，因此本章把祥符区（从 2014 年开始）、陕州区（从 2015 年开始）、建安区（从 2016 年开始）数据从相应省辖市市区数据中去掉，并将它们还原到县（市）及其以下地区数据中，以使数据前后可比。

从数据来看，随着城镇化的不断推进，2013～2016 年省辖市市区和县（市）及其以下地区的人口承载能力都得到提升，但在这一过程中，两者的人口相对承载能力并没有出现期待的省辖市市区更强的局面。省辖市市区城镇常住人口占比从 2013 年的 38.76%，下降到 2014 年的 37.87%，2015 年进一步下降至 36.94%，2016 年才缓慢回升至 37.24%，而同期县（市）及其以下地区城镇常住人口占比分别为

---

① 国务院批复时间要更早，三地获取国务院批复的时间分别为 2014 年 9 月、2015 年 2 月、2016 年 11 月，而相应地，在《河南统计年鉴》数据上的体现分别出现在 2014 年、2015 年、2016 年。

61. 24%、62. 13%、63. 06%、62. 76%。可见，相较于县（市）及其以下地区，河南省省辖市市区人口相对承载能力并没有得到有效提升。

表 6 - 1 2013～2016 年河南省城镇常住人口在省辖市
与县（市）及其以下地区的分布状况

单位：万人，%

指标	2013 年	2014 年	2015 年	2016 年
城镇常住人口*	4102	4250	4427	4608
省辖市市区城镇常住人口	1590	1610	1635	1716
省辖市市区城镇常住人口占比	38. 76	37. 87	36. 94	37. 24
县(市)及其以下地区城镇常住人口	2512	2640	2792	2892
县(市)及其以下地区城镇常住人口占比	61. 24	62. 13	63. 06	62. 76

注：*不包含济源市数据，城镇常住人口是除济源市外的 17 个省辖市人口之和。

资料来源：根据《河南统计年鉴》（2014～2017 年）整理得到。

（四）常住人口向以郑州为中心的郑州大都市区集中，郑州大都市区向郑州集中

1. 常住人口向郑州大都市区集中

河南省省辖市市区对要素聚集能力的下降与其应该肩负的重任不相匹配是河南省城镇化进程中的一大缺陷，那么河南省核心增长极情况如何呢？在建设国家中心城市的背景下，河南省的增长极从郑州（含郑州航空港经济综合实验区）拓展到

郑州大都市区,郑州大都市区肩负着郑州建设"国家中心城市"的重任,其不仅是中原城市群的龙头和核心,还是带动周边、辐射全国、联通国际的核心区域。可以说,郑州大都市区要素聚集能力在一定程度上决定了未来郑州"国家中心城市"影响力的广度和深度。表6-2列出了2005~2016年郑州大都市区和非郑州大都市区常住人口的变化情况。

从表6-2可以看出,郑州大都市区常住人口由2005年的2510万人增加到2016年的2794万人,年均增长0.98%。而非郑州大都市区常住人口则由2005年的6874万人下降到2016年的6738万人,年均下降0.18%。而从地均常住人口的变化来看,此趋势更加明显,郑州大都市区常住人口由2005年的809人/平方公里增加到2016年的901人/平方公里,而非郑州大都市区常住人口则由2005年的516人/平方公里下降到2016年的506人/平方公里。因此,不管是从常住人口的年均增长率来看还是从地均常住人口的变化来看,郑州大都市区对常住人口的吸纳能力越来越强已经是不争的事实。

2. 郑州大都市区常住人口向郑州集中

由于经济发展的不均衡,郑州大都市区内部的要素聚集能力并不一致。在郑州大都市区五城市中,郑州是"国家中心城市",其对人口的吸纳能力非常强,强到只有郑州常住人口占比属于正增长,四个次级中心城市都无一例外地呈现负增长特征。表6-3列出了2005~2016年郑州大都市区五

表 6-2 2005～2016 年郑州大都市区与非郑州大都市区常住人口的变化情况

类别	2005年	2006年	2007年	2008年	2009年	2010年	2011年	2012年	2013年	2014年	2015年	2016年	年均增长率（%）
郑州大都市区常住人口（万人）	2510	2516	2523	2536	2549	2690	2700	2717	2732	2747	2771	2794	0.98
非郑州大都市区常住人口（万人）	6874	6877	6840	6895	6939	6715	6688	6689	6681	6689	6710	6738	-0.18
郑州大都市区每平方公里常住人口（人）	809	811	814	818	822	868	871	876	881	886	894	901	0.98
非郑州大都市区每平方公里常住人口（人）	516	516	513	518	521	504	502	502	501	502	504	506	-0.18

资料来源：根据历年《河南统计年鉴》整理得到。

城市常住人口占比结构变化情况，从中可以看出，2005 年郑州常住人口占郑州大都市区比重为 28.53%，仅比第 2 位的新乡高 6.33 个百分点。而 2016 年郑州常住人口占郑州大都市区比重上升到 34.79%，比第 2 位的新乡高出 14.14 个百分点。与郑州常住人口占比提升相对应的是其余四城市的下降，开封从 18.78% 下降到 16.28%，新乡从 22.20% 下降到 20.65%，焦作从 13.53% 下降到 12.71%，许昌从 16.95% 下降到 15.68%。

表 6-3　2005~2016 年郑州大都市区五城市
常住人口占比变化情况

单位：%

地区	2005年	2006年	2007年	2008年	2009年	2010年	2011年	2012年	2013年	2014年	2015年	2016年
郑州	28.53	28.79	29.16	29.32	29.51	32.19	32.80	33.24	33.64	34.14	34.54	34.79
开封	18.78	18.65	18.54	18.51	18.49	17.39	17.26	17.13	17.00	16.56	16.39	16.28
新乡	22.20	22.05	21.87	21.74	21.65	21.23	20.96	20.86	20.77	20.78	20.65	20.65
焦作	13.53	13.50	13.43	13.44	13.43	13.17	13.06	12.96	12.86	12.82	12.75	12.71
许昌	16.95	17.01	17.00	16.99	16.92	16.02	15.91	15.81	15.73	15.71	15.67	15.68

资料来源：根据历年《河南统计年鉴》整理得到。

三　传统农区农村外出务工人员就业与居住的空间特征及启示

城镇不仅是产业发展的载体，也是人口和其他非农生产要素聚集的重要平台，故城镇化的深度和广度对地区结构变迁异常重要。城镇化主要解决的是农村富余劳动力不断向城镇转移的问题，而高质量的城镇化离不开对农村外出务工人员的流向及规模的判断以及在此基础上构建科学的城镇体系和公共资源配置体系。目前并没有河南省农村外出务工人员的微观数据，因此对代表性村庄的外出务工劳动力进行入户调查就构成了研究的基础和出发点。在微观调查数据的基础上，本书试图弄清楚河南省农村外出务工人员的就业和生活的空间结构层次呈现的状态和特征，以及这些差异化特征对于河南省进一步推进城镇化的借鉴意义。对农村外出务工人员微观数据的调查异常困难，但幸运的是，河南大学中原发展研究院以耿明斋教授为核心的团队长期关注并研究这一问题，并于 2018 年 12 月至 2019 年 1 月组织了"'百县千村'人口流动信息采集与数据库建设项目"，笔者也有幸参与了调研的全过程。此次调研活动共选取了 15 个行政村，收集个体样本数量为 11576 个，村庄的选取也尽可能考虑到各种因素诸如区位、资源禀赋、产业基础等对人口流动规模和结构的影响，这些村庄有极强的代表性。

（一）河南省农村外出务工人员当前就业地点分布

本次调研虽然共收集个体样本 11576 个，但由于本书关心的是外出务工人员这一群体，因此在 11576 个总样本中，剔除正在上学、在家务农、没有外出工作（即就业地点为本村）以及无效数据四种情况，纯粹农村外出务工人员样本共计2627个。另外，为了全面了解河南省农村外出务工人员到底去何处就业及其数量分布情况，本次调研问卷将就业地点详细地分为本乡镇、本县县城、本市其他乡镇、本市其他县城、本市市区、郑州市区、郑州县区、省内其他地级市下辖乡镇、省内其他地级市下辖县区、本省其他地级市区、外省乡镇、外省县城、外省一般地级市、外省省会城市、京津冀地区、长三角地区、珠三角地区、国外18个地区，河南省2627名外出务工人员在18个就业地区的分布如图6-4所示。

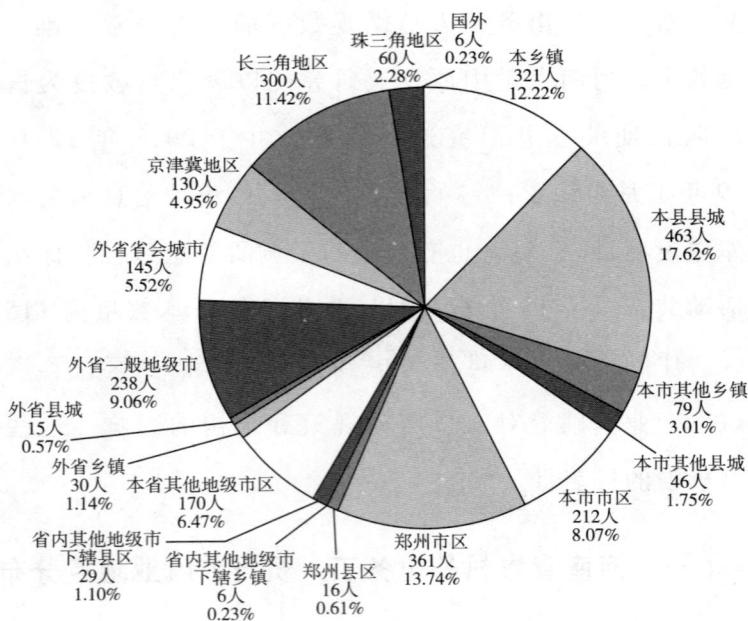

图6-4　河南省农村外出务工人员当前就业地点分布

由图 6-4 可知，河南省农村外出务工人员在各就业地点的人数及占比由高到低依次为本县县城（463 人，17.62%）①、郑州市区（361 人，13.74%）、本乡镇（321 人，12.22%）、长三角地区（300 人，11.42%）、外省一般地级市（238 人，9.06%）、本市市区（212 人，8.07%）、本省其他地级市区（170 人，6.47%）、外省省会城市（145 人，5.52%）、京津冀地区（130 人，4.95%）、本市其他乡镇（79 人，3.01%）、珠三角地区（60 人，2.28%）、本市其他县城（46 人，1.75%）、外省乡镇（30 人，1.14%）、省内其他地级市下辖县区（29 人，1.10%）、郑州县区（16 人，0.61%）、外省县城（15 人，0.57%）、省内其他地级市下辖乡镇或国外（6 人，0.23%）。

上述顺序是按照问卷设计的 18 个就业地点来排序的，但是过于冗杂，本书关心的是河南省农村外出务工人员的就业地点分布及其特征并在此基础上寻找其与居住空间的关联，因此需要对 18 个就业地点进行简化处理。具体简化处理步骤如下：首先，在总样本中，就业地点为本市其他乡镇、本市其他县城、郑州县区、省内其他地级市下辖乡镇、省内其他地级市下辖县区的河南省农村外出务工人员占比分别只有3.01%、1.75%、0.61%、0.23%、1.10%，五种情况占比之和只有 6.70%，也就是说，河南省农村外出务工人员流向这五个地区的比重太低，这五个务工地点对于河南省整体的

① 本段括号中数据分别为人数及其占比。

外出务工人员的影响并不大，基于简化处理，这五种情况并没有在余下的分析中体现；其次，对于就业地点为省外的七种情况来说，京津冀、长三角、珠三角三大经济圈对河南省农村外出务工人员的影响和受到的关注度肯定要超过其他地区，因此本书在以下分析中保留了京津冀地区、长三角地区、珠三角地区三个独立区域，并把外省乡镇、外省县城、外省一般地级市、外省省会城市四种情况进行合并处理，统一用"省外其他"来表示；最后，由于国外就业人数较少，在2627个总样本中只有6人，占0.23%，即国外对河南省农村外出务工人员的影响可以忽略不计，此种情况也没有在下文中体现。综上分析，本书最后选定本乡镇、本县县城、本市市区、郑州市区、省外其他、京津冀地区、长三角地区以及珠三角地区八个就业地点，调整后的数据如表6－4所示。

表6－4　河南省农村外出务工人员主要工作地点分布

单位：人，%

序号	工作地点	人数	比重	序号	工作地点	人数	比重
1	本县县城	463	17.62	5	长三角地区	300	11.42
2	省外其他	428	16.29	6	本市市区	212	8.07
3	郑州市区	361	13.74	7	京津冀地区	130	4.95
4	本乡镇	321	12.22	8	珠三角地区	60	2.28

注：由于舍弃掉了部分就业地点，故各项加总之和不等于100%。

表6－4展示出来的内容相对比较清晰：首先，本县县城是最主要的务工地点，在2627个总样本中占到了17.62%；

其次，从省内来看，就业人数占比大体遵循本县县城（17.62%）、郑州市区（13.74%）、本乡镇（12.22%）、本市市区（8.07%）的顺序，郑州市区的比重比本县县城低而比本乡镇和本市市区高，本市市区的比重是最低的；最后，从省外来看，就业人数占比由高到低依次为省外其他（16.29%）、长三角地区（11.42%）、京津冀地区（4.95%）、珠三角地区（2.28%），三大经济圈中长三角地区对于河南省农村外出务工人员具有非常重要的意义。

（二）分就业地点的河南省农村外出务工人员的特征

1. 分就业地点的河南省农村外出务工人员的性别结构

分就业地点的河南省农村外出务工人员的性别结构如图6 - 5所示。

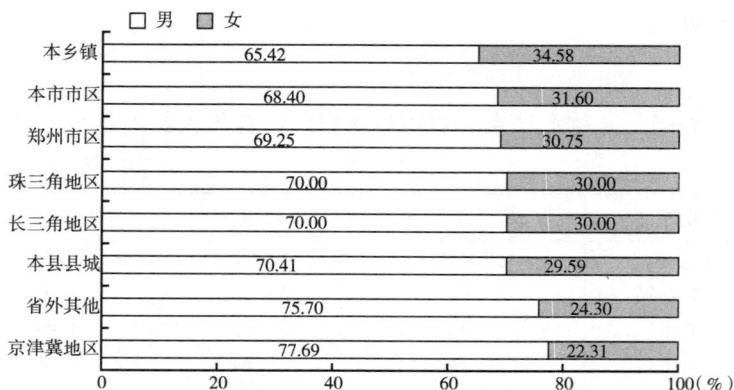

图6 - 5 分就业地点的河南省农村外出务工人员的性别结构

由图6 - 5可知，总体来看，所有就业地点中男性占比都要远远大于女性，这也符合男性是农村家庭主要劳动力的事实。但分就业地来看性别结构有三个明显的层次：第一层次是本乡镇，就业地点为本乡镇的河南省农村外出务工人员的性别之比为 65.42∶34.58，在所列地区中是最平衡的，这主要源于本乡镇在空间距离、文化、亲情等方面是村庄的自然延续，农村妇女在照顾家庭之余更有可能在本乡镇短暂工作；第二层次是本市市区、郑州市区、珠三角地区、长三角地区和本县县城，河南省农村外出务工人员的性别之比围绕 70.00∶30.00 浮动，介于第一、第三层次中间；第三层次是省外其他和京津冀地区，河南省农村外出务工人员的性别之比分别为 75.70∶24.30 和 77.69∶22.31，在所列地区中是最不平衡的，这也许是由工作行业并不适合女性所致①。

2. 分就业地点的河南省农村外出务工人员的年龄结构

分就业地点的河南省农村外出务工人员的年龄结构如表 6-5 所示。

表 6-5　分就业地点的河南省农村外出务工人员的年龄结构

单位：%

就业地点	18~39 岁	40~59 岁	60 岁以上
本乡镇	35.42	51.72	12.85
本县县城	52.84	45.20	1.97
本市市区	64.42	34.13	1.44
郑州市区	72.47	25.84	1.69
省外其他	69.18	28.94	1.88

① 如表 6-7 所示，外出务工人员在京津冀地区从事建筑装修行业工作的比重高达 40%，而建筑装修行业明显更适合男性。

就业地点	18～39 岁	40～59 岁	60 岁以上
京津冀地区	65.87	32.54	1.59
长三角地区	73.99	23.99	2.03
珠三角地区	74.14	25.86	—

注：此样本数量并没有包含 18 岁以下农村外出务工人员，样本总量为 2596 个。本表以生理年龄为划分标准，把河南省农村外出务工人员的年龄段划分为"0～17 岁"、"18～39 岁"、"40～59 岁"以及"60 岁以上"四个阶段。

由表 6-5 可知，总体来看，就业地点的层级越高，就业的农村外出务工人员中"18～39 岁"年龄段的比重就越大。具体如下。第一，本乡镇的年龄结构中，18～39 岁年龄段的占比最小（35.42%），而 60 岁以上的占比最大（12.85%），本乡镇 60 岁以上农村外出务工人员占比也是在所列务工地点中唯一一个异常高的地区（其他地区 60 岁以上农村外出务工人员占比相差不大，都处在 1.44%～2.03%）。60 岁以上农村外出务工人员占比较大的事实说明老年人更偏好于在本乡镇就业，本乡镇对年轻人吸引力相对较小。第二，"18～39 岁"年龄段人数占比较多的是郑州市区、长三角地区和珠三角地区三地，占比分别为 72.47%、73.99%、74.14%，这在一定程度上说明郑州市区在吸引年轻人方面基本与长三角地区和珠三角地区处在同一位置，随着郑州国家中心城市建设的深入推进，郑州市区对年轻人将更加具有吸引力。第三，在剩余就业地点中，在本县县城就业的"18～39 岁"的农村外出务工人员占比（52.84%）较低，而本市市区（64.42%）和京津冀地区（65.87%）大体相同，省外其他所占比重最高（69.18%）。

3. 分就业地点的河南省农村外出务工人员的受教育程度结构

分就业地点的河南省农村外出务工人员的受教育程度结构见表6－6。

表6－6　分就业地点的河南省农村外出务工人员的受教育程度结构

单位：%

就业地点	小学及以下	初中	中专及高中	大专及以上
本乡镇	37.69	44.86	11.53	5.61
本县县城	18.57	57.88	14.25	8.42
本市市区	10.85	53.77	19.81	15.57
郑州市区	12.19	54.57	17.17	16.07
省外其他	24.07	54.91	12.62	7.24
京津冀地区	20.00	54.62	13.85	10.77
长三角地区	22.33	57.00	13.33	6.00
珠三角地区	15.00	61.67	—	23.33

注：由于部分样本存在对受教育程度无法确定的NH项，故不同就业地点的农村外出务工人员的受教育程度相加并不都等于100%。

由表6－6可知，分就业地点的河南省农村外出务工人员的受教育程度结构至少呈现以下特征：第一，不管哪一个层次的就业地点，受教育程度结构中初中占比都是最高的，说明河南省农村外出务工人员的文化水平绝大多数都是初中水平；第二，本乡镇的外出务工人员的受教育程度结构中，小学及以下所占比重较高，达到了37.69%，即本乡镇更容易吸引低学历的人员就业；第三，本市市区和郑州市区两个就业地点中，受教育程度为中专及高中和大专及以上的人员占外出务工人员的比重相对较高，说明本市市区和郑州市区提供的工作能够吸纳的高学历劳动力相对较多。

4. 分就业地点的河南省农村外出务工人员的工作行业结构

分就业地点的河南省农村外出务工人员排名前 5 的工作行业结构见表 6－7。

表 6－7　分就业地点的河南省农村外出务工人员
排名前 5 的工作行业结构

单位：%

项目		工业行业				
本乡镇	指标	零工	建筑装修	NH	制造业	生活服务
	比重	36.76	15.26	11.84	10.28	9.35
本县县城	指标	建筑装修	零工	生活服务	运输	制造业
	比重	23.54	23.11	17.06	6.91	6.05
本市市区	指标	生活服务	制造业	零工	建筑装修	运输
	比重	20.28	17.45	13.68	11.79	9.43
郑州市区	指标	建筑装修	制造业	生活服务	零工	商业和商务中介
	比重	26.04	18.84	15.79	7.76	6.65
省外其他	指标	建筑装修	制造业	生活服务	零工	NH
	比重	26.64	19.39	11.68	10.98	5.37
京津冀地区	指标	建筑装修	生活服务	制造业	运输	企业白领
	比重	40.00	14.62	9.23	8.46	6.92
长三角地区	指标	制造业	建筑装修	生活服务	零工	运输
	比重	36.67	25.33	13.33	7.33	6.00
珠三角地区	指标	制造业	生活服务	运输	企业白领	零工
	比重	38.33	16.67	11.67	8.33	8.33

注：NH 表示被调查对象对于家庭成员的工作行业无法确定。

由表 6 – 7 可知，总体来看，工作行业结构与就业地点的层级有密切关系，就业地点的层级越高，农村外出务工人员的工作行业越优。具体如下。第一，河南省农村外出务工人员在本乡镇的工作行业主要集中在打零工（36.76%）上，建筑装修（15.26%）、制造业（10.28%）和生活服务业（9.35%）也占有一定的比重。可见，低端的打零工占有绝对比重表明本乡镇提供的工作行业层次较低，主要围绕基本的生产和生活服务展开，制造业并没有成为吸纳劳动力的重要载体。第二，河南省农村外出务工人员在本县县城的工作行业结构是本乡镇的高级化版本，前五大行业分别为建筑装修（23.54%）、零工（23.11%）、生活服务（17.06%）、运输（6.91%）和制造业（6.05%），打零工的比重下降，相应地，为生产和生活提供服务的行业如生活服务与运输等行业开始出现或占比有所提高。需要特别指出的是，本县县城的工作行业结构虽然优于本乡镇，但自身的缺陷也是显而易见的，如河南省农村外出务工人员在本县县城从事制造业工作的比重远远低于本乡镇。第三，本市市区的工作行业结构更加优化，生活服务（20.28%）和制造业（17.45%）是占比较高的两大行业，尤其是农村外出务工人员从事制造业工作的比重大幅度提升。第四，郑州市区、省外其他和京津冀地区的工作行业结构大体相似，建筑装修、制造业和生活服务均为前三大行业。在这三大行业中，由于郑州是省会的原因，在郑州市区从事生活服务行业工作的农村外出务工人员的比重要高于省外其他和京津冀地区。另外，京津冀地区从事建筑装修行业工作的比重明显较高而制造业明显偏低，同时企业白领（6.92%）也占有一定比重。第五，长三角地区、珠三角地区的工作行业结构普遍较好，河南省农村外出务工人员在两地从事最多的都是制造业工作，比重分别为36.67%和38.33%，远高于其他就业地区。但从其他工作行业来看，珠三角地区的结构要比长三角地区更优，长三角地区还有大量人从事建筑装修（25.33%）行业工作，珠三角地区从事建筑装修行业工作的比例不仅较低（只占5%，由于占比较低，表中未显示），而且还出现了企业白领（8.33%）等高级化的行业。

5. 分就业地点的河南省农村外出务工人员的收入水平结构

分就业地点的河南省农村外出务工人员的收入水平结构见表6-8。

表6-8　分就业地点的河南省农村外出务工人员的收入水平结构

单位：%

就业地点	0~10000元	10001~20000元	20001~30000元	30001~40000元	40001~50000元	大于50000元
本乡镇	27.41	30.84	19.63	9.97	3.12	3.74
本县县城	12.10	25.70	25.05	17.71	6.05	8.64
本市市区	6.60	21.23	33.02	13.68	10.85	6.60
郑州市区	4.43	13.02	24.38	26.59	12.74	9.42
省外其他	4.91	9.58	18.69	22.90	21.50	10.98
京津冀地区	3.08	11.54	26.15	24.62	13.85	15.38
长三角地区	5.33	10.67	24.67	19.33	18.00	16.00
珠三角地区	0.00	1.67	28.33	18.33	15.00	23.33

注：由于部分样本存在对收入水平无法说明的NH项，故不同就业地点的外出务工人员的收入水平之和并不等于100%。

由表 6 - 8 可知,总体来看,收入水平与就业地点的层级有密切关系,就业地点的层级越高,外出务工人员的收入水平相对也会越高。具体如下。第一,作为城镇体系中最基础的一环,在本乡镇就业的河南省农村外出务工人员的工资水平主要集中在 0 ~ 10000 元、10001 ~ 20000 元,占比分别为 27.41%、30.84%。而 40001 ~ 50000 元、大于 50000 元的人数较少,占比分别只有 3.12%、3.74%。第二,在本县县城和本市市区就业的河南省农村外出务工人员的工资水平稍高,都集中在 10001 ~ 20000 元、20001 ~ 30000 元,且高收入所占比重更高,低收入所占比重更低。在两个区间的分布中,本县县城相对平均,而本市市区落在 20001 ~ 30000 元的概率更大。第三,在郑州市区就业的河南省农村外出务工人员的工资水平进一步提高,主要集中在 20001 ~ 30000 元、30001 ~ 40000 元,比重分别达到 24.38% 和 26.59%,且也呈现高收入所占比重更高,低收入所占比重更低的特征。第四,与郑州市区一样,在省外其他、京津冀地区、长三角地区、珠三角地区就业的河南省农村外出务工人员的主要收入区间同样也是 20001 ~ 30000 元和 30001 ~ 40000 元,但 40001 ~ 50000 元、大于 50000 元所占比重明显上升。

(三) 分就业地点的河南省农村外出务工人员的居住空间特征

从人口流动与城镇化的效果来看,河南省农村外出务工人员理想的状态是就业地点与居住地点在空间上重合,但受多方面因素的影响，在现实中只可能部分重合，本部分将继续探讨就业地点与居住地点的空间特征，以期为河南省城镇体系的优化提供参考。

1. 分就业地点的河南省农村外出务工人员的常住地点结构

由于中国独特的二元制度，农村外出务工人员的就业地点和常住地点有可能不一致，一般来说常住地点和就业地点重合的可能性越大，建立在人口流动基础之上的人的城镇化的效果就越显著，不管是对人口流入地还是人口流出地都具有非常重要的意义，因此，就业地点与常住地点的关系就值得特别关注。表6-9列举了分就业地点的河南省农村外出务工人员的主要常住地点情况，从中至少可以发现两个有趣的现象。

第一，无论是哪一层级的就业地点，河南省农村外出务工人员的常住地点都比较集中，占比前两位的要么是本村要么是就业地点，其他可能的常住地点占比可以忽略不计。

第二，总体来看，就业地点的层级越高，河南省农村外出务工人员的常住地点就越倾向于就业地点，相应的常住地点为本村的比重就会越小。在本乡镇就业的河南省农村外出务工人员的常住地点选择本村的比重高达91.28%，而选择本乡镇的比重只有6.54%。且本村仍然是在本县县城、本市市区就业的河南省农村外出务工人员最主要的常住地点，但比重越来越低，分别为71.92%和63.21%，相应地，选择本县县城、本市市区的比重分别为24.41%和32.08%。而在包含郑州市区在内的其他五个就业地点中，河南省农村外出务工人员最主要的常住地点从本村变为就业地点，郑州市区、长三角地区、珠三角地区三个就业地点中选择各自作为常住地点的比重分别高达 53.46%、82.67% 和 78.33%，相应地，选择本村的比重分别降到了 43.49%、12.00% 和 13.33%。

表 6 - 9　分就业地点的河南省农村外出务工人员的主要常住地点情况

单位：%

就业地点	常住地点	比重
本乡镇	本村	91.28
	本乡镇	6.54
本县县城	本村	71.92
	本县县城	24.41
本市市区	本村	63.21
	本市市区	32.08
郑州市区	郑州市区	53.46
	本村	43.49
省外其他	省外其他	51.64
	本村	43.46
京津冀地区	京津冀地区	62.31
	本村	33.85
长三角地区	长三角地区	82.67
	本村	12.00
珠三角地区	珠三角地区	78.33
	本村	13.33

2. 分就业地点的河南省农村外出务工人员的未来可能定居地点结构

进一步分析，就业地点和常住地点的关系衡量的是现在的工作与生活在空间上的特征，那么从农村人口变迁和城镇体系构建角度来看，现在的常住地点可能并不是未来的可能定居地点，而未来的可能定居地点对未来城镇体系的构建无疑具有重要的参考价值，相应地，弄明白就业地点和未来可能定居地点的关系对于城镇体系未来的空间形态的演变趋向具有非常重要的参考价值。表 6 - 10 列举了分就业地点的河南省农村外出务工人员的未来可能定居地点情况（调研问卷中具体指 2030 年），从中至少可以得到以下三个结论。

第一，河南省农村外出务工人员的就业地点不管在哪儿，本村都是最主要的未来可能定居地点，其所占比重远远高于其他可能的定居地点，但就业地点的层级越高，未来可能定居地点为本村的概率一般就会越小。其中，就业地点为本乡镇是第一层次，未来可能定居地点为本村的比重高达89.10%；就业地点为本县县城、本市市区、省外其他、京津冀地区是第二层次，未来可能定居地点为本村的比重分别降到 67.17%、69.81%、68.69%、69.23%；就业地点为郑州市区、长三角地区、珠三角地区是第三层次，未来可能定居地点为本村的比重分别降到 62.33%、63.00%、60.00%。

第二，在本县县城、本市市区、郑州市区就业的河南省农村外出务工人员未来可能定居地点为相应就业地点的比重均排第二位，分别为 24.41%、24.06%、20.78%，这意味着在本县县城、本市市区、郑州市区就业的农村外出务工人员能在相当大程度上在本县县城、本市市区、郑州市区定居。而在省外其他、京津冀地区、长三角地区、珠三角地区就业的农村外出务工人员选择就业地点为未来可能定居地点的比重大幅下降，分别只有 7.24%、10.77%、2.33%、6.67%。

第三，样本结果显示，就业地点越高级，判断未来可能定居地点的不确定性就越大。具体来看，就业地点在郑州市区和省外其他的河南省农村外出务工人员未来可能定居地点为 NH 的比重都高于10%，且长三角地区超过了20%，这一数值明显要高于省内的本乡镇（1.56%）、本县县城（3.89%）、本市市区（1.89%）。也就是说，在郑州市区和省外其他就业的河南省农村外出务工人员中有10%以上对未来可能定居地点没有明确的指向，其为了追求更好的生活并没有选择本村，也可能由于收入水平所限并没有选择就业地点。

表6－10　分就业地点的河南省农村外出务工人员的
未来可能定居地点情况

单位：%

就业地点	未来可能定居地点	比重
本乡镇	本村	89.10
	本县县城	5.92
	本乡镇	2.18
	NH	1.56
	本市市区	0.93

续表

就业地点	未来可能定居地点	比重
本县县城	本村	67.17
	本县县城	24.41
	NH	3.89
	本乡镇	2.59
	本市市区	0.86
本市市区	本村	69.81
	本市市区	24.06
	本县县城	1.89
	郑州市区	1.89
	NH	1.89
郑州市区	本村	62.33
	郑州市区	20.78
	NH	11.36
	本县县城	2.22
	本乡镇	1.94
省外其他	本村	68.69
	NH	12.38
	本县县城	7.24
	省外其他	7.24
	本市市区	2.1
京津冀地区	本村	69.23
	NH	11.54
	京津冀地区	10.77
	本县县城	3.85
	本市市区	3.08
长三角地区	本村	63.00
	NH	22.33
	本县县城	10.67
	长三角地区	2.33
	本市市区	0.67

续表

就业地点	未来可能定居地点	比重
珠三角地区	本村	60.00
	NH	15.00
	本县县城	10.00
	珠三角地区	6.67
	本省其他地级市区	5.00

注：NH 表示被调查对象对于家庭成员未来可能定居地点无法确定。

（四）启示

1. 农村这一居住空间将在相当长的时间内继续存在且发挥重要作用

人的城镇化要求人的生产和生活空间要尽可能重合，即农村外出务工人员的生活要尽可能地融入就业地点，只有这样的人口流动才能把经济与社会结构变迁的负效应降到最低。但是城乡二元制度的存在以及对城乡二元制度的渐进式改革必然会在一定程度上形成农村外出务工人员完全融入就业地点障碍，这进一步造成农村外出务工人员的就业地点和常住地点不一致进而与未来可能定居地点不一致，从而导致人口流动与城镇化的效率损失和整个社会的资源错配。正如在前文提到的那样，河南省农村外出务工人员的常住地点与就业地点在较大概率上并不重合，未来可能定居地点的情况更是如此。就业与居住空间的这种错配也说明河南省农村人口流动和城镇化的任务还很艰巨。

　　进一步来看，人口流动和城镇化是一个持续的过程，目前农村人口向城市流动还在深入推进，农村人口也将持续流失。但也要注意到本村仍将是外出务工人员最有可能的未来定居地点，如果把样本扩大到村庄居民整体，本村无疑是大量没有被考虑在内的在家务农、年龄较大等人群的未来定居地点。[①] 因此，农村现有的居住形态的消亡是一个长期过程，农村这一传统的居住空间将持续发挥重要作用。[②]

2. 对河南省各层级人口承载能力的再认识

　　首先，本乡镇这一级不能过度解读。虽然河南省农村外出务工人员在本乡镇就业的比重比本市市区和三大经济圈都要高，但是其在本乡镇的工作行业以松散的零工为主，且在本乡镇就业的外出务工人员的常住地点和未来可能定居地点为本村的比重较高。也就是说，可能由于距离本村太近以及居住环境没有太大改善等原因，就业地点为本乡镇的河南省

---

① 本次调研数据能进一步支撑该观点。在 11576 个总样本中，把正在上学的样本扣除掉，剩余 7544 个"社会人"（即不再接受学历教育的踏入社会的群体）样本。而在 7544 个"社会人"样本中，现在的常住地点为本村的有 5755 个样本，占比为 5755/7544 × 100% = 76.29%，而 2030 年可能定居地点为本村的有 5634 个样本，占比为 5634/7544 × 100% = 74.68%。可以看出，在本次调研的"社会人"样本中现在的常住地点和 2030 年可能定居地点选择本村的比重分别高达 76.29%、74.68%，这意味着本村是河南省农村居民现在和未来最重要的居住地点的结论是可以成立的。

② 从村庄结构来看，有一些偏远山区的村庄的确可能会消失，但是还有一些产业基础好（巩义市站街镇巴沟村等）、农业资源禀赋异常丰富（祥符区西姜寨乡白庄村等）、交通区位好的村庄（舞阳县舞泉镇大杨庄村等）不仅不会消失，反而可能会比现在更好、更大（如果考虑吸纳外来人口）。当然还有大量的处于上述中间形态的村庄，这一类型的村庄人口的现在和未来的流向特征应该与本次调研的平均特征相符，即短期来看，这一类型的村庄应该也不会消失。

农村外出务工人员的生活空间仍在较大程度上停留在本村，故产城融合在本乡镇这一层级可能并不适合。

其次，本县县城的人口承载潜力巨大但也面临严峻挑战：一方面，从表6-4和表6-10可以看出，本县县城不仅是河南省农村外出务工人员最重要的就业地点，也是除本村以外最重要的未来可能定居地点；另一方面，本县县城的人口承载能力还面临不小的挑战，一般来说，就业地点层级越高，外出务工人员从事制造业工作的比重应该越高，但从表6-7可以看出，在本县县城就业的从事制造业工作的比重仅为6.05%，比本乡镇要低得多，本县县城可持续性的产业载体的困境可见一斑。

再次，本市市区对农村外出务工人员的承载能力与其所处的层级存在错位：一方面，从提供的就业机会来看，本市市区占河南省农村外出务工人员的比重只有8.07%，在2627个总样本中只有212个，所占比重在所列主要就业地点中仅高于京津冀地区和珠三角地区，即本市市区为农村外出务工人员提供的就业机会非常有限；另一方面，从未来居住空间来看，正如表6-10所示，除就业地点为本市市区这一情况以外，很多就业地点中的外出务工人员未来可能定居地点为本县县城的比重远远高于本市市区，即本市市区对农村外出务工人员吸引力更弱。因此，从对劳动力的吸纳和未来可能承载的人口来看，本市市区在城镇体系中的重要性可能并不突出，这与其层级形成了强烈反差。

最后，在郑州市区就业的河南省农村外出务工人员的特征与三大经济圈还存在差距：从性别结构来看，郑州市区基本与长三角地区、珠三角地区持平；从年龄结构来看，"18～39岁"群体超过了京津冀地区，比长三角地区、珠三角地区略低；从受教育程度来看，郑州市区的中专及高中和大专及以上学历占比明显高于长三角地区、珠三角地区；从收入水平来看，收入区间差不多，但是高收入群体较少，而低收入群体相对较多。

3. 产业结构仍是河南省城镇化乃至郑州国家中心城市建设的短板

长期以来，河南省都是中国最重要的人口外流大省，相应的异地城镇化在推动河南省城镇化的进程中发挥了重要作用。但近年来，随着发展条件的改变，本地城镇化开始发力，而本地城镇化的推动力在于本地能够提供充足的非农就业机会。一般来说，制造业是城镇化的源头和动力，对于工业化和城镇化还有很长路要走的河南省来说，制造业的重要性更是不言而喻。但是从表6-7可以看出，省内分就业地点的排名第一的工作行业分别为零工（本乡镇的比重为36.76%）、建筑装修（本县县城的比重为23.54%）、生活服务（本市市区的比重为20.28%）、建筑装修（郑州市区的比重为26.04%），其中不仅没有一个是制造业，而且制造业的比重还比较低。郑州市区和本市市区提供的制造业工作的比重分别只有17.45%和18.84%，而作为重要的未来可能定居地点的本县县城的这一比重更是只有6.05%，都远远低于长三角地区的36.67%。这样的就业结构在一定程度上说明河南省缺乏制造业这样能够吸纳劳动力的重要载体，如何尽最大可能提供充足的制造业就业机会仍是郑州乃至整个河南省城镇化发展中面临的重要问题。

4. 分就业地点的河南省农村外出务工人员的年龄结构、工作行业结构、收入水平结构等特征与就业地点的层级正相关

从年龄结构来看，就业地点层级越高，"18～39岁"群体所占比重就相对越高；从工作行业来看，就业地点的层级越高，工作行业就越向制造业和高质量的生产和生活服务业集中；从收入水平来看，就业地点层级越高，高收入群体所占比重越高，而低收入群体所占比重越低，结果导致平均收入水平区间不断扩大。

5. 分就业地点的河南省农村外出务工人员的高等教育结构主要与大学所在地有关

就业地点的层级越高，并不意味着高学历人群的比重就越高，就业地点高学历人员的比重主要取决于就业地点是不是主要的大学所在地。具体来看，在郑州市区和本市市区就业的河南省农村外出务工人员中高学历的比重较高，而在长三角地区、京津冀地区就业的河南省农村外出务工人员中高学历的比重并不大，通过进一步梳理数据发现，这可能与就业地点是不是主要的大学所在地有关。表6-11列出了河南省农村外出务工人员大学主要所在地分布情况，可以看出，比重最高的是郑州市区。其中，在三大经济圈接受高等教育的人数少之又少，长三角地区只有4人，而珠三角地区和京津冀地区此项数据竟然为0。可见，河南省农村外出务工人员中的高学历人员主要分布在郑州市区、本市市区、本省其他地级市区，而本省毕业的大学生绝大多数的就业地点仍然是郑州市区、本市市区，这造成在郑州市区、本市市区就业的河南省农村外出务工人员中高学历人员比重相对较高。而河南省农村外出务工人员在三大经济圈接受高等教育的数量实在太少，造成在三大经济圈就业的河南省农村外出务工人员中高学历人员的比重相对较低。

表 6 – 11　河南省农村外出务工人员大学主要所在地分布情况

单位：人，%

大学所在地	人数	比重	大学所在地	人数	比重
本市市区	36	15.32	外省一般地级市	15	6.38
郑州市区	86	36.60	外省省会城市	19	8.09
本省其他地级市区	56	23.83	长三角地区	4	1.70

注：在河南省农村外出务工人员中，有大学所在地明确指向的样本共235个，本表只统计了主要的大学所在地的216个样本，故人数加总并不等于全部接受高等教育人数。

6. 高学历人员更容易实现就业与居住空间的融合

一般来说，学历高低与工作行业、收入水平有密切关系，学历越高，工作行业越好，收入水平越高，相应地，越容易脱离农村融入更高层级的城市中，而此次调研数据也显示高学历人员的工作行业与收入水平更容易实现就业与居住空间的融合。以郑州市区为例，在郑州市区就业的河南省农村外出务工人员中高学历人员共有 58 人，其工作行业、收入水平、常住地点、未来可能定居地点情况如表 6 - 12 所示。从表 6 - 12 可以清楚地看出以下三点。第一，高学历人员的工作行业较好，在郑州市区 58 个样本中从事企业白领行业工作的有 13 人，占比为 22.41%；从事教育行业工作的有 10 人，占比为 17.24%；从事商业和商务中介行业工作的有 8 人，占比为 13.79%。第二，高学历人员的收入水平也较高，在郑州市区 58 个样本中收入水平在 20000 元以下的只有 3 人，占比仅为 5.17%；而 50000 元以上的有 12 人，占比为 20.69%。第三，高学历人员较好的工作行业和较高的收入水平使他们更容易实现居住与就业空间的融合，在郑州市区 58 个样本中常住地点和未来可能定居地点为郑州市区的人数分别为 46 人和 29 人，所占比重分别为 79.31% 和 50.00%。

表 6 - 12　在郑州市区就业的河南省农村外出务工
人员中高学历人员的特征

单位：人，%

指标		人数	比重
工作行业	企业白领	13	22.41
	教育	10	17.24
	商业和商务中介	8	13.79
收入水平	小于等于 10000 元	1	1.72
	10001 ~ 20000 元	2	3.45
	20001 ~ 30000 元	9	15.52
	30001 ~ 40000 元	21	36.21
	40001 ~ 50000 元	6	10.34
	大于 50000 元	12	20.69

指标		人数	比重
常住地点	郑州市区	46	79.31
	本村	9	15.52
	NH	2	3.45
未来可能定居地点	郑州市区	29	50.00
	本村	13	22.41
	NH	12	20.69

注：高学历为大专及以上；NH 项为无法确定项。

四　村庄性质对外出务工人员的特征及其空间选择的影响

前文的分析是把农村外出务工人员按照就业地点分类，总结出农村外出务工人员在不同层级的就业地点的特征以及在此基础上对城镇体系构建的启示，但并没有考虑到不同性质的村庄之间的差异及这种差异对人口流动和城镇体系构建的影响。在现实生活中，村庄性质（具体指地理位置、经济基础等方面）千差万别，不同性质的村庄拥有不同的资源禀赋和行为方式，即外出务工人员的特征在不同性质的村庄之间也存在较大差异，而这种差异对人口流动以及城镇体系构建同样具有重要影响。

（一）　村庄性质的判断依据及调研村庄性质归类

1. 村庄性质的判断依据

在工业化、城镇化的大背景下，传统村落结构的改变以及外出务工人员工作与生活空间的选择依赖人们在既定的外部环境下，基于内部自身条件的差异所做出的有针对性的选择。对于一个特定的村庄来说，其性质可以从如下两个方面区分。第一，距离中心城区的远与近。在其他条件相同的情况下，一个村庄距离中心城区的远与近对村民的行为选择非常重要。对于欠发达的河南省来说，大多数地区的中心城区尤其是县城是该地区最有效的要素聚集平台，其对周边区域的吸纳和吸引能力是随着辐射半径的延长逐渐递减的。因此，距离中心城区越近的村庄，其越能较早和较全面地获得中心城区提供和创造的非农就业机会，该村庄的结构演变和村民的工作和就业空间的选择就越能较早地跳出原来的发展路径。而离中心城区越远的村庄，村民的选择越不依赖中心城区这一要素聚集平台，他们会把目光转向更高一级的要素聚集平台。第二，非农产业基础的强与弱。一个村庄的非农产业基础的强与弱也是至关重要的，非农产业基础越强，人们的思想就越开放，获得外部信息的反馈就比较及时，且面临外界因素变化时的反应是建立在原有工业思维和与不断更新的新工业思维碰撞的基础上的，是在原有产业与思维基础上的转型和深化，因此人们的选择具有更加高级化的特点。相反，一个地区的非农产业基础越弱，人们的选择更多的是建立在传统农业思维和现代工业思维的碰撞基础上的，由于存在思维模式的重大跳跃，人们在工作方式与生活方式上存在不一致性，即就业已经非农化，但选择的生活空间可能还是农村。

2. 调研村庄性质归类

为了有针对性地分析不同性质村庄的外出务工人员的特征，本部分选择漯河市舞阳县舞泉镇大杨庄村、许昌市长葛市石固镇花园村和许昌市鄢陵县望田镇袁家村三个村庄作为重点调研对象，本部分撰写、分析所采用的数据即根据对三个村庄的整村调研得来。三个村庄性质归类如下。

（1）漯河市舞阳县舞泉镇大杨庄村——靠近县城且经济基础一般

漯河市舞阳县舞泉镇大杨庄村地理位置优越，舞阳县政府驻地为舞泉镇，而大杨庄村东距镇政府只有 0.8 公里。毗邻县城的区位为本村劳动力提供了大量的就近务工的渠道，其中金大地化工有限责任公司一家就吸纳了本村 24.4% 的劳动力，而超市、家政等第三产业也为本村提供了大量的就业机会。因此，大杨庄村的性质可以概括为"靠近县城且经济基础一般"。

（2）许昌市长葛市石固镇花园村——远离中心城区且经济基础较好

许昌市长葛市石固镇花园村经济基础较好，代表性企业有民伟机械厂、花龙养鸡厂、长欣机械配件加工厂、根法机械加工厂、长富机械加工厂等，村内机械加工企业直接吸纳了约 34.5% 的本村劳动力。另外，花园村村民更多的是自己在家开五金店，做点小生意，大约有 80 户。该村虽然经济基础较好，但地理位置并不突出。该村距离许昌市区 22.9 公里，距离长葛市区 11.2 公里，而距离其所在镇区也有 2.6 公里。综合考虑，花园村的性质可以概括为"远离中心城区且经济基础较好"。

（3）许昌市鄢陵县望田镇袁家村——远离中心城区且经济基础较薄弱

鄢陵县望田镇袁家村位于该县西南部，该村经济基础薄弱，不具有该县特色的花卉苗木的农业种植结构①，主要农作物有小麦、辣椒等，本村及周边也没有适宜的非农就业机会。另外，袁家村地理位置偏僻，该村与许昌市、鄢陵县、望田镇的直线距离分别约为 29.0 公里、20.3 公里和 5.7 公里，实际距离至少要多出 25%，开车从本村到县城需要将近1 个小时的时间。因此，袁家村的性质可以概括为"远离中心城区且经济基础较薄弱"。

（二）村庄性质与外出务工人员的差异化特征

外出务工人员特征有很多，但是从人口流动角度来看，有四个方面需要特别关注：第一，在总人口中外出务工、外出上学、本地就业、本地上学、本地务农等分别与村庄性质有什么关系；第二，在人口流动中，外出务工是本书重点关心的部分，那么在外出务工人员中，外出务工年数在村庄之间也必然有巨大差异，这种差异与村庄性质有什么关系；第三，受教育对一个人的发展至关重要，对外出务工人员同样如此，那么外

---

① 鄢陵县是"南花北移、北花南迁"的天然驯化基地，花木栽培始于唐，兴于宋，素有"花都""花乡"的美称，享有"鄢陵蜡梅冠天下"的盛誉。全县花木种植面积达到 65 万亩，有 2400 多个品种，鄢陵县被授予"中国花木之乡""中国蜡梅文化之乡""中国花木之都"的称品。该地一年一度举办的中国中原花木交易博览会，成为享誉全国的一张特色名片。

出务工人员受教育程度与村庄性质之间有什么关系；第四，在外出务工人员中，村庄性质不同，其从事的行业工作有什么区别。

1. 村庄性质与人口流动结构的差异化

一个村庄人口流动的因素无外乎外出务工、外出上学、随外出子女迁居①三类，而相应的留守本村的就有本地务工、本地上学、本地务农和赋闲在家四类，不同性质的村庄形成的人口流动结构必定千差万别，图6-6清晰地描述了三个村庄的人口流动结构，其主要特征如下。

第一，靠近县城且经济基础一般的大杨庄村。在大杨庄村调研的910人中，有118人正在上学，占总人口的比重为12.97%，没有人在本村上学，118人在外地上学。在本村就业的有48人，占总人口的比重为5.27%。在外地就业的有306人，占总人口的比重为33.63%。既不上学，又没有工作，本地务农或赋闲在家的共有438人，占总人口的比重为48.13%。大杨庄村无一人在本村上学的原因在于，大杨庄村距离县城较近，县城有更优质的教育资源，吸引了周围村庄绝大部分的生源。基于此，大杨庄村原有的小学撤销，最近的小学、初中、高中都在县城，村里已无教育资源。大杨庄村外地就业率是三个村庄中最高的，其中一个重要原因在于，大杨庄村经过国家对土地的征收和金大地化工有限责任公司对村里土地的租用，村民所剩土地平均每人不足6分②。土地的减少解放了农村的劳动力，村民

---

① 在调研过程中发现，随外出子女迁居导致的人口流动还没有实际形成规模和趋势，故下文并没有提及此种原因导致的人口流动。
② 分是中国市制土地面积单位，1分相当于66.667平方米。

不靠农业收入来维持生存，最好的出路就是外出务工。

第二，远离中心城区且经济基础较好的花园村。花园村调研样本共有934人，正在上学的有162人，占总人口的比重为17.34%。其中在本村上学的有54人，占总人口的比重为5.78%；在外地上学的有108人，占总人口的比重为11.56%。在本村就业的有200人，占总人口的比重为21.41%；在外地就业的有199人，占总人口的比重为21.31%。既不上学，又没有工作，本地务农或赋闲在家的有373人，占总人口的比重为39.94%。花园村距离县城较远，村里有幼儿园和小学。花园村有很多民营企业，进行机械加工，因此在本村就业的人口比例较高。

第三，远离中心城区且经济基础较薄弱的袁家村。袁家村调研样本共有979人，正在上学的有173人，占总人口的比重为17.67%。其中在本村上学的有53人，占总人口的比重为5.41%；在外地上学的有120人，占总人口的比重为12.26%。在本村就业的共有4人，占总人口的比重为0.41%；在外地就业的共有272人，占总人口的比重为27.78%。既不上学，又没有工作，本地务农或赋闲在家的共有530人，占总人口的比重为54.14%。袁家村留守人口更多有以下两个原因：其一，袁家村属于典型的农村，距离县城较远，村里又没有企业，除了有体力、有知识、有技术的村民可以外出务工外，其他村民只能在家务农，因此这部分人口比例较其他两个村更高；其二，袁家村的耕地比较

多，平均每人约 1.7 亩，而且基本上每户都种植辣椒等经济
作物，需要的人力更多，因此这也限制了一部分劳动力
外流。

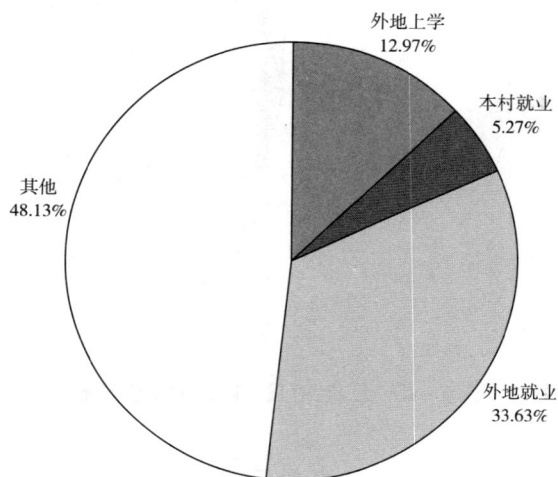

a.大杨庄村

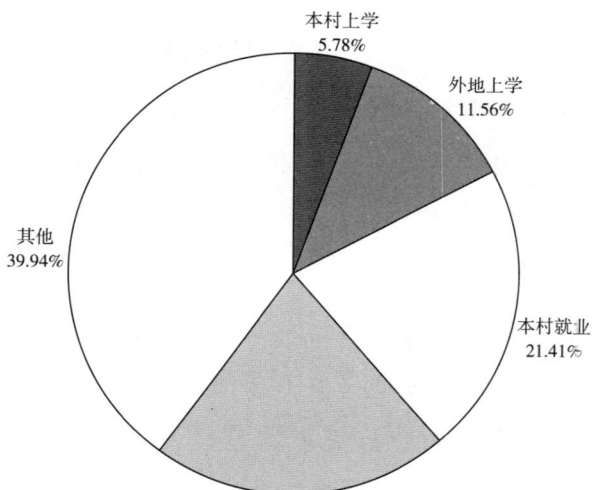

b.花园村

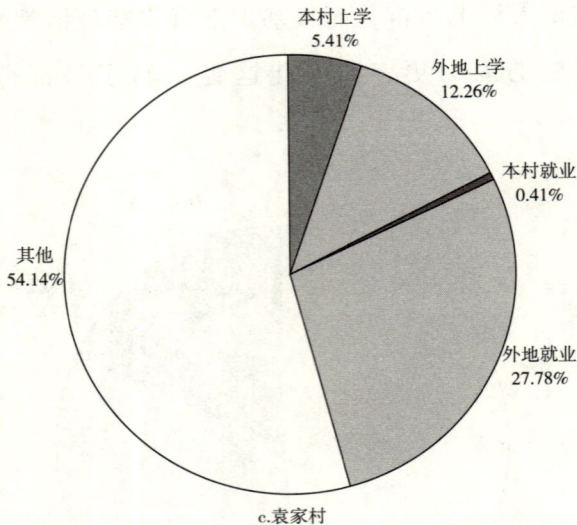

本村上学
5.41%

外地上学
12.26%

本村就业
0.41%

其他
54.14%

外地就业
27.78%

c.袁家村

图 6-6 三个村庄的人口流动结构

2. 村庄性质与最初外出务工年份结构的差异化

最初外出务工年份结构反映的是一个村庄的开放程度，一般情况下，一个村庄越开放，村民越有跳出原来的发展路径谋生的动机和愿景。图 6-7 清楚地说明了三个村庄的外出务工人员最初外出务工年份结构，与村庄性质结合起来看，有以下三个突出特点。

第一，大杨庄村由于靠近县城，在改革开放初期就对外界的反应比较敏感，外出务工人员最初外出务工年份在 30 年以上的占到了 6.14%，而 0~10 年的占比为 46.93%。

第二，袁家村由于远离城区且经济基础较弱，信息比较闭塞，村民对外界变化的反应比较滞后，体现在外出务工人员最初外出务工年份在 30 年以上的只有 0.86%，而最初外出务工年份为 0 ~ 10 年的比重却达到了 72.53%，也就是说，袁家村 0 ~ 10 年最初外出务工年份的比重比大杨庄村多出了 25.6 个百分点。

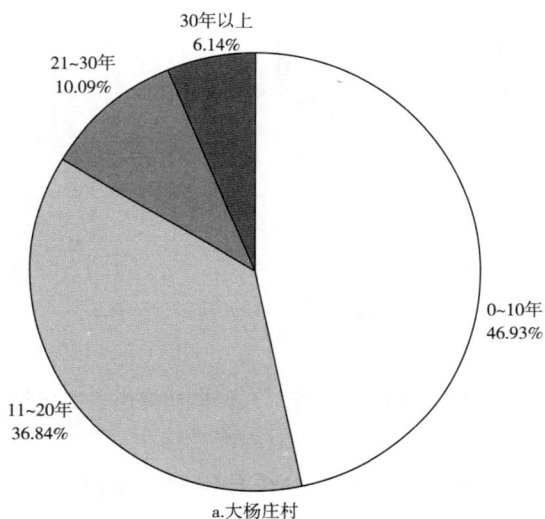

30年以上
6.14%

21~30年
10.09%

0~10年
46.93%

11~20年
36.84%

a.大杨庄村

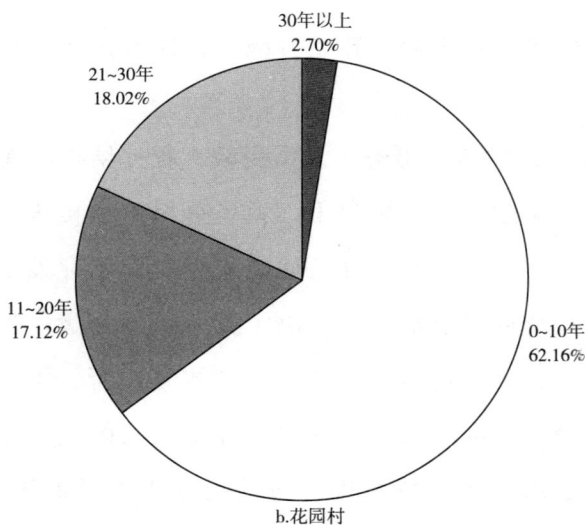

30年以上
2.70%

21~30年
18.02%

0~10年
62.16%

11~20年
17.12%

b.花园村

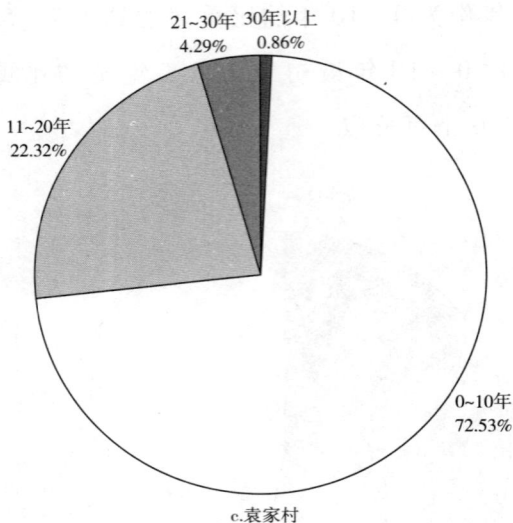

图 6 – 7　三个村庄的外出务工人员最初外出务工年份结构

第三，花园村由于远离县城且经济基础较好，最初外出务工年份在30年以上的占比只有2.70%。随着改革开放的深入以及传统乡村工业的转型升级，村民外出务工的意愿不断增强。

3. 村庄性质与外出务工人员受教育程度结构的差异化

面对日益激烈的市场竞争，为了更好地迎接未来知识经济的挑战，接受良好的教育已逐渐成为人们生存发展的第一需要和终身受益的财富，甚至决定其一生的命运。对于农村居民来说，教育更是拓展其能力、开阔其视野、锻炼其意志的重要途径。外出务工人员受教育程度反映的是一个村庄的知识文化层次，而受教育程度对外出务工人员的工作行业、工作地点、常住地点等方面的高级化具有非常积极的影响。

图 6-8 展示了三个村庄外出务工人员学历结构。结合村庄性质，有以下三点值得注意。

第一，大杨庄村基础教育比较扎实，小学及以下比例只占到 4.25%，中专也只占到 1.96%，高中却占到了 22.55%，这可能得益于其靠近县城的缘故，整体的基础教育水平要比另外两个村好许多。

第二，袁家村外出务工人员小学及以下所占比重为 9.56%，在三个村庄中占比最高。而其大专及以上学历占比为 11.03%，在三个村庄中最低。

第三，花园村在教育结构上介于两者之间。花园村和袁家村的小学及以下学历人员占比基本持平，但是花园村的中专和大专及以上学历的占比要明显高于大杨庄村和袁家村，尤其是大专及以上学历占比达到 23.62%，比袁家村高出 12.59 个百分点。

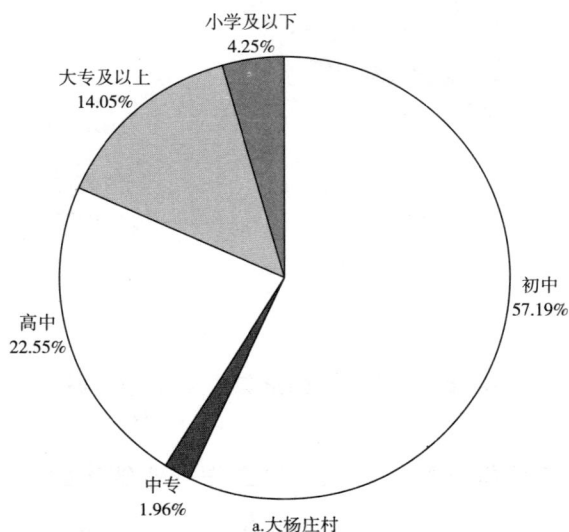

a.大杨庄村

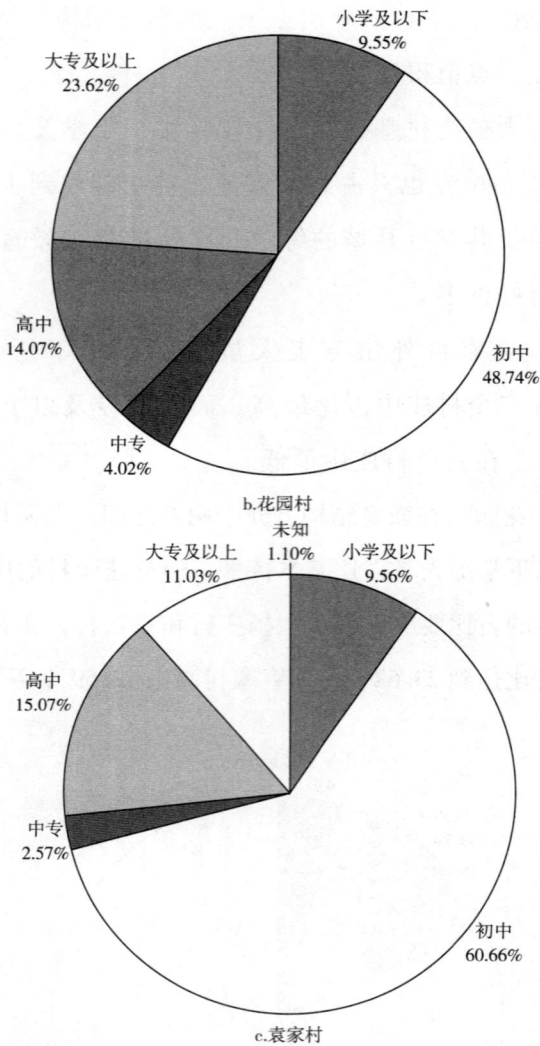

图 6-8　三个村庄外出务工人员学历结构

4. 村庄性质与外出务工人员工作行业结构的差异化

一个村庄外出务工人员从事什么行业工作或者以什么行

业工作为主与村庄性质也密切相关：第一，一个村庄离县城越近，其受到县城辐射的影响就越大，外出务工人员从事服务业工作的比重会更大，这是城市提供生产性服务业和生活性服务业就业岗位的体现；第二，一个村庄的经济基础越好，从产业演化的角度看，外出务工人员越能产生向更高形态的产业转移的态势，且这种转移具有明显的主动融入的过程，由于具有了主动性，其从事服务业工作的比重会更大。

图6-9展示了三个村庄外出务工人员当前工作行业结构，为了便于制图，并没有把所有行业都纳入进来，从而更好地分析主要的工作行业。从图6-9中能够得到以下三个结论。

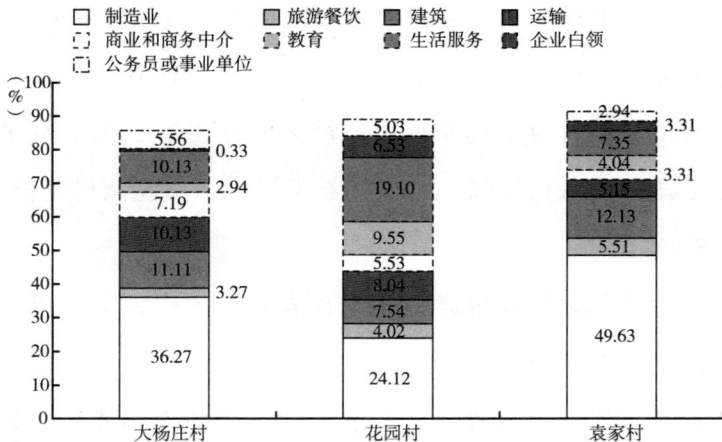

图6-9　三个村庄外出务工人员当前工作行业结构

第一，花园村是远离中心城区且经济基础较好的代表，其务工人员外出必然是对原有非农产业的升级和替代，故其工作行业也应相对比较高端。花园村外出务工人员从事制造业工作的虽然只占24.12%，但生活服务（占比为19.10%）、教育（占比为9.55%）、企业白领（占比为6.53%）等行业的外出务工人员占比均远远高于另外两个村。

第二，袁家村是远离中心城区且经济基础较薄弱的代表，从认知论角度看，其外出务工人员从事的行业工作应主要集中在第二产业中的制造业和建筑业上，而其外出务工人员也主要集中在制造业（占比为49.63%）和建筑（占比为12.13%），外出务工人员从事这两类行业工作的比重合计占到了60%以上，而从事第三产业工作的外出务工人员的比重就相对要低得多。

第三，大杨庄村是靠近中心城区且产业基础较弱的代表，其外出务工人员中从事制造业工作的比例要比花园村高，比袁家村低。同时由于其靠近中心城区，外出务工人员从事服务业工作的比重也较高，总体比袁家村高，比花园村稍低。

5. 结论

以上四部分的分析集中体现在表6-13中，从中可以得出来以下三个显而易见的结论。

第一，靠近中心城区且经济基础一般的大杨庄村：外地就业在三个村庄中占比最大；最初外出务工年份在30年以上的占比也最大；基础教育比较扎实；其外出务工的工作行业集中在制造业和建筑，由于靠近县城，运输、生活服务、商业和商务中介等服务业也占有相当大的比重。

第二，远离中心城区且经济基础较好的花园村：调研总人口中本地务农或赋闲在家的比重最小；外出务工人员最初外出务工年份结构也比较合理；受教育程度也是最优的；外出务工人员工作行业更加分散和高级化。

第三，远离中心城区且经济基础较薄弱的袁家村：外出务工人员占总人口比例比较低，本地务农或赋闲在家的比重在三个村庄最大；大部分富余劳动力是在最近 10 年出去的，最初外出务工年份在 30 年以上的占比在三个村庄最小，为 0.86%；高受教育程度占比低，而低受教育程度占比高；外出务工的工作行业主要集中在制造业和建筑，两个行业的占比超过 60%。

表 6-13 村庄性质与人口结构特征

类别	人口流动结构	最初外出务工年份结构	受教育程度结构	工作行业结构
大杨庄村：靠近中心城区且经济基础一般	外地就业在三个村庄中占比最大（33.63%）	0~10年在三个村庄中占比最小（46.93%）30年以上在三个村庄中占比最小（6.14%）	初中及以下占比为61.44%大专及以上占比为14.05%	制造业（36.27%）建筑（11.11%）运输（10.13%）生活服务（10.13%）商业和商务中介（7.19%）公务员或事业单位（5.56%）
花园村：远离中心城区且经济基础较好	本村和外地就业人数占比最大（42.72%）	0~10年占比为62.16%，30年以上占比为2.70%	初中及以下在三个村庄中占比最小（58.29%）大专及以上在三个村庄中占比最大（23.62%）	制造业（24.12%）生活服务（19.10%）教育（9.55%）运输（8.04%）建筑（7.54%）企业白领（6.53%）

类别	人口流动结构	最初外出务工年份结构	受教育程度结构	工作行业结构
袁家村：远离中心城区且经济基础较薄弱	在三个村庄中本地务农或赋闲在家的比重最大（54.14%）	0~10年占比最大（72.53%）30年以上占比最小（0.86%）	初中及以下在三个村庄中占比最大（70.22%）大专及以上在三个村庄中占比最小（11.03%）	制造业（49.63%）建筑（12.13%）生活服务（7.35%）旅游餐饮（5.51%）运输（5.15%）教育（4.04%）

（三）村庄性质与外出务工人员空间选择的差异

1. 村庄性质与外出务工人员工作地点结构的差异

图 6-10 展示了三个村庄外出务工人员当前工作地点结构对比情况，为便于制图，把只在袁家村出现的当前工作地点为国外的情况去掉，因此袁家村数据是去除掉当前工作地点为国外的外出务工人员的数据。从图 6-10 中能得出以下三个结论。

第一，靠近县城的大杨庄村的就业地点主要集中在本县县城，其占比达到 59.15%，而大杨庄村所属的舞泉镇是舞阳县政府所在地，考虑到这一点，在本乡镇就业的人员大部分都可以归到本县县城里边去，因此靠近县城的大杨庄村外出务工人员当前工作地点主要为本县县城的占比总体上接近 70%。

第二，在就业地点选择上，远离中心城区且经济基础较薄弱的袁家村人员出省务工较普遍，而大杨庄村和花园村主要是省内务工,体现在数据上是袁家村外出务工人员的务工地点在省外①、长三角地区和珠三角地区的占比要明显高于另外两个村。

第三,无论是何种性质的村庄,把本县县城作为外出务工人员工作地点的比例都是比较高的。靠近县城的大杨庄村的占比最高,达到了59.15%,远离县城且经济基础较好的花园村的占比达到23.62%,远离县城且经济基础较弱的袁家村的占比也达到了16.18%。

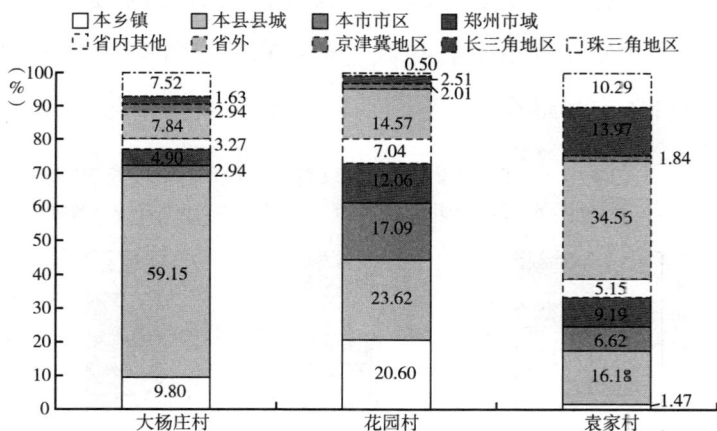

图 6 - 10　三个村庄外出务工人员当前工作地点结构对比

2. 村庄性质与外出务工人员常住地点结构的差异

外出务工人员常住地点与工作地点有密切关系,一般情况下,由于常住地点要求连续居住时间大于半年,而一部分外出务工人员连续务工时间达不到半年。常住地点在外地的比例要比工作地点在外地的比例低(见图 6 - 11)。

---

① 省外是指除长三角地区、珠三角地区、京津冀地区以外的其余务工地点,下同。

第一，大杨庄村由于靠近县城，外出务工人员大多在县城就业，由于离家近，在县城就业且回村中老家住成为常态，其外出务工人员常住地点在本村的占比达到73.20%，可以说非常集中。

第二，由于远离县城且经济基础较弱的袁家村人员在本省以外的就业比例较高，故其外出务工人员在省外、长三角地区、珠三角地区的比例就较另外两个村高出许多，三者的比例分别达到32.72%、6.62%、6.62%。

第三，花园村由于经济基础较好，能够实现与外界的有效互动，常住地点中本县县城、本市市区、郑州市域的比重在三个村庄中都最高。

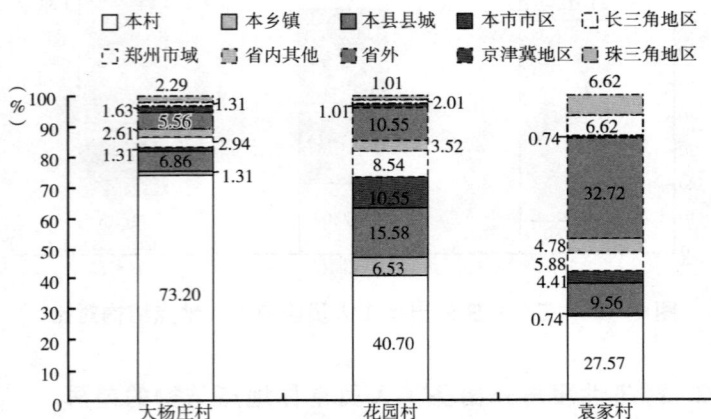

图 6-11 三个村庄外出务工人员常住地点结构对比

3. 结论

以上两部分的分析集中体现在表 6-14 中，可以得出来四个显而易见的结论。

第一，本县县城在外出务工人员的工作地点和常住地点中都占有非常重要的地位。

第二，在工作地点选择中，郑州市域和本市市区的比重普遍要小于本县县城，造成在常住地点中流入郑州市域和本市市区的比例也较小。但在三个村庄中，花园村常住地点为郑州市域、本市市区、本县县城的比例都是最大的。

第三，远离中心城区且经济基础较薄弱的袁家村，省外就业和居住的占比明显较大。

第四，本乡镇这一级在常住地点中都可以忽略不计。由于离家近，本乡镇在外出务工人员常住地点的选择中占比非常小。

表 6 - 14　村庄性质与外出务工人员空间选择差异

类别	工作地点	常住地点
大杨庄村：靠近中心城区且经济基础一般	本县县城（59.15%） 省外（7.84%） 京津冀地区、珠三角地区、长三角地区（12.09%） 本乡镇（9.80%） 郑州市域（4.90%） 本市市区（2.94%）	本村（73.20%） 本县县城（6.86%） 省外（5.56%） 京津冀地区、珠三角地区、长三角地区（5.23%） 郑州市域（2.94%） 本市市区（1.31%）
花园村：远离中心城区且经济基础较好	本县县城（23.62%） 本乡镇（20.60%） 省外（14.57%） 京津冀地区、珠三角地区、长三角地区（5.02%） 本市市区（17.09%） 郑州市域（12.06%）	本村（40.70%） 本县县城（15.58%） 省外（10.55%） 京津冀地区、珠三角地区、长三角地区（4.03%） 本市市区（10.55%） 郑州市域（8.54%）

类别	工作地点	常住地点
袁家村:远离中心城区且经济基础较薄弱	省外(34.56%) 京津冀地区、珠三角地区、长三角地区(26.10%) 本县县城(16.18%) 郑州市域(9.19%) 本市市区(6.62%) 省内其他(5.15%)	省外(32.72%) 京津冀地区、珠三角地区、长三角地区(13.98%) 本村(27.57%) 本县县城(9.56%) 郑州市域(5.88%) 本市市区(4.41%)

(四) 村庄性质与人口流动潜力的差异

1. 从性别结构上看村庄性质与人口流动潜力

靠近城区的大杨庄村和远离城区且经济基础较好的花园村外出务工人员性别结构比例大体一致，花园村男性比例稍高。而远离城区且经济较差的袁家村外出务工人员的性别结构明显比另外两个村庄更加失衡，袁家村男性外出务工人员比例要远远大于女性，袁家村男性外出务工人员比例比大杨庄村和花园村分别高出 12.99 个百分点、15.58 个百分点（见图 6 - 12）。

因此，未来应在女性的流动上下功夫，尤其是远离中心城区且经济基础较差的村庄更是如此。

2. 从年龄结构上看村庄性质与人口流动潜力

靠近县城的大杨庄村外出务工人员在年龄上是最均衡的，18 ~ 39 岁青年人外出务工比例只占到 69.18%，而 40 ~ 59 岁中年人所占比重达到了 27.87%，60 岁及以上老年人亦占 2.30%，0 ~ 17 岁未成年人外出务工的比例仅为 0.66%。而

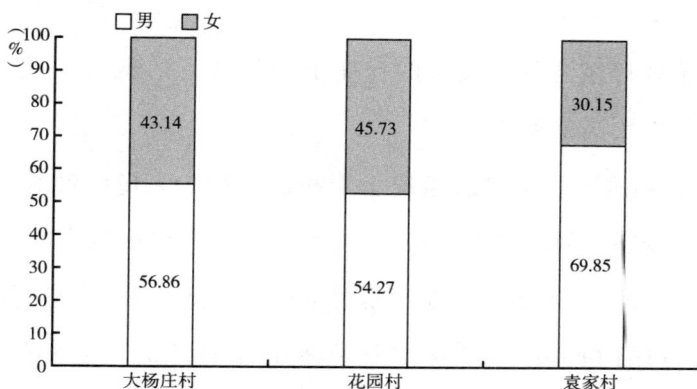

图 6 – 12 三个村庄外出务工人员性别结构

远离城区且经济基础较弱的袁家村 60 岁及以上老年人外出务工比例为 0 , 而 18 ~ 39 岁的青年人外出务工的比例最高 , 达到 86.40% 。另外 , 袁家村 0 ~ 17 岁的未成年人外出务工的比例是 1.47% , 在三个村庄中占比最大 (见图 6 – 13) 。

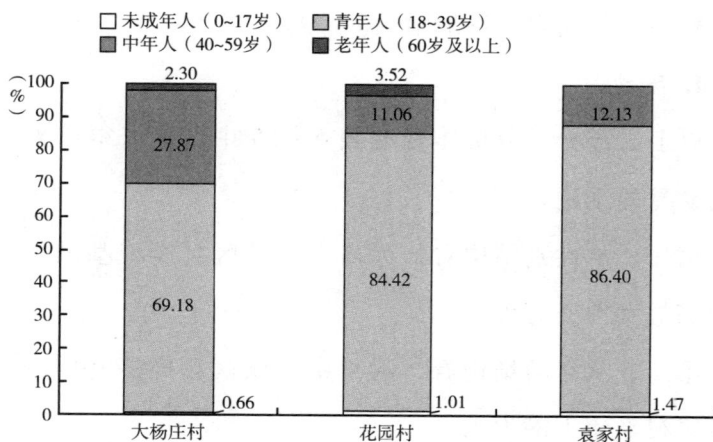

图 6 – 13 三个村庄外出务工人员年龄结构

因此，未来应在老年人口的流动上下功夫，尤其是远离中心城区且经济基础较差的村庄更是如此，这就为农业的现代化提出更高的要求。

3. 从跟随子女进城情况上看村庄性质与人口流动潜力

大杨庄村调研样本中有 27 人表示未来有搬往城市的计划，其中有 8 人表示搬往城市是子女要带自己一起生活，占计划搬往城市人口的 29.6%。花园村调研样本中有 44 人表示未来有搬往城市的计划，其中有 17 人表示要跟随子女一起去县城生活，占计划搬往城市人口的 38.6%。而袁家村的调研样本中有 17 人表示未来有搬往城市的计划，其中无一人是因为子女要带自己一起生活，更多的是因为城市有更好的物质生活条件和为了后代着想。

因此，经济基础较强的村庄，近期跟随子女进城的需求比较高。而经济基础薄弱的村庄，跟随子女进城的需求短期内比较小，长期内会逐渐增大。

4. 结论

以上三部分的分析体现在表 6 – 15 中，可以得出来三个显而易见的结论。

第一，从性别结构看，远离中心城区且经济基础较薄弱的袁家村女性潜力大。

第二，从年龄结构看，远离中心城区且经济基础较薄弱的袁家村老年人潜力大。

第三，从跟随子女进城情况看，远离中心城区且经济基础较好的花园村转移潜力较大，靠近中心城区且经济基础一般的大杨庄村也具有比较大的转移潜力，而远离中心城区且经济基础较薄弱的袁家村近期转移潜力较小，长期较大。

表 6 - 15　村庄性质与人口流动潜力

类别	性别结构	年龄结构	跟随子女进城情况
大杨庄村:靠近中心城区且经济基础一般	一般	一般	大
花园村:远离中心城区且经济基础较好	一般	一般	较大
袁家村:远离中心城区且经济基础较薄弱	女性潜力大	老年人潜力大	近期较小,长期较大

（五）启示

1. 村庄性质与外出务工人员的特征有密切关系

一个地区人口流动规模和结构特征主要取决于区域内的人员对外部事物的变动的敏感程度。由于靠近县城或经济基础较好的区域和外界拥有良好的沟通渠道，能够非常便利地感受到外界的变化，亦能对这种变化做出积极反应，大杨庄村和花园村的外出务工人员的最初外出务工年份在 30 年以上的比例要远远大于袁家村就是例证。

另外，经济基础较好的村庄较单纯距离县城较近的村庄而言，在行为改善上的能动性更加充足。大杨庄村基础教育比较扎实，但大专及以上学历占比远远低于花园村。与此相对应，大杨庄村外出务工人员中从事制造业和建筑工作的比重要远远高于花园村，而由于花园村教育结构更加高级化，该村外出务工人员从事工作的行业更加偏向于高质量的服务业。由于袁家村属于传统农业村落，教育结构更加不合理，外出务工人员从事制造业和建筑工作的比重较高。

2. 对城镇体系的重新认识

调研的结果表明，不同性质的村庄的外出务工人员的工作地点或居住地点的流向有明显差异，而这种差异与传统的"自上而下"的城镇体系的设想并不太一致，建立在劳动力选择基础之上的微观数据至少能在一定程度上弥补和纠正现有城镇体系的不合理之处。具体来说有以下三点：第一，县城是最重要的人口流入地，即使经济基础较薄弱的区域也是如此，在现有城镇体系设计中，对县城尤其是偏远地区的县城在人口承载能力上的重要性认识不足；第二，乡镇这一级在城镇体系中可以忽略不计，虽然在某些区域，乡镇能够提供一些就业机会，但从长远和整体来看，乡镇这一载体在空间距离和生活环境上并不具有竞争力，人们要么回到本村，要么向更高层级的县城及以上地区转移；第三，相对于本县县城，本市市区和郑州市域的占比不明显，且离本县县城越远经济基础越薄弱的村庄的外出务工人员流向本市市区和郑州市域的比例越低，而经济基础较好的村庄向更高层级的本市市区和郑州市域流动的比例较高。

3. 不同性质的村庄在劳动力流动潜力上存在差异

随着城镇化进程的不断推进，人口流动的广度和深度发生了较大变化，各地区的表现亦有差异。远离城区且经济基础较薄弱的村庄的人口流动潜力比较大，未来要鼓励更多的女性和 40 岁以上的中老年人走出去，这就要求这些地区在农业生产和生活方式上加大组织的创新力度，进一步在释放劳动力上做文章。而在靠近县城和经济基础较好的村庄，外出务工已形成习惯，人口外流的潜力在一步步变小。但由于这两类村庄子女在城里安家落户的比例较高，未来外出务工人员可能跟随子女进城的概率在逐步提高。

五　本章结语

本章以河南省与全国城镇化水平的对比为切入点、以城镇化政策演变为逻辑顺序全面系统地梳理了改革开放以来河南省城镇化的发展历程，并将其划分为缓慢起步阶段、快速推进阶段、加速推进阶段、协调推进阶段四个阶段，同时对每个阶段的成绩和不足进行点评。

从空间结构来看，河南省城镇化的空间结构比较稳定，各个省辖市城镇化率的相对位次并没有像工业化综合指数那样变动剧烈，层次感也比较明显，工业化综合指数排名靠前的地区的城镇化率也相对较高。产业发展是城镇化的根本动力，根据产业基础的不同，城镇化的发展模式可以划分为资源导向型的主动型城镇化发展模式、人口外流型的被动型城镇化发展模式以及以就业导向型为主的综合型城镇化发展模式。一个有意思的问题是，河南省城镇常住人口并未呈现向中心城区聚集的明显趋势，中心城区的要素集聚能力还有待提升。

正如上文所说，城镇化就是大量的农业剩余劳动力向城镇非农产业转移的过程，那么农业剩余劳动力向哪一层级的城镇转移以及转移的规模无疑对城镇体系的顶层设计以及公共资源优化配置具有重要影响。本章借助河南大学中原发展研究院"'百县千村'人口流动信息采集与数据库建设项目"掌握了大量的微观数据，分析结果显示，河南省农村外出务工人员的就业地点大体遵循本县县城、郑州市区、本乡镇等的顺序，本县县城和郑州市区是主要的就业地点。同时分就业地点对河南省农村外出务工人员的性别、年龄、受教育程度、工作行业、收入水平、常住地点、未来可能定居地点等进行了系统的对比研究，也得到了众多有意义的启示。

本章还从村庄性质差异导致的人口尤其是外出务工人员结构的变化入手，对不同性质的村庄在人口流动结构、外出务工人员受教育程度等方面的差异进行了详尽的分析。同时，调研数据显示不同性质的村庄的外出务工人员的就业和居住空间虽有一定差异，但就省内城镇层级而言，工作地点一般主要在本县县城和郑州市域，常住地点主要在本县县城和本村，和分就业地点的外出务工人员的就业和居住空间特征大体相同。最后还考察了不同性质的村庄的人口外流潜力，这为促使人口进一步流动制定相应的政策提供了科学依据。

第七章　内生能力与传统农区工业化空间分异：一个分析框架

正如上文所说，第三种性质制造业空间布局的差异最能反映工业化的空间分异现象。那么就要回答为什么支撑工业化空间分异的第三种性质制造业在这些区域产生并不断发展成长为成熟的产业，也就是要回答这种产业在这一区域产生和发展的内在机制是什么，本章和下一章将试图对这一问题进行回答。

一　传统农区工业化特殊性的进一步阐述

（一）传统农区工业化与一般的次生工业化的异同

一般情况下，次生工业化发端于拥有交通区位优势的区域，交通区位优势意味着信息交流具有优势，外部工业化的生产要素也更容易在这些区域首先被引入进来。同时便利的交通条件使商品的运输成本更低而市场半径更大，这样更容易产生规模经济效益，能为经济活动提供足够的经济刺激。这种外部先进的生产要素的进入与内部生产要素的不断聚集使这一类型区域逐渐形成了工业化产生和发展的土壤。而对于传统农区来说，工业化起步最早、发展速度最快的区域却正是没有交通区位优势的区域，长垣县就是这一类型区域的典型代表。传统农区工业化发端于长垣这类区域固然有制度约束的特殊性，但是从特殊性可以找到一般性的规律。除了制度约束之外，是什么因素促使工业化首先在这一区域发生？回答这一问题需要回到拥有区位劣势的区域与拥有区位优势的区域之间的共同点，它们之间的共同之处应该是工业化发生的共性因素，这些因素是独立于这些特定区域而存在的。

传统农区中以长垣为代表的区域与一般性的次生工业化区域虽然面临不同的交通区位条件，但是二者的共同之处就是商业氛围比较浓厚，特定制度环境下人的行为更符合市场经济的价值观。只不过二者形成的原因不同，东南沿海地区在交通区位优势下的思维比较活跃，而由于面临生存压力，传统农区的人只有拥有商业化的非农就业思维，才能生存。这一系列因素使马克斯·韦伯（2002）阐述的勤奋、忠诚、敬业、视获取财富为上帝使命的理智性精神在这一区域普遍存在，以成本收益核算为基础的横向的市场化资源配置方式成为参与经济活动的基础，结果使企业家及企业家精神在这一区域普遍存在。企业家是市场资本的创造者[①]、技术进步的最终推动者、一般劳动力等其他生产要素的组织协调者，企业家以及企业家精神的普遍存在无疑会推动工业化生产要素在本区域不断累积，从而使本区域率先走上工业化道路。

（二）传统农区工业化的内生性与内生能力

首先需要加以说明的是工业化虽然有内生与外生两种运行机制，但内生机制与外生机制并不相互排斥，而是相互依存。强调内生和外生的着眼点是从启动工业化的角度来看内部因素和外部因素何者是第一位的，因此传统农区依靠外生机制推动的工业化并没有否定内部因素的重要作用。外生机制对传统农区工业化的重要作用主要体现在外部先进的生产要素体系与内部相对僵化的经济结构之间的相互适应程度上，两者的适应程度越高，外生机制对工业化的引领效果越好。

传统农区是带有明显计划经济烙印的不完全竞争经济体，工业化过程还面临较强的制度性约束，这些制度性约束正是企业家产生以及发挥作用的最大障碍，也是造成传统农区经济社会转型面临重大困难的关键原因。在这样的约束条件下，工业化在空间上的突破所需要的外部工业化

[①] 马克斯·韦伯在论述资本主义精神的时候说："不管在什么地方，只要资本主义精神出现并表现出来，它就会创造出自己的资本和货币供给来作为达到自身目的的手段。"参见马克斯·韦伯（2002）。

的生产要素并不是主动融入的，而是通过本地企业家的创业与创新活动对接融入的。企业家群体率先接触到外部先进的工业化信息，并把这些工业化信息付诸经济活动的实践之中。可见，传统农区的工业化与一般的次生工业化最大的区别是前者最先从拥有区位劣势的区域开始，而后者却是从拥有区位优势的区域开始，这一次生中的次生性质决定了传统农区工业化的起源条件与演变路径具有天然的内生性。

传统农区工业化在空间上的突破可以概述如下。在一个不断开放、竞争的市场体系中，存在甲、乙两地，它们分别面临同质的外部环境和异质性的内部条件。这种源于内部条件的差异会导致两地在面临某一偶然事件时反应程度不同。我们假设甲地的反应更能适应该某一偶然事件的发展规律，与该偶然事件有关的各种生产要素就会在甲地不断聚集，最终会在甲地形成某一专业化的产业区，而乙地则没有出现相关生产要素的聚集或者聚集动力不足。如果把这一现象进行扩展，就演变成了甲地能够对外部环境的变化做出适宜的反应，进而甲地的工业化水平不断高于乙地，甲地结构变迁速度也会快于乙地，这种产业在甲地形成并不断发展的能力被称为内生能力。可见，由于区域内异质性要素的存在，两个区域对同一偶然事件的反应程度不同，结果使一个区域形成了某一专业化的产业区，而另一区域则没有形成，即该产业在甲地的内生能力要强于乙地。

二　内生能力与发展经济学之间的关系

（一）内生能力的特点

内生能力有以下四个特点。

第一，内生能力强调异质性的内部条件与同质的外部环境的反应过程，外部环境是机遇，异质性的内部条件提供激励条件和选择方式，工业化在空间上的扩散程度取决于异质性的内部条件对外部环境的反应程度的差异。

第二，重视分工纽带的本地化，重视劳动、资本与生产技术等生产要素的本地化培育。具有特定区域创造性的生产性活动，以某种偶然事件为逻辑起点，通过经济和非经济的互动联系参与到某产业的分工体系中。这种生产要素体系的本地化网络越高级，对本地生产函数质变的影响就越大。

第三，更加强调市场化。政府作用可能在短期内能够促进工业化水平大幅提升，但是这种促进仍然要符合自由、开放、竞争、平等的市场经济的要求，如果与市场经济规则相悖，则动态的内生能力会不断降低。

第四，强调市场化并没有排除政府的积极作用，相反政府在对偶然事件的反应上可以大有作为。具体表现在可以挖掘历史的偶然事件，或者为偶然事件在本地发生创造条件和机会。

（二）内生能力与自生能力的联系和区别

值得注意的是，本书提出的内生能力很容易与自生能力相混淆，其实两个概念并不冲突，而是互为有益的补充。林毅夫（2004）对自生能力的定义是："如果一个企业通过正常的经营管理预期能够在自由、开放和竞争的市场中赚取社会可接受的正常利润，那么这个企业就是有自生能力的。否则，这个企业就是没有自生能力的。"按照主流微观经济理论的思路，企业想盈利，就需要以最低的投入创造出最高的产出，而为了达到某一个既定的产出水平，就需要寻找最低成本的要素组合，这样企业就必须按照市场给定的投入品价格选定成本最小的投入要素组合以及与之相匹配的生产技术。假设经济中只存在两种投入——资本和劳动，为了取得自生能力，劳动价格相对低廉、资本价格相对高昂的经济体中的企业应当选择劳动相对密集的生产技术，而劳动价格相对高昂、资本价格相对低廉的经济体中的企业就应当选择资本相对密集的生产技术。

进一步讲，劳动和资本的相对价格与该经济体的要素禀赋结构有关。在不存在政策扭曲的情况下，那些劳动相对丰裕、资本相对稀缺的经济体必然拥有较低的劳动价格和较高的资本价格，而那些劳动相对稀缺、资本相对丰裕的经济体则必然拥有较高的劳动价格和较低的资本价格。这样看来，企业是否具有自生能力就取决于企业是否选择了与整个经济体的要素禀赋结构相适合的生产技术。那些选择偏离经济体资源禀赋特征的企业——劳动相对丰裕的经济体中使用资本相对密集的生产技术或资本相对丰裕的经济体中使用劳动相对密集的生产技术的企业——往往不会具备自生能力。可见，自生能力的概念对应于经济系统的微观细胞——单个企业，它与企业的经营绩效有关，这种经营绩效的差异与技术选择路径有关而与企业管理能力无关。这与主流经济学一样，把企业的日常经营近似一个黑箱处理，一方面是原材料的进入，另一方面是产品的产出，这里仅涉及资源的配置效率问题，而不涉及市场机制的问题。

但一个不容忽视的问题是，自生能力以及在此基础上的比较优势发展战略并不能有效解释传统农区尤其是长垣这类区域的工业化事实。很显然，这类区域的企业大都具有自生能力，那么与自生能力有关的比较优势是什么呢？是资本、技术还是政府政策优势？答案是否定的，这些区域并不具备通常所熟知的生产要素上的比较优势，其比较优势属于看不见但能感受得到的虚拟的竞争能力。内生能力与这个问题紧密相关，内生能力重视分工，重视劳动、资本、生产技术等生产要素的本地化培育，强调市场化的资源配置方式。[①] 内生能力与市场化条件紧密联系，市场化程度越高，就越能率

---

① 资源配置方式有市场和计划两种，只偏重资源配置效率很有可能得出来计划比市场更优越的结论，因为在满足偏好一致性等前提假设下，计划比市场在理论上更能促进资源配置效率的提高。

先诞生出工业化的理念和苗头，内生能力可以很好地解释以长垣为代表的传统农区工业化的运行机制。

可见，内生能力和自生能力两个概念是互为补充的，只是研究的视角不同，具体有以下两个不同点：第一，自生能力对应微观的企业范畴，而内生能力则与中观或宏观的区域范畴相对应；第二，自生能力偏重资源配置效率而忽视资源配置的具体方式，而内生能力偏重资源配置的具体方式对区域工业化进程的影响。

（三）发展经济学对内生能力问题的忽视

目前的文献关于工业化问题的研究非常多，但是专门从内生能力以及与内生能力有关的市场化条件方面进行研究的还比较少见，原因在于我国发展经济学界引用的是主流经济学的分析范式，而主流经济学的分析方法尤其是均衡分析、边际概念等是建立在成熟市场经济国家发展历程的一般规律的总结基础之上的。这样的分析忽略了市场机制的重要作用，没有考虑到欠发达区域经济社会环境对工业化生产方式的适应能力。这里需要注意的是，忽视市场机制并不影响对以欧美为代表的成熟市场经济国家经济现实的解释，因为这些区域市场化条件已经很成熟，但若将这种理论移植到处于经济转型过程的欠发达区域时，就会出现问题（宋丙涛，2007a）。将这些既定的结论与方法简单地套用于转型经济体尤其是传统农区，其就会面临很多"不适应"，其中最明显的是对与市场化有关的内生能力与企业家问题的忽略，因为内生能力以及企业家发挥作用的土壤是与市场经济相对应的，它们是经济制度环境下的产物。对于成熟市场经济来说，企业家产生与发挥作用的土壤已经确定，无须关注企业家产生与生存的环境，只需要关注资源的配置效率问题。忽视内生能力与企业家的作用无疑削弱了对传统农区工业化的解释力，忽视了经济制度对工业化进程的重要作用。

三 内部条件对外部环境的反应机理分析

一般情况下，工业化需要产业尤其是制造业来支撑，工业化在空间上的扩散与产业在空间上的形成和发展是一个问题的两个方面，传统农区异质性的内部条件与同质的外部环境的作用过程首先体现在产业的形成和发展上。马歇尔（2005）在《经济学原理》中讨论"工业组织将专门工业集中于特定的地方"的问题时，对"地方性工业的起源"做了最初的探讨，他认为自然条件、"宫廷的庇护"以及社会经济制度有利于商业上的便利等三个因素导致了工业在区域上的分布差异。世界经济发展的历史以及中国改革开放的实践都证明，这三个方面在"地方性工业"产生和发展的过程中发挥着极其重要的作用。本部分的分析思路是首先说明外部环境对传统农区工业化的重要意义，说明正是外部环境提供了良好的发展机遇才使传统农区有实现工业化的可能。在外部环境一定的情况下，异质性的内部条件主要包括交通区位、自然资源、制度环境与社会价值观等四个方面，本部分将分别从这四个方面分析异质性的内部条件对外部环境的反应机理，进而说明内生能力的差异导致对历史的偶然事件向现实的必然事件转化的能力的不同。

（一）外部环境对传统农区工业化的重要作用

对于欠发达区域尤其是传统农区来说，其工业化属于外生机制，内部缺乏必要的激励，需要引入新的生产要素来改变原有经济体系的低水平均衡状态。因此，欠发达区域对外部环境的利用程度和适应程度决定了其工业化的速度和最终效果，外部环境为传统农区制造业的形成与工业化在空间上的扩散提供了可能。

综观世界经济发展史，只有像英国这样的原发工业化国家是依靠内部各种要素的累积实现自身工业化的，外部环境只是作为原发工业化国家工业化的产品市场和原料来源地而存在。发达国家早期的工业化产品通过国际贸易的形式销往世界各地，但随着世界经济一体化进程的推进，在发达国家丧失生存能力的产业通过国际直接投资即国际产业转移逐渐迁移至欠发达国家或地区。那时，积极利用这种有利的国际环境并积极承接国际产业转移是欠发达经济体摆脱落后、实现经济持续增长的外部机遇，日本、"亚洲四小龙"等成功转型的经济体的经济发展轨迹无不涉及积极承接国际产业转移。

中国珠三角地区创造的"世界工厂"模式也是典型例证，由于东南沿海地区有面临港澳的区位优势以及相应的国家政策倾斜，珠三角地区便成为承接劳动密集型制造业国际产业转移的首选区域，后来，国际产业转移逐渐扩散至长三角地区和环渤海地区两大经济圈。

进一步分析，随着经济体制改革的深入和沿海地区产业升级的客观需要，沿海地区的制造业也面临向内陆转移的趋势。中国沿海地区面临转移的制造业大都属于劳动密集型制造业，也属于"落脚自由"型制造业，这些制造业在理论上可以在任何一个区域落地，这就为欠发达区域的经济发展提供了难得的外部机遇。可见，外部工业化环境是可以利用的，这是传统农区甚至是所有欠发达区域面临的共同的外部环境。在和平与发展成为时代主题的大背景下，日本、"亚洲四小龙"基于经济转型的成功提供了利用国际产业转移实现经济发展的模板。改革开放以来，这种发展模式被移植到我国东南沿海地区，由于同样的原因，中西部等欠发达区域也面临利用产业转移实现自身经济发展的重大历史机遇。

（二）交通区位与内生能力

1. 一般性分析

在机器大工业之前，农业、手工业和商业是并列的三大产业，手工业较农业、商业较手工业能带来更大的比较利益。但由于自然条件和社会结构的硬性约束，各个区域产品之间存在劳动生产率的差异，且每个区域也不可能倾尽各类产品的生产。因此，即使在自给自足的自然经济之内也存在互通有无的商业把不同区域内手工业产品运输到需要的地方的情况。产业的发展一方面受制于技术，另一方面受制于市场规模，而市场规模又决定技术的利益激励如何满足市场化盈利的适度要求。在农业社会中，生产函数近乎停滞，技术进步非常缓慢，市场规模对手工业的发展就显得至关重要，能够有利于扩大市场规模的区域就最有可能形成某种原始产业的落脚点和聚集地。因此，在传统农业社会技术不变的情况下，贸易市场的范围就成为农业和手工业发展强有力的约束条件，客观上需要一个便捷的交通区位支撑市场半径的逐步扩大。在漫长的人类发展历史中，水路运输明显地较陆路运输风险更小①、成本更低、市场半径更大，生产要素在利益的刺激下不断向拥有发达的水路运输网络的区域聚集。欧洲商业中心位移的推动力以及中国资本主义萌芽发生在苏南地区无不与这些区域在交通区位上的比较优势密不可分。在进入机器大工业之后，随着火车等交通工具的普及，一些跨区域的铁路、水路、公路等干线交通枢纽地区更易成为区域内新的生产要素的聚集地。假设有两个区域，初始条件同质，但拥有不同的交通区位条件，那么在竞争的过程中，交易成本的差异会引导资源逐渐向具备交通区位优势的区域聚集，一些制

---

① 水路运输刚开始的时候面临很大风险，但也能带来超乎想象的利润，相对于未来的利润而言，风险还是比较小的，新航路的开辟印证了这个道理。

造业开始在此类区域产生并不断发展。

对于欠发达区域来说，传统农业社会的要素配置已经近似实现了最优化，为了改变这种低水平的均衡状态，只能引入新的生产要素（舒尔茨，2006）。而新的生产要素的引入需要新的观念来驾驭，新的观念无疑需要与外界的交流来获取，交流则须借助铁路、公路、水路等各种运输手段。因此，在交通枢纽位置形成了一种巨大无形的"场"，通过新观念引入新要素，从而为打破旧有的生产生活方式提供了可能。

2. 传统农区的特殊性分析

值得注意的是，拥有良好的交通区位优势对制造业的形成和发展的正向刺激作用一般在具有国家性质的区域之间才最有解释力。交通区位对传统农区制造业的形成和发展的影响并不显著：这一方面是因为传统农区相对狭小，区域之间交通区位条件的差异并没有像国家之间那样大；另一方面是因为后天形成的本地交通区位的改善程度依赖外部交通设施的完善，并不是完全由本区域决定的，况且这种后天的改善对于每个区域来说也都是客观存在的。因此在相对狭小的区域内，因交通条件的些许改善降低的贸易成本远远小于在这一区域内部进行市场搜寻带来的交易成本，故空间范围越小，交通区位优势对制造业的形成和发展的解释力越弱。

传统农区工业化在空间上的突破也印证了这一判断，传统农区制造业在空间上的产生并没有遵循交通区位优势原则，相反的情况却是在拥有区位劣势的地方产生。长垣等区域工业化的发展历程印证了正是恶劣的交通区位才形成了这些区域的工业化成就。从一定程度上说，这些区域的工业化是特定的制度环境的产物，计划经济时代的城乡分割以及要素的不可流动性等因素造成了体制外的生产活动只能最先在远离体制约束的区域产生并不断聚集，使传统农区工业化发端于交通区位处于相对劣势的区域。但是除了制度约束之外，仍然可以寻找到工业化形成和发展的某种客观规律。传统农区农业生产条件较好，小农思想意识根深蒂固，但是在这种相对封闭的传统农区内部，仍然存在某些区域，这些区域的农业生产条件相对较差，处于传统政治经济体制的边缘地带。这些与农耕文明有关的不利因素导致其在原有经济体系内部缺乏生存能力，长期的生存压力导致其必须在原有经济体系以外寻找生活来源，必须具有一定的冒险与创新精神，也必须有为这种开拓性的行为承担风险的心理准备。久而久之，这些区域就逐渐摆脱农耕条件不足对生存的困扰，把自己的生产领域逐渐从农业向非农产业转移。很显然，在由计划向市场转型的过程中，这一区域普遍存在的创业与创新精神以及承担风险的勇气最符合以成本收益核算为基础的市场经济的发展要求，外部工业化的生产方式也最先在这一区域落地并很快发展起来。

因此，在满足摆放工业条件的情况下，在相对封闭的传统农区内部，交通区位的优劣导致异质性的内部条件对外部工业化环境的适应程度不同。

（三）　自然资源与内生能力

在工业化过程中，产业结构演变的先后顺序为农业主导、轻纺工业主导、以原料工业和燃料动力工业等基础工业为重心的重化工业主导、低度加工型的工业主导、高度加工组装型工业主导等几个阶段。19 世纪第一次工业革命的完成使生产效率大大提高，作为机器大工业的重要原料和动力源泉的铁矿石、煤炭、石油等自然资源成为经济发展进程的重要支撑力量，那时的经济发展主要取决于对自然资源的占有和支配。因此，自然资源丰裕度较高的区域最有可能率先"进入"工业化的生产方式，这一方面是由于机器大工业对不可再生能源产品存在巨额需求；另一方面是由于以原料工业和燃料动力工业等基础工业为重心的重化工业明显地具有自然资源禀赋导向型的区位特征，靠近原料产地能够最大限度地降低运输成本，扩大盈利空间。

由于自然资源属于大宗商品的产业特性，对自然资源依赖程度越高越容易产生工业化的数量效果，但在大多数情况下，这种工业化的总量效应是以资源枯竭与破坏生态等严重的负外部性的不断累积为代价的，长期会削弱经济体的活力和转型的动力，即自然资源依赖型区域的工业化的数量顺序与质量顺序有可能是错位的。不管采矿业和资源型制造业产值在 GDP 中占有多大的份额，也不管其对农村剩余劳动力的吸纳能力和相关产业的带动作用有多强，这些资源型产业以三个途径制约对结构变迁具有重要作用的"落脚自由"型制造业的发展。一是挤出效应。资源型产业能为地方政府带来可观的税收，在政府"有形的手"的非理智性因素的干预下，有限的资源投入能给政府带来巨大的利益，相应地，其会不断压缩其他更有效率的经济活动的发展空间，资源型的经济结构不仅不会优化反而会更加僵化和强化。二是引导效应。相对于"落脚自由"型制造业来说，这些资源型产业只要拥有足够的资金就可以进入，并不需要大规模的开拓市场、技术研发以及培训工人等相关投入，这些特征会吸引更多的资金和社会力量参与到这种生产活动中来，最终会出现依赖发展路径的情况。三是破坏效应。在我国特殊的体制背景下，资源型产业天然地与政府有着千丝万缕的联系，资源型产业与政府行为往往合二为一，这种缺少监督、缺少对市场机会敏感性把握、缺少有效惩罚机制的经济行为对市场机制显然具有一种破坏作用。可见，从长期来看，自然资源对工业化的影响是一把双刃剑，既不能不要又不能过分依赖，问题的关键是如何在更大程度上发挥其基础性作用的同时克服其负外部性。

在相对封闭的传统农区内部，如果说交通区位使各个区域面临的生存压力不同，进而使区域之间的内生能力不同，那么同样的道理，自然资源丰裕度较高的区域的内生能力仍然不高，原因在于：第一，生存压力较小，由于资源是机器大工业的"粮食"，资源本身就意味着巨大的利益；第二，这些区域虽然更容易选择工业化的生产方式，但由于资源枯竭与生态破坏等负外部性因素的影响，其会产生挤出、引导与破坏三大效应，从长期来看，自然资源对区域内生能力的动态影响是消极的。

（四）制度环境与内生能力

1. 宏观的制度环境与内生能力

马歇尔把"宫廷的庇护"作为"地方性工业"产生的原因之一，宫廷等上层阶层为了自己的生活需要等主观目的而客观地在城市周边建立了若干产业，这些产业大多是从遥远的区域传导过来的，通过示范带动效应，城市周边逐渐形成了这些产业原始的空间聚集状态。

从最一般的意义上说，制造业的产生与最能适合其成长的土壤有着紧密联系，具有"商业上的便利"的社会制度无疑最有利于以创业与创新行为为基础的制造业的产生和生存。那么，是什么因素决定"商业上的便利"的社会制度产生呢？马歇尔（2005）在考察"地方性工业"的产生时，认为自然地理环境影响民族性格，民族性格派生出社会政治制度，正是这种社会政治制度的差异造成了国家（区域）之间有利于"商业上的便利"的社会制度的差异。"如果民族的性格和它们的社会政治制度有利于精美而技术高的工业发展，那么在旧大陆上也许没有一个地方不是在很久之前就有许多繁荣的工业了。"可见，马歇尔认为一国的社会制度环境是在长期的自然条件约束下传承的结果，影响甚至决定着"商业上的便利"的程度。以自然地理环境为基础的社会制度环境的综合差异解释了制造业产生的地域差异，是区域内各种因素在历史长河中累积的最终结果的表现形式，这种最终表现形式从资源配置方式的角度来说，就是计划和市场两种不同的资源配置形式。计划是以纵向的行政命令为基础的，市场是以横向的成本收益核算为基础的，与此相对应就存在政府和市场两种不同的分工基础。"有利于商业上的便利"的"资本主义精神"发挥作用的分工基础很显然是市场化的，横向的成本收益核算才是制造业形成的基础和保证，纵向的由政府推动的专业化分工策略破坏了企业从市场交易获利的动力机制（周文、李晓红，2009），只有横向的以成本收益核算为基础的市场化的资源配置方式才能使内部条件对外部环境做出最充分的反应。目前，中国整体上处于以计划向市场、传统向现代、农业向工业转变为内容的剧烈转型时期，多年的转型实践证明市场化过程中所释放的制度能量对制造业尤其是民营企业产生重要作用，二元体制的破冰孕育了一批以成本收益核算为基础的微观经济主体（耿明斋，2005）。

2. 微观的制度环境与内生能力

在基本经济制度既定的情况下，政府政策的方向和深度决定经济活动的报酬结构，而报酬结构引导区域人力资本在生产性部门和非生产性部门进行差异化配置。微观的制度规则变革使人的行为逐渐向有利于生产性活动的领域倾斜，以保证创业与创新行为得到源源不断的制度支撑，最终使区域内生能力在动态中得到提升。

这涉及政府在经济发展过程中的作用，亚当·斯密对政府在市场中的职能进行了三个经典界定。第一，保护社会，使其不受其他独立社会的侵犯，即政府负有维护地区安全之责。第二，尽可能保护社会上每个人，使其不受社会上任何他人的侵害或压迫。这项职责可以具体解释为：维持良好的社会秩序，设立公正的司法机关仲裁商务纠纷，制定制度、规则以利自愿交易。第三，建设并维护某些公共事业及某些公共设施，如道路、桥梁、运河、港口等。亚当·斯密认为，超出上述范围的政府活动往往是有害的，一是使资源配置状况恶化，二是滋生官员腐败现象。亚当·斯密尤其反对政府对企业进行过多管制，"管制的结果，国家的劳动由较有利的用途改到较不利的用途。其年产物的交换价值，不但没有顺应立法者的意志增加起来，而且一定会减少下去"（亚当·斯密，1979）。值得注意的是，亚当·斯密与马歇尔所处时期的政府还扮演单纯的"守夜人"角色，"宫廷的庇护"在产业的形成上也仅仅限于提供自上而下的需求以及必需的公共产品，是典型的商品经济下"看不见的手"发挥作用的产物，对于政府在经济发展过程中的功能与角色定位并没有过多涉及。事实上，在经济问题日益复杂化的今天，政府在经济发展过程中发挥重要作用已经成为一个共识，波特在其

《竞争论》中说，"在经济上，政府无可避免要扮演多重的角色。政府最大的角色，是保持宏观经济稳定。政府的第二个角色是，改善经济体中微观经济的一般能力。政府的第三个角色，是建立整体的微观经济规则，与监督竞争的诱因，而且此种竞争有助于生产力的提升。尽管政府的这些角色是促成经济进步的必要条件，但是有了这些仍未必足够。尤其当政府开始它更基本的角色，也是第四个角色，使产业集群的发展与升级更顺畅，其实更加重要。政府最后的角色是，发展与执行一个积极有区隔、且长期的经济活动方案，或改变流程，使政府、企业、机构和人民，既能提升一般的商业环境品质，也能形成本地的各种产业集群"（波特，2003）。

但问题的关键不是政府作用是否需要，而是政府与市场各自发挥的作用并没有统一的划分标准，政府在作为"援助之手"的同时极有可能成为"攫取之手"。在欠发达区域，政府在经济结构的变化中发挥重要作用，经济转型成功与否都与政府有着密不可分的关系。一方面，政府在经济发展过程中有可能无所作为甚至还阻碍社会进步，如"土地占有制不利于农业进步；推动创办企业、就业、贸易和信用的机构聊胜于无……有些国家公共管理的效率和廉政标准十分低下。所有这一切共同组成了'软弱国家'。这些制度性衰弱的根源是人民参与程度低以及刚性的、不平等的社会分层"（冈纳·缪尔达尔，2001）。另一方面，政府又在经济活动中发挥重要作用，如对东北亚经济奇迹解释的"国家推动发展论"就认为，"正是政府通过制定经济发展计划、实行金融管制、保护国内企业等一系列干预措施才使东北亚经济起飞，并走向繁荣"（孙燕铭，2010）。中国经济发展的现实更与政府作用密不可分，不仅体现在宏观的经济增长层面，在中观和微观层面的体现也很明显，"如我国区域产业集群的形成和发展也离不开政府的积极干预和扶持，地方政府应在科学规划、完善环境、创新网络、创新体制、加强协调等方面"有所贡献（陈志平，2009）。

对于传统农区来说，市场失灵与政府失灵都是现实存在的，最大限度地把政府的负外部性降到最低，同时又能克服市场本身的缺陷是非常困难的。由于目前市场经济基础还不牢固，政府行政管制过多，监督机制不健全，这些因素的存在不仅使政府政策在长期内无效，还使短期内会产生人为的设租、寻租行为。过多的政府干预和管制将造成市场情报的传送被阻挠甚至停止，使市场无法正常运作而产生某种程度的扭曲，且有时政府政策的多变和无序也会导致更加严重的通货膨胀、实体经济不稳、民营企业发展乏力等问题。这些不同形式的制度不健全严重影响了区域内市场环境的构建（孙早、刘庆岩，2006），博弈规则的不确定性引导企业家精神在生产性部门和非生产性部门进行差异化配置（Baumol W.，1990），这种差异化配置企业家精神的结果是诱导企业家以及潜在企业家的最优化选择行为从生产性领域转向非生产性领域。这些消极因素的传导效应使马克斯·韦伯

（2002）阐述的勤奋、忠诚、敬业、视获取财富为上帝使命的理智性不断受到非理智性因素的影响。可见，政府政策应该更加符合市场规律，这就需要进一步加快经济体制改革的步伐，设法提高制度质量。政府是制度环境的供给者，"深化市场经济体制改革要求进一步加快政府职能转变的步伐，期望政府该管的管该放的放，特别是在加强政府的社会管理和公共服务职能、打破行业垄断和地方保护等方面发挥重要作用，逐步实现建立'服务型政府'的目标"（中国企业家调查系统等，2008）。

可见，社会制度环境与区域的内生能力密切相关：一方面，宏观的制度环境取决于资源配置方式属于计划还是市场，允许还是不允许创业行为与创新行为存在；另一方面，微观的制度规则的变革方向应该是使人的行为逐渐向有利于生产性活动的领域倾斜，创业与创新行为得到源源不断的制度支撑，进而使区域的内生能力得到动态提升。

（五）社会价值观与内生能力

特定区域的社会价值观是在长期实践中不断累积的经验性知识，而这种经验性知识又是在一定的自然地理环境的长期约束下形成的，是一种主观能动性反应。社会价值观是对人的行为适宜程度高低的评判标准，是根据评价人对既有社会关系的理解和在社会体系中所处位置做出的符合评价人"所想所感"的价值判断，能够使经济行为人产生一种无形的"激励—约束"力量，对人的行为配置的方向具有重要影响，其在本质上属于非正式制度的范畴。

由于事物具有多面性，不同的人对同一问题会有不同的价值判断，而主流的社会价值观就是大多数人对同一事物具备相同的价值判断并具体指导人的行为配置方向。比如，一个农业资源禀赋较高的区域的价值观鼓励人的行为更多地投入提高粮食产量上，而农业资源禀赋较低的区域的价值观鼓励人的行为更多地投入非农生产领域。一个人的行为与主流价值观的切合度越高，就越能得到社会的承认，从而在精神上会产生一个无形的正向激励。但是当主流价值观不符合社会发展方向时，这样的主流价值观很显然会压制新的经济活动的出现。那么，什么样的社会价值观才能对制造业的形成和发展最有利呢？马克斯·韦伯（2002）在考察宗教派别与社会分层的关系时强调，勤奋、忠诚、敬业、视获取财富为上帝使命的资本主义精神更容易适应以成本收益核算为基础的创新与创业活动，并把这种资本主义的获利活动限制在理性地依赖和平的获利机会的行为之内。马克斯·韦伯的论述表明只有能够适应理性的资本核算行为的价值观才能更好地为制造业的形成和发展提供空间。

中国整体由计划经济向市场经济的过渡使经济基础和社会特征发生了结构性转变，由于要素流动的日益自由化、信息网络的日益普及、交通基础设施的日益完善等因素的影响，人的发展路径与发展机会逐渐多元化，经济主体的行为越来越符合市场化的成本收益核算规则,即市场化配置人的行为逐渐成为社会主流价值观的判断标准。因此,一个符合市场经济规律的成本收益规则的价值观使多样化的个人创业与创新活动更容易被社会认同,同时也会诱导并加速工业化在最适宜其生存的土壤推进,即符合成本收益规则的市场经济的价值观有利于工业化在空间上的推进。

可见,社会价值观对制造业的形成和发展主要是通过社会性的是非评价标准直接影响人的行为方向的,是在一国经济制度和政府政策提供的制度性约束下,通过对人的行为的是非评判直接影响人的行为,当然这也包括对企业创立者的创业与创新行为的评判。

(六) 内生能力使历史的偶然事件转化为现实的必然事件

工业化的空间差异首先应该从产业尤其是制造业的空间差异说起,而目前学术界对产业空间形成原因的普遍认识正如克鲁格曼所说的历史的偶然事件的影响,即一个产业在一个区域形成而没有在另一个区域形成的原因在于历史的偶然事件。产业的初始选择空间从起点来看都是源于某个历史的或现实的偶然事件,主流经济学对长期产业集聚原因的解释是源于规模经济导致的报酬递增,但对为什么会在此区域而不是在彼区域产生规模经济并没有一个满意的答案。

本书试图从内生能力的角度寻找答案,在面临同质的外部环境下，正是区域之间内生能力的差异导致了它们对于偶然事件的反应能力不同。内生能力对外部偶然事件的反应机理如下。在传统农区内部，缺乏区位优势意味着在原有经济体系缺乏生存的能力，长期的生存压力迫使这一区域的人必须在原有经济体系以外寻找新的生活来源，必须具有一定的冒险与创业精神，也必须有为这种开拓性的行为承担风险的心理准备。自然资源丰裕度较高的区域有可能会率先选择工业化的生产方式，但由于这类区域的生存压力较小，且资源型产业存在资源枯竭与环境破坏等负外部性因素的消极影响，这会对其他制造业产生挤出、引导与破坏三大效应，长期内会使区域的发展产生路径依赖，区域的内生能力反而比较低，对外部工业化的反应能力并不高。社会制度环境与区域的内生能力密切相关，一方面宏观的制度环境取决于资源配置方式属于计划还是市场，允许还是不允许创业与创新行为的存在；另一方面微观的制度规则的变革方向应该是使人的行为逐渐向有利于生产性活动的领域倾斜，创业与创新行为得到源源不断的制度支撑，使区域的内生能力得到动态提升。社会价值观通过是非评价标准直接影响人的行为的配置方向和领域。

所以，当异质性的内部条件面临某一个偶然事件时，交通区位劣势与缺乏自然资源提供强大的生存动力机制，传统政治体制中的边缘地带提供了宽松的制度环境，而横向的以成本收益核算为基础的市场经济的价值观的普遍存在提供了正向的精神激励。也就是说，追求生存或者已经转化为追求财富的动力机制得到正式制度的允许以及非正式制度的精神激励，使这一区域的人能够充分对历史的或现实的偶然事件做出反应，从而使偶然事件向必然事件转化的能力增强，这种对偶然事件向必然事件转化能力的加总就成为工业化在空间上的分异的根本动力。

四　本章结语

传统农区工业化在空间上的突破首先在没有交通区位优势的区域产生，这与一般的次生工业化区域明显不同，这也是传统农区工业化次生中的次生性质的体现。在缺乏交通区位优势的约束条件下，传统农区工业化在空间上的突破所需要的外部工业化的生产要素并不是主动融入的，而是通过本地企业家的创业与创新活动对接融入的，这决定了传统农区工业化的起源条件与演变路径具有天然的内生性质。那么，传统农区工业化在空间上的分异就表现出异质性的内部条件与同质的外部工业化生产环境之间的适应能力，本书把这种适应能力称为内生能力。

由于传统农区工业化的内生性质与内生能力，传统农区工业化不能单纯地用次生工业化来描述，也不能照搬一般性的次生工业化理论。内生能力强调异质性的内部条件与同质的外部工业化环境之间的反应过程，重视劳动、资本与生产技术等生产要素的本地化培育，不仅关注资源的配置效率，还关注资源的配置方式，而这些因素恰恰是传统发展经济学所忽视的。

在外部环境一定的情况下，异质性的内部条件主要包括交通区位、自然资源、制度环境与社会价值观等四个方面。对于传统农区内部各区域来说，由于面临生存压力的不同，交通区位的优劣和自然资源的多寡与区域内生能力的高低呈负相关关系；在宏观制度环境一定的情况下，内生能力的高低取决于微观的制度规则的变革方向，如果制度规则的变革方向使人的行为逐渐向有利于生产性活动的领域倾斜，那么创业与创新行为就可以得到源源不断的制度支撑，区域的内生能力就相应较强；以横向的成本收益核算为基础的市场经济的价值观通过是非性的评价标准的"激励—约束"机制直接影响人的行为的配置方向和领域，进而影响区域的内生能力。内生能力可以解释以长垣为代表的传统农区的工业化为什么首先在没有区位、资源、技术与国家政策倾斜的区域产生。

第八章　内生能力对工业化进程空间
分异的实证研究

第七章为工业化进程的空间分异提供了一个分析框架，本章将重点探讨内生能力在多大程度上对工业化进程的空间分异提供解释。

一　内生能力与市场化条件之间的关系

（一）内生能力的动态提高需要源源不断的企业家精神支撑

传统农区工业化的过程是异质性的内部条件与既定的外部工业化环境相互适应的一种反应过程，内部条件与外部环境的契合度越高，就越能为工业化的发展提供适宜的环境。内生能力的动态变化决定地区工业化进程的相应变化，而内生能力的动态变化需要企业家精神支撑。这种支撑一方面来自企业家精神在经济领域配置的变化，即在政府不断放松管

制、市场化程度逐渐提高的过程中，企业家精神的配置逐渐
从农业向非农产业、从国有经济向民营经济、从非生产性
领域向生产性领域转变，有利于企业家精神发挥作用的环
境的变化会吸引更多的人进入这个群体；另一方面在于企
业家精神能够对外部环境做出最有效的反应，企业家能够
按照成本收益核算原则独立创业与创新。因此，内生能力
的动态提高需要源源不断的企业家精神支撑，企业家精神
的变化支撑着内生能力的相应变化，进而引致区域工业化
进程的变化。

（二）企业家的生成机制与市场化环境密切相关

内生能力的动态提高需要源源不断的企业家精神支撑，
那么企业家来自哪里？企业家产生的土壤是什么？在现有文
献中，关于企业家生成机制的观点大致可以分为两类。第一
类偏重外生决定论。在面临成为企业家的机会面前，某些天
生地附着于特定的人身上的客观因素决定其成为企业家，这
类客观因素属于"特殊性格与特殊精神力量"的范畴，是由
人体先天基因所决定的且独立于所存在的生活环境而存在。
第二类偏重内生决定论。其认为企业家是在特定环境下出现
的拥有适应这种特定环境的特定行为的人（石秀印，1998），
企业家职能的发挥是由社会经济关系及制度决定的（吕福
新，2001），一个社会的经济制度、政治制度与法律制度会
通过某种传导途径影响企业家生成的机理（李继先，2010）。

本书认为，这两类观点各有片面的"真理"，外生决定论偏重于强调企业家身上具有区别于一般劳动者的某种精神特质，但它不能有效解释企业家精神在空间上分布不均的现实；而内生决定论能够有效解释企业家精神的地域差异，但它不能解释面临同质社会环境的企业家群体从一般劳动者演化而来的原因。从经济学研究的视角来说，内生决定论更容易让人接受，也应该是我们所要研究的企业家以及企业家精神的真正落脚点。外生决定论所涉及的某种心理和精神特质是基础性条件，是企业家作为"人"而存在的特有的人格特征，由于基因的差异，其自然会因人而异。内生决定论涉及的环境提供的是约束条件，对一个相对封闭的经济系统而言是同质的，基础条件要在约束条件下才能发挥作用。本书关注的是基础条件在什么样的约束条件下才能发挥作用，也就是企业家在什么样的条件下才能从具有形形色色的人格特征的人演变为具有经济职能的角色。[1]

因此，从最一般的意义上说，企业家的产生与企业家精神发挥作用的土壤有着紧密联系，具有"商业上的便利"的社会制度无疑最有利于以创业与创新为主要精神特质的企业家产生和生存。从资源配置的角度来说，横向的成本核算才是企业家以及企业家精神发挥作用的基础和保证。企业家的产生与市场化环境紧密相连，只有在"市场经济中

---

[1] 吕福新从哲理的角度给出了"企业家是一种特殊的角色人格"的定义，详见吕福新（2001）。

才能有企业家的位置"（刘明慧，2005）。这就要求政府作用的发挥应该符合市场经济规律，一个公平、竞争、开放、有序的市场经济环境能够最大限度地降低微观经济主体的不可预期的非市场化风险。同时，市场化改革还可以改变人们参与经济活动的报酬结构，一个有利于创业与创新行为发生的报酬结构很显然能够促使区域人力资本的配置不断从非生产性领域转向生产性领域，这样的变化很显然对工业化进程有利。可见，企业家的生成机制与市场化环境密切相关。

二　内生能力的度量

内生能力的影响因素过于复杂，既有长期因素又有短期因素，既有自然因素又有社会因素，既有主观因素又有客观因素，各个因素又相互交叉影响而存在，很难有一个确定的衡量标准，而且某些主观因素的存在也不太可能用宏观数据来衡量内生能力的某些微观特征。但是由于内生能力动态提高与企业家精神以及企业家精神发挥作用的市场经济的土壤有着密切关系，本书就用能够反映企业家精神与市场化条件的创业行为和创新行为两个指标暂且代替。

（一）创业行为的衡量

内生能力首先应该反映区域内创业精神或者创业行为与

创业群体的大量出现。所谓创业精神是指在创业者的主观世界中，那些具有开创性的思想、观念、个性、意志、作风和品质等。只有创业精神的普及，才能打破低水平生存经济的陷阱，才能使人们从历史上的某一时点开始从事非农产业工作，进而培育出能够适应多变的不确定环境的价值观。因此，创业行为体现的内生能力是在长期的自然地理环境基础上形成的。

目前的文献对创业行为的衡量指标主要有自我雇用率、所有权比率、企业的进入退出比率、小企业所占市场份额和市场参与创业人数等，但对于传统农区来说，创业精神更多地体现为民间的经济活动的不断增多和质量的不断提高，这主要依赖于经济活动领域逐渐从农业转入非农产业、从乡村（如果乡村有非农经济活动的话）转移到城镇、从国有与集体部门转移到非国有集体部门来实现。因此，本书选择城镇非国有集体经济从业人员数占总就业人数的比重来作为衡量创业行为的指标，公式表示为：

$$创业行为 = \frac{城镇全部从业人员数 - 城镇国有从业人员数 - 城镇集体从业人员数}{全部从业人员数}$$

本部分仍然选择 2000 ~ 2016 年作为研究的时间区间，具体数据见表 8 - 1。

从表 8 - 1 中可以看出，传统农区内部各区域创业行为大都呈现一定程度的增加，但在空间上存在巨大差异。2000 年河南省城镇非国有集体经济从业人员的比重为 4.53%，在河南省平均水平之上的省辖市有 10 个，由高到低依次为郑

表 8-1 2000~2016 年河南省各省辖市创业行为对比

单位：%

地区	2000年	2001年	2002年	2003年	2004年	2005年	2006年	2007年	2008年	2009年	2010年	2011年	2012年	2013年	2014年	2015年	2016年
全省	4.53	4.24	5.02	5.88	6.53	7.31	7.94	8.29	8.86	10.72	11.38	13.47	14.67	17.52	19.97	21.60	22.64
郑州	10.53	10.80	14.52	14.56	17.52	19.11	29.90	27.47	30.46	36.73	38.18	39.86	41.74	47.70	47.16	48.68	51.88
开封	3.59	2.88	3.54	4.42	4.79	7.08	7.18	8.17	10.16	12.63	12.76	13.32	13.49	17.23	17.01	18.61	25.08
洛阳	9.00	7.04	6.57	8.81	8.80	13.69	9.94	11.76	12.50	13.50	14.97	17.05	18.76	23.23	25.91	28.30	30.23
平顶山	7.37	6.97	7.90	9.93	10.13	11.74	13.31	13.38	13.06	14.77	12.30	14.38	14.90	16.20	16.94	18.73	20.50
安阳	4.62	4.78	5.88	6.63	7.65	7.86	8.74	8.68	10.38	12.54	13.56	15.44	16.49	17.69	18.73	20.82	21.48
鹤壁	4.80	4.45	11.38	12.76	13.40	12.83	15.42	16.15	15.27	17.83	19.14	22.29	24.15	28.05	31.15	35.34	38.44
新乡	4.23	4.10	5.43	6.71	7.34	7.85	8.18	9.05	9.96	11.79	12.34	13.00	13.43	21.31	23.46	24.81	26.10
焦作	6.17	6.31	6.49	10.34	11.31	12.85	19.15	20.40	21.27	24.40	23.59	27.51	30.44	29.65	25.16	32.91	35.07
濮阳	5.83	5.44	6.04	7.09	7.38	6.84	15.04	15.01	15.89	16.00	11.69	12.32	12.85	19.92	22.62	26.90	28.82
许昌	3.54	3.91	4.53	4.96	5.77	7.30	10.21	11.20	12.53	16.97	11.39	13.05	28.92	26.35	29.02	24.10	26.61
漯河	4.58	4.23	6.08	6.66	7.19	9.51	10.41	12.35	10.57	12.56	13.82	13.03	13.60	16.23	18.03	20.93	22.81

续表

地区	2000年	2001年	2002年	2003年	2004年	2005年	2006年	2007年	2008年	2009年	2010年	2011年	2012年	2013年	2014年	2015年	2016年
三门峡	9.10	8.81	10.06	10.83	11.70	12.45	12.70	12.58	13.40	14.83	16.26	18.17	19.37	21.58	22.97	23.52	24.24
南阳	2.62	2.36	2.71	3.96	4.95	7.87	8.90	8.24	8.72	9.61	10.34	12.72	12.95	11.26	14.74	15.01	16.74
商丘	2.83	2.87	2.76	2.64	2.89	3.16	3.56	5.92	7.06	9.87	6.92	7.68	8.61	10.94	13.26	16.83	17.75
信阳	2.84	2.44	2.72	3.48	3.24	3.53	7.03	7.34	7.40	8.60	4.05	8.43	8.99	12.88	13.85	14.15	14.89
周口	2.75	2.52	2.37	2.53	2.88	5.34	7.25	7.52	6.09	7.37	9.20	9.66	9.87	11.87	17.25	15.96	15.34
驻马店	1.62	1.11	1.37	1.96	2.70	5.11	6.63	7.62	7.26	8.37	9.14	9.06	11.26	11.26	13.30	15.55	17.07
济源	6.49	8.99	13.60	16.74	18.10	22.62	25.37	21.88	27.34	31.40	30.22	34.88	34.17	39.30	38.17	37.15	36.92

资料来源：根据《河南统计年鉴》（2001～2017年）整理。

州（10.53%）、三门峡（9.10%）、洛阳（9.00%）、平顶山（7.37%）、济源（6.49%）、焦作（6.17%）、濮阳（5.83%）、鹤壁（4.80%）、安阳（4.62%）、漯河（4.58%）；在河南省平均水平之下的省辖市有8个，由高到低依次为新乡（4.23%）、开封（3.59%）、许昌（3.54%）、信阳（2.84%）、商丘（2.83%）、周口（2.75%）、南阳（2.62%）、驻马店（1.62%）。

而2016年的数据显示，各省辖市城镇非国有集体经济从业人员的比重的相对位置发生了诸多变化。2016年河南省城镇非国有集体经济从业人员的比重提高到了22.64%，在河南省平均水平之上的省辖市增加到11个，由高到低依次为郑州（51.88%）、鹤壁（38.44%）、济源（36.92%）、焦作（35.07%）、洛阳（30.23%）、濮阳（28.82%）、许昌（26.61%）、新乡（26.10%）、开封（25.08%）、三门峡（24.24%）、漯河（22.81%）；而相应地，在河南省平均水平之下的省辖市有7个，由高到低依次为安阳（21.48%）、平顶山（20.50%）、商丘（17.75%）、驻马店（17.07%）、南阳（16.74%）、周口（15.34%）、信阳（14.89%）。

通过2000年和2016年的两组数据对比可以看出，城镇非国有集体经济从业人员的比重的大小与地区经济发展水平的高低以及产业结构的优劣之间具有一定的规律可循，从其走势上可以看出以下三个特点。

第一，经济发展程度较低的纯农区的城镇非国有集体经济从业人员比重在全省基本处于末端位置，且随着时间的推移，其排序总体上没有得到改善，这在一定程度上说明农业生产条件越好越不利于创业行为的发生。如豫西南的南阳以及商丘、信阳、周口、驻马店黄淮四市一直都处于倒数后五位，由于这些区域非农产业占比较低，既有的非农产业活动大都是为农业生产和居民生活提供服务的部门，民间经济非常不活跃，故这些区域城镇非国有集体经济的从业人员比重较低且发展速度较慢。

第二，资源型产业支撑的区域的城镇非国有集体经济从业人员比重起点较高，但随着时间的推移其排序呈大幅度下降态势。如2000～2016年，三门峡由第2位下降到第10位，平顶山由第4位下降到第13位，表明这些区域既有的资源型产业吸纳劳动力的能力有限，故这些区域城镇非国有集体经济从业人员比重的排序处于中间靠后位置。一般情况下，这种类型区域产业结构的动态变化如果表现出向制造业尤其是劳动密集型制造业方向发展，城镇非国有集体经济从业人员的比重就会略有上升，创业行为在动态变化中就会得到扩散，内生能力也会逐渐提高。

第三，制造业尤其是第三种性质制造业支撑的区域的城镇非国有集体经济从业人员的比重要么排名比较靠前，要么相对发展速度较快。如2000～2016年郑州一直保持第1位，鹤壁由第8位上升到第2位，济源由第5位上升到第3位，焦作由第6位上升到第4位，许昌由第13位上升到第7位等，这些区域的发展过程体现为民营经济的发展壮大与吸纳劳动力数量的增多，体现的是全面的结构变迁过程。

（二） 创新行为的衡量

给定区域的创业行为，内生能力的大小就体现为动态的创新行为的大小。创新行为是熊彼特创造性破坏思想的核心，创新行为要求具有能够综合运用已有的知识、信息、技能和方法，提出新方法、新观点的思维能力和进行发明创造、改革、革新的意志、信心、勇气和智慧。只有具备了源源不断的创新行为的支持，创业行为才能有不竭的动力，创业者才能适应市场环境的变化而不断改变自己的思维模式、管理方法等，才能在多变的环境中立于不败之地。另外，由于创新行为具有正外部性，创新行为的动态变化也可以用来衡量政府对区域工业化进程的动态影响。如果创业者在政府提供的博弈规则之内得不到合理的预期报酬，企业利润的来源就不可能依靠提高管理效率和提升科技水平，而是锁定在创业行为的泛滥和粗放发展上，从长期来看，这会对工业化进程产生消极影响。

目前文献对创新行为的衡量主要是借助相关创新活动状况如专利申请数量和创新人员数、经费投入等。由于人事制度和经费投入制度的软约束，人数的多少以及经费投入的多寡在多数情况下并不能反映区域的创新能力。而创新行为最终成果的表现形式——申请专利数量——更有说服力，因此本章选择每万人拥有的专利申请数量来衡量创新行为的大小。同样以2000~2016年作为时间区间，具体数据见表8-2。

表 8 - 2　2000～2016 年河南省各省辖市创新行为对比

单位：件

地区	2000年	2001年	2002年	2003年	2004年	2005年	2006年	2007年	2008年	2009年	2010年	2011年	2012年	2013年	2014年	2015年	2016年
全省	0.05	0.07	0.07	0.14	0.20	0.26	0.44	0.61	0.90	1.08	1.26	1.64	1.99	2.25	2.53	2.49	2.60
郑州	0.10	0.06	0.20	0.37	0.54	0.70	1.85	2.63	2.48	3.79	5.12	7.60	9.44	9.80	10.75	9.77	9.34
开封	0.02	0.02	0.01	0.04	0.02	0.00	0.05	0.08	0.15	0.22	0.28	0.30	0.54	0.77	1.18	1.00	1.37
洛阳	0.10	0.16	0.10	0.21	0.41	0.58	0.90	1.40	2.34	2.88	3.38	3.94	4.60	4.71	5.27	5.32	6.28
平顶山	0.01	0.11	0.03	0.05	0.04	0.04	0.14	0.27	0.61	0.68	0.78	1.22	1.59	1.84	2.23	2.06	2.22
安阳	0.03	0.03	0.06	0.14	0.17	0.20	0.42	0.25	0.39	0.44	0.48	0.93	1.06	1.04	1.00	0.87	0.85
鹤壁	0.03	0.01	0.01	0.01	0.02	0.03	0.20	0.46	1.18	1.78	2.36	2.76	2.94	2.02	1.37	1.76	2.05
新乡	0.10	0.07	0.25	0.99	1.10	1.16	0.95	1.44	2.16	2.04	1.96	2.38	2.43	3.11	3.60	4.17	3.73
焦作	0.05	0.03	0.04	0.22	0.39	0.56	0.96	1.01	0.95	1.29	1.66	2.44	2.51	3.68	3.38	3.05	2.95
濮阳	0.14	0.12	0.14	0.21	0.27	0.32	0.38	0.31	0.44	0.92	1.46	1.23	1.52	1.87	2.99	1.99	2.09
许昌	0.11	0.24	0.24	0.11	0.19	0.26	0.71	1.16	1.29	1.63	2.08	2.90	3.19	3.90	4.98	6.12	6.84
漯河	0.26	0.29	0.17	0.20	0.18	0.16	0.47	0.66	1.06	1.08	1.11	0.70	1.17	1.24	1.34	2.52	2.30

续表

地区	2000年	2001年	2002年	2003年	2004年	2005年	2006年	2007年	2008年	2009年	2010年	2011年	2012年	2013年	2014年	2015年	2016年
三门峡	0.02	0.17	0.13	0.05	0.05	0.05	0.11	0.21	1.36	1.14	0.92	0.87	1.23	1.69	2.40	2.19	1.39
南 阳	0.05	0.06	0.05	0.07	0.11	0.14	0.28	0.49	0.59	0.63	0.66	0.80	0.93	1.28	1.40	1.65	1.23
商 丘	0.00	0.01	0.01	0.02	0.03	0.04	0.14	0.13	0.10	0.15	0.20	0.32	0.35	0.32	0.46	0.40	0.66
信 阳	0.00	0.00	0.00	0.01	0.02	0.02	0.05	0.06	0.03	0.07	0.12	0.09	0.12	0.33	0.23	0.18	0.24
周 口	0.04	0.05	0.05	0.01	0.12	0.22	0.10	0.08	0.06	0.10	0.14	0.20	0.23	0.39	0.30	0.27	0.38
驻马店	0.02	0.00	0.01	0.03	0.05	0.08	0.12	0.13	0.16	0.20	0.24	0.21	0.21	0.23	0.29	0.32	0.47
济 源	0.03	0.02	0.05	0.05	0.23	0.41	0.05	0.75	1.60	2.28	3.04	3.31	3.22	3.29	4.20	3.45	4.08

资料来源：根据《河南统计年鉴》（2001~2017年）整理，2004年与2009年没有相应统计数据，取前后两年平均值做近似处理。

　　由表 8－2 可以看出，每万人拥有的专利申请数量的变化与地区经济发展水平基本吻合，经济发展水平越高的区域，其每万人拥有的专利申请数量越多，相应的创新行为也较普遍。2000 年河南省每万人拥有的专利申请数量为 0.05 件，在河南省平均水平之上的省辖市有 7 个，从高到低分别为漯河（0.26 件）、濮阳（0.14 件）、许昌（0.11 件）、郑州（0.10 件）、新乡（0.10 件）、洛阳（0.10 件）、焦作（0.05 件）；其余省辖市有 11 个，由高到低分别为南阳（0.05 件）、周口（0.04 件）、安阳（0.03 件）、济源（0.03 件）、鹤壁（0.03 件）、开封（0.02 件）、驻马店（0.02 件）、三门峡（0.02 件）、平顶山（0.01 件）、商丘（0.00 件）、信阳（0.00 件）。

　　随着经济发展水平的提高，与 2000 年相比，2016 年每万人拥有的专利申请数量的空间结构也发生了相应的变化。2016 年河南省每万人拥有的专利申请数量为 2.60 件，在河南省平均水平之上的省辖市有 6 个，从高到低分别为郑州（9.34 件）、许昌（6.84 件）、洛阳（6.28 件）、济源（4.08 件）、新乡（3.73 件）、焦作（2.95 件）；在河南省平均水平之下的省辖市有 12 个，从高到低分别为漯河（2.30 件）、平顶山（2.22 件）、濮阳（2.09 件）、鹤壁（2.05 件）、三门峡（1.39 件）、开封（1.37 件）、南阳（1.23 件）、安阳（0.85 件）、商丘（0.66 件）、驻马店（0.47 件）、周口（0.38 件）、信阳（0.24 件）。

从上面两组数据的对比可以看出，每万人拥有专利申请数量的多少与经济发展水平的高低和产业结构的优劣之间也具有密切关系，从其走势可以看出以下三个特点。

第一，经济发展程度较低的区域每万人拥有的专利申请数量较少，发展速度也较慢，在全省的排序中处于末端位置。如 2016 年商丘、驻马店、周口、信阳等农业区域的创新行为分别排第 15、16、17 和 18 位，原因在于这些农业区域非农经济不活跃，既有的产业活动还没有达到创新行为所需要的经济刺激的要求。

第二，资源型产业支撑的区域每万人拥有的专利申请数量处于中等偏上位置，相对位次大都呈现不同程度的提升。如 2000～2016 年，平顶山由第 16 位上升到第 8 位，三门峡由第 15 位上升到第 11 位，这主要是因为资源型产业同时是资本密集型产业，且又与国有资本紧密联系在一起，使资源型产业在技术水平提高上能够更容易得到大量资金的支持。

第三，第三种性质制造业支撑的区域每万人拥有的专利申请数量在全省的排序基本都呈现上升趋势。如 2000～2016 年，郑州由第 4 位上升到第 1 位，许昌由第 3 位上升到第 2 位，洛阳由第 6 位上升到第 3 位，济源由第 11 位上升到第 4 位，焦作由第 7 位上升到第 6 位等，而新乡一直保持在第 5 位没有变化。

三　内生能力对工业化进程空间分异的解释

根据前文的分析，可以从以城镇非国有集体经济从业人员比重衡量的创业行为与以每万人拥有的专利申请数量衡量的创新行为的空间结构的演变的总体特征中总结出以下规律。

第一，对经济发展程度较低的纯农区来说，创业行为与创新行为的动态变化都不支持该区域的工业化进程相对位置的改变，工业化水平要么处于末端位置，要么在不断降低。其工业化水平的提高主要依靠外部力量对其生产要素的吸纳。也就是说，农村剩余劳动力外流为这些纯农区的现代化的实现创造了条件，在产业结构与工业内部结构保持稳定并稍有改善的同时，人均 GDP、城镇化率、非农产业就业人口比例等指标不断提高，最终使这些区域发展成为农业高度发达的工业化区域。

第二，资源型产业支撑的区域创业行为不足，但创新行为有一定程度的增加，以创业行为衡量的工业化进程的相对位次应该是不断降低的，而以创新行为衡量的相对位次则应该是不断提高的，资源型产业对工业化进程的影响程度和方向最终取决于创业行为和创新行为哪一种力量更强。但由于资源型产业与国有资本密切相关，创新行为的资金投入和研发成果可能会违背自身的比较优势，结果导致研发的成果不仅没有提升产品的竞争力，反而给企业造成了沉重的财务负担。另外，这些创新行为大多在资源型产业体系内部之间进行循环，难以对工业化进程产生较大影响。总体而言，资源型产业对区域工业化进程的影响是不显著的。

第三，制造业尤其是劳动密集型制造业支撑的区域创业行为在不断增加，而创新行为有增加也有减少的，总体上比较平稳。这种类型产业吸纳劳动力的能力比较强，对结构变迁的影响也比较大，对地区工业化进程具有重要作用。

四　内生能力对工业化进程空间分异的计量分析

由上文可知，内生能力在空间上存在巨大差异，这种差异与工业化进程的空间分异表现出统计上的高度相关性。而弄清楚内生能力在多大程度上影响地区工业化进程，就需要对内生能力与工业化进程之间的关系进行定量研究。

（一）模型设定

目前对工业化进程进行全面衡量的文献还比较少见，相关文献大都用经济增长代替全面的结构变革。学术界在考察中国各省份的增长模式时，主要关注开放程度、投资和基础设施在经济增长中所扮演的角色（李杏，2011）。受限于主流经济学的思维框架，这些研究重视的是资源的配置效率而不关心资源的具体配置方式，这对市场化程度还不高的欠发达区域尤其是传统农区的工业化来说就不具有很强的解释力，对这一问题的忽视可能会导致对传统农区工业化问题的曲解，因此，本书的结构变迁方程就舍弃了大多数文献所采用的人均 GDP 指标，而采用能够反映全面结构变迁的工业化综合指数作为被解释变量。经济增长是结构变迁的一部分，影响经济增长的因素势必也会对结构变迁产生重要影响。因此，除了能够反映内生能力大小的创业行为和创新行为两个指标以外，本书把固定资产投资水平、人力资本状况、开放程度等指标也作为工业化进程的解释变量，工业化综合指数就是反映内生能力大小的变量与一些控制变量的函数。本书的结构方程如下：

$$ICI_t = f(E_t, X_t)$$

在上式中，下标 t 表示时期，ICI_t 表示 t 时期的工业化综合指数，E_t 为 t 时期能够反映内生能力大小的指标（具体包括创业行为和创新行为）；X_t 是一组影响稳定状态的控制变量（具体包括固定资产投资水平、人力资本状况、开放程度等）。进一步地，对上式两边取自然对数，一方面可以消除上式中变量之间的非线性趋势，另一方面也得到了变量之间的弹性关系，以便于数学处理，具体见下式：

$$\ln(ICI_{i,t}) = \alpha_1 \ln(E_{i,t}) + \alpha_2 \ln(X_{i,t}) + \ln(\varepsilon_{i,t})$$

上式中的回归方程是面板数据的表现形式，字母代表的变量没有本质变化，i 表示截面地区，α_1、α_2 表示相应各项的系数，$\varepsilon_{i,t}$ 表示干扰项。

该结构变革方程具有较强的现实意义：等式左边是工业化综合指数的对数值；等式右边第一项为反映内生能力大小的

解释变量，具体包括以城镇非国有集体经济从业人员比重为代表的创业行为（EB）和以每万人拥有的专利申请数量为代表的创新行为（IB）两种；$X_{i,t}$ 包含除反映内生能力大小的创业行为与创新行为之外的能够影响工业化进程的其他控制变量，主要包括反映储蓄率水平的全社会固定资产投资占 GDP 的比重（IFA）、反映人力资本水平的初中入学率（ST）、反映开放水平的外商直接投资占 GDP 的比重（FDI）等。

面板数据的估计方法包括固定效应模型和随机效应模型，固定效应模型适用于小母体样本，随机效应模型适合于大母体样本，本书涉及河南省 18 个省辖市的关于创新与创业行为的相关数据，因此运用固定效应模型进行研究比较合适。

（二）数据说明

本部分的原始数据均来自河南省及各省辖市相应年份的统计年鉴等官方统计资料，样本的时间区间为 2000~2016年，样本个数为河南省 18 个省辖市连续 17 年共 306 个面板数据，变量的部分描述性统计特征如表 8-3 所示。

表 8-3　变量的部分描述性统计特征

单位：件，%

类别	ICI	EB	IB	IFA	ST	FDI
均值	34.33	14.13	1.15	58.43	98.75	1.60
标准差	23.94	9.63	1.75	25.99	2.12	1.34
方差	573.32	92.76	3.05	675.67	4.49	1.79

类别	*ICI*	*EB*	*IB*	*IFA*	*ST*	*FDI*
最小值	0.00	1.11	0.00	17.13	85.33	0.06
最大值	95.64	51.88	10.75	134.48	102.30	7.01
观测数	306	306	306	306	306	306

表8-3给出了各变量的描述性统计特性：各区域工业化综合指数的均值为34.33%，标准差为23.94%，工业化综合指数围绕均值的离中趋势比较明显，表明传统农区工业化进程在空间存在差异。创业行为指标方面，城镇非国有集体经济从业人员比重的均值为14.13%，标准差为9.63%；而创新行为指标方面，每万人拥有的专利申请数量的均值为1.15件，标准差为1.75件，创新行为的地区分布不均衡程度要远远弱于创业行为，即创新行为的地区差距并不是很明显。其他控制变量也都呈现不同程度的地区差异，按照标准差的大小依次为全社会固定资产投资占GDP的比重（25.99%）、初中入学率（2.12%）、外商直接投资占GDP的比重（1.34%）。

（三）实证结果分析

1. 创业行为对地区工业化进程的影响

首先沿袭新古典增长模型的分析框架，把*IFA*作为控制变量引入结构方程，依据面板数据采用固定效应模型进行回归，结果见表8-4（1）列。

表 8 - 4　创业行为对传统农区地区工业化进程的影响

解释变量	被解释变量 $\ln(ICI_{i,t})$		
	（1）	（2）	（3）
EB	0.514 ***	0.523 ***	0.514 ***
	（8.71）	（8.876）	（8.59）
IFA	0.827 ***	0.786 ***	0.760 ***
	（11.49）	10.51	（9.49）
ST		1.492 *	1.385 *
		（1.94）	（1.78）
FDI			0.031
			（0.90）
R^2	0.891027	0.892477	0.892789
Adj. R^2	0.88	0.88	0.88

注：由于商丘的 2000 年、2001 年、2002 年，周口的 2000 年和信阳的 2000 年的工业化综合指数为 0，不能取对数，故删掉了缺失数据，采用非平衡面板数据；*** 表示 1% 的显著性水平；* 表示 10% 的显著性水平。

回归结果显示，创业行为变量的系数为 0.514，且在 1% 的置信水平下显著，这表明创业行为每增长 1%，地区工业化综合指数相应增长 0.514%，创业行为对区域工业化进程具有显著的正效应。全社会固定资产投资占 GDP 的比重变量的系数为 0.827，且也是在 1% 的置信水平下显著，表明全社会固定资产投资占 GDP 的比重的变化同样会引起工业化进程的同方向变化。而新古典增长分析框架可能遗漏了一些重要变量，如新增长理论认为人力资本对经济增长具有重要的促进作用，其对工业化进程也应该有非常重要的作用，故把 ST 引入结构方程，回归结果见表 8 - 4（2）列。

加入 ST 后的回归结果显示，创业行为变量的系数从

0.514 提高到 0.523，而全社会固定资产投资占 GDP 的比重变量的系数从 0.827 下降到 0.786，且两者仍都是在 1% 的水平上显著。而 ST 的系数为 1.492，且在 10% 的置信水平下显著，这意味着人力资本每增加 1%，地区工业化综合指数相应增长 1.492%。可见，人力资本对地区工业化进程的差异具有重要作用，这在一定程度上说明教育与经济发展的良性互动关系，越是经济基础较好的地区，越意识到教育的重要作用，相反有可能会得到"读书无用论"的结论。总之，引入 ST 以后，创业行为对区域工业化进程的影响程度得到了显著提高。

一个区域的开放程度代表着市场环境的完善程度，而工业化进程与市场化程度密切相关，接下来把 FDI 这一变量引入回归方程，回归结果见表 8 - 4（3）列。回归结果显示，加入 FDI 指标后，创业行为与全社会固定资产投资占 GDP 比重两个变量的系数都稍微下降，但也都在 1% 的置信水平下显著。ST 的系数从 1.492 下降到 1.385，仍然在 10% 的置信水平下显著。而新加入的 FDI 这一变量的系数很小，只有 0.031，而且回归结果并不显著。

从以上分析结果来看，创业行为对地区工业化进程的影响具有重要作用，创业行为每增长 1%，地区工业化综合指数最低增长 0.514%，最高可增长 0.523%。

2. 创新行为对地区工业化进程的影响

与创业行为的估计过程一致，首先将全社会固定资产投资占 GDP 的比重作为控制变量引入回归方程，回归结果见表 8 - 5（1）列。

表 8 - 5　创新行为对传统农区地区工业化进程的影响

解释变量	被解释变量 $\ln(ICI_{i,t})$		
	（1）	（2）	（3）
IB	0. 071*** （2. 92）	0. 069*** （2. 79）	0. 061** （2. 45）
IFA	1. 198*** （15. 73）	1. 191*** 15. 51	1. 136*** （0. 487）
ST		0. 656 （0. 76）	0. 487 （0. 56）
FDI			0. 065* （1. 69）
R^2	0. 865685	0. 865962	0. 867312
Adj. R^2	0. 86	0. 86	0. 86

注：由于商丘的 2000 年、2001 年、2002 年，周口的 2000 年和信阳的 2000 年的工业化综合指数为 0，不能取对数，故删掉了缺失数据，采用非平衡面板数据；*** 表示 1% 的显著性水平；** 表示 5% 的显著性水平；* 表示 10% 的显著性水平。

回归结果显示，创新行为变量的系数为 0. 071，且在 1% 的置信水平下显著，表明创新行为每增长 1%，地区工业化综合指数相应增长 0. 071%，初步的估计结果显示创新行为对工业化进程具有正效应，但这种正效应要远远低于创业行为的影响。而全社会固定资产投资占 GDP 的比重变量的系数为 1. 198，其对工业化综合指数的影响要远远大于创新行为，且也在 1% 的置信水平下显著。

接下来将 *ST* 引入回归方程，回归结果见表 8 – 5（2）列。回归结果显示，引入 *ST* 之后，创新行为与全社会固定资产投资占 GDP 比重的系数都呈现微弱的下降，两者分别从 0.071、1.198 下降到 0.069、1.191，且仍然是在 1% 的置信水平下显著。而 *ST* 的系数为 0.656，表明人力资本变量每增长 1%，地区工业化综合指数相应增长 0.656%，但这种影响并不显著。我们考虑是否还有重要因素没有纳入进来。

继续报告加入 *FDI* 这一变量的回归结果，具体见表 8 – 5（3）列。加入 *FDI* 后，创新行为与全社会固定资产投资占 GDP 比重的系数进一步下降，两者分别从 0.069、1.191 下降到 0.061、1.136，且两者分别在 5%、1% 的置信水平下显著。而 *ST* 的系数从 0.656 下降到 0.487，即引入了外商直接投资占 GDP 比重这一变量后人力资本对地区工业化综合指数分异的影响下降了，但统计上仍然不显著。而 *FDI* 的系数为 0.065，具备显著的经济学含义，而且在 10% 的置信水平下显著。

从以上分析来看，创新行为对区域工业化进程的影响同样是显著的，创新行为每增长 1%，地区工业化综合指数最低增长 0.061%，最高增长 0.071%。

五　本章结语

由于影响因素的复杂性，对内生能力很难有一个确定的衡量标准。但是内生能力的动态提高需要源源不断的企业家精神支撑，而企业家的生成机制又与市场化环境密切相关，本书用能够反映企业家精神与市场化条件的创业行为和创新行为作为内生能力的代理指标。创业行为衡量的是各类生产要素从农业进入非农产业、从国有部门进入非国有部门的新的进入行为，内生能力越强的区域，创业行为越普遍。创新行为衡量的是新的进入行为发生以后随着市场等内外部环境的变化而采取的应对措施，是适应市场能力的体现。本章用城镇非国有集体经济从业人员比重和每万人拥有的专利申请数量分别对创业行为和创新行为进行衡量，并用这两个指标衡量了以河南省为代表的传统农区内生能力的空间差异。结果表明：经济发展程度较低的纯农业区域，其内生能力是较低的，创业行为与创新行为的变化都不支持该区域工业化进程相对位次的提高；资源型产业支撑的区域受限于资源型产业的特性导致创业行为不足而创新行为又有可能违背自身的比较优势，故长期来看也不支持该区域工业化进程相对位次的提高；第三种性质制造业支撑的区域的内生能力是最强的，相应的工业化进程也最快。

在定性分析的基础上，本书也对内生能力与地区工业化进程空间分异之间的关系进行了定量研究。本书选择河南省18个省辖市连续17年共301个（数据缺失排除掉5个）面板数据作为考察对象，实证结果表明内生能力对地区工业化进程具有重要影响。创业行为每增长1%，工业化综合指数最低增长 0.514%，最高增长 0.523%。而创新行为每增长 1%，工业化综合指数最低增长 0.061%，最高增长 0.071%。

模型还暗示了创业行为的贡献要多于创新行为的贡献，传统农区的工业化主要依靠创业行为来实现。这也印证了资源型区域如平顶山和三门峡虽然创新行为相对较多，但可能这些区域的创新行为产生的经济效应仅限于资源型产业内部或在体制内部循环，对其他国民经济活动的关联效用较弱，反而对地区工业化进程没有一个预期的促进作用。

第九章 结论与展望

本章主要是对本书的主要结论与发现进行归纳与总结，试图提出若干政策建议，并对书中存在的不足加以说明，同时指出未来进一步的研究方向。

一 研究结论

（一）经济发展水平与工业结构的贡献均衡程度对区域工业化进程具有重要影响

传统的衡量工业化进程的指标主要包括地区经济发展水平与三次产业产值结构两个指标，地区经济发展水平越高，相应的三次产业产值结构的层次也越高，两者之间同方向变化的趋势受到制度的约束较小，这是偏重数量型的工业化结构变迁的衡量标准。而从全面结构变迁的角度来看，工业化至少还应该包含工业内部结构、人口居住的空间结构、人口就业结构三个方面。但是由于受重工业优先发展战略的影响以及城乡二元管理体制的制约，工业结构、人口居住的空间结构与就业结构带有更强的制度性约束，这三个指标的动态变化意味着更全面的结构性变迁，它们属于偏重质量型的工业化结构变迁的衡量指标。

一般情况下，偏重数量型的衡量指标要比偏重质量型的衡量指标衡量的工业化水平高。那么从全面结构性变迁的角度来说，工业化进程就取决于偏重质量型的衡量指标对偏重数量型的衡量指标的结构性的修正程度。人均 GDP 是偏重数量型的衡量指标的基础，制造业增加值占总商品增加值的比重是偏重质量型的衡量指标的基础，故这种结构性修正就表现在经济发展水平与工业结构的贡献均衡程度上。如果经济发展水平与工业结构的贡献均衡程度较高，则表明区域工业化进程更多地依靠制造业结构的变化实现经济发展，而不是依靠类似资源型产业来实现。因此，经济发展水平与工业结构的贡献均衡程度对区域工业化进程具有重要影响。

（二）制造业性质的空间差异反映了工业化进程的空间分异

制造业区位基尼系数的计算结果表明，传统农区大多数制造业呈现高度集中的特征，且随着时间的推移呈扩散趋势，表明传统农区工业化在空间上并不均衡，而这种不均衡与各个区域的产业尤其是制造业的性质有关。具体来说，第一种性质制造业即资源型制造业由于吸纳劳动力数量不足导致其对地区工业化进程的动态结构影响并不显著;第二种性质制造业对地区工业化进程具有重要作用,但是由于这种类型制造业各个区域都有较大需求且产品运输成本相对较低,故在空间上高度分散,这种类型制造业对各个区域的工业化进程的影响大致相同,其对工业化进程空间分异的影响也有限;而只有第三种性质制造业才最能够反映工业化进程的空间分异情况。因此,制造业的区位基尼系数越高,离资源型产业结构越远,这样的制造业结构对地区工业化进程就越具有重要作用。

(三) 产业性质的不同决定了工业化实现路径的差异

制造业性质能够反映工业化进程的空间分异情况,主要在于对劳动力的吸纳程度的差异上,而对劳动力吸纳程度的差异导致了各自支撑的区域的工业化实现路径不同。具体来说,资源型产业吸纳劳动力有限,对结构变革的影响程度较小,其工业化水平的提高需要通过劳动力外流实现,即通过人口的居住空间转换以及就业结构的转换来实现结构性指标的提升,以弥补工业结构贡献的不足。而对于经济发展水平较低的纯农区来说,一个健全的劳动力外流机制对工业化进程仍然非常重要。因为这一区域的产业虽然是劳动密集型产业,但是由于空间布局比较分散,吸纳当地劳动力的能力仍然有限,其工业化水平的提升仍然需要通过劳动力的外流实现。通过劳动力的外流，不仅提高了人均 GDP，还使城镇化率、就业结构等指标迅速提升，以弥补产业结构以及工业结构贡献的不足。而产业基础尤其是制造业基础较好的区域将是劳动力重点流入的地区，至少不会是劳动力大规模流出的区域。这一类型区域通过劳动力流入，为本地制造业发展提供充足的劳动力，产业结构尤其是工业结构得到进一步完善，城镇化率以及就业结构等指标也在动态中得到提高，最终也使本区域的工业化水平得以主动性提高。因此，经济发展程度较低的纯农区的工业化的实现依赖于外部工业化对劳动力的吸纳，属于被动工业化；而产业基础较好的区域的工业化的实现属于主动工业化，主要通过制造业自身的发展吸纳流入的劳动力，带动本地结构性指标提升；而资源型产业支撑的区域的工业化的实现兼具上述两者的共同特征。

（四）劳动力微观流动数据有助于对城镇体系层级的重新认识

以河南省为代表的传统农区现有城镇化成绩的取得更多的是宏观战略层面上的体现，是从城市的角度、从吸纳要素的角度来设计的，在这样的体系下，城镇体系的设计是分层的，大体上遵循"郑州—地级市—县城—乡镇—村"向下传递。值得注意的是，城镇化离不开人的选择，而人的选择是在既定条件下最优化选择的结果，但"自上而下"的城镇体系设计忽视了微观主体选择的反作用，现实生活中人的选择可能与"自上而下"的城镇体系想要达到的目的相悖。其实，"自上而下"的城镇体系忽视微观主体的反作用并不是刻意为之，而是缺乏相应的系统的微观数据做支撑，而河南大学中原发展研究院的"'百县千村'人口流动信息采集与数据库建设项目"为弥补这一缺憾提供了契机。本书通过对农村外出务工人员在不同就业地点和不同性质村庄两个维度的微观数据的调查显示，传统的"郑州—地级市—县城—乡镇—村"的城镇体系设计存在一定的问题，本县县城在县域范围内作为城镇化的载体仍将持续发挥重大作用，而郑州市区更是全省要素吸纳的重要平台，地级市和乡镇两个层级的平台在吸纳要素方面的表现并不突出。

（五）传统农区工业化的运行机制具有相当程度的内生性质

传统农区工业化率先在拥有区位劣势的区域发生，这与沿海等先发工业化区域明显不同。本书把这种特征描述为次生中的次生，正是次生中的次生性质使一般性的次生工业化理论并不能很好地解释传统农区的工业化。在次生中的次生这一特殊性质的约束下，传统农区所需要的外部工业化生产要素并不是主动融入的，而是通过本地企业家的创业与创新行为对接融入的，因此传统农区工业化具有相当程度的内生性质。

（六）内生能力有效解释了传统农区工业化的动力机制

由于传统农区各区域之间自然经济社会结构并不是同质的，故传统农区工业化在空间上的分异就表现为异质性的内部条件与同质的外部工业化环境之间适应程度的差异，而这种适应程度高低就体现为区域内生能力的大小，地区工业化进程的快慢与区域内生能力的大小直接相关。内生能力的概念可以解释历史的偶然事件向必然事件转化的内在机制，并能够有效解释传统农区工业化为什么会首先在长垣等拥有区位劣势的区域发生。本书的这一发现有助于弥补一般性的次生工业化理论单纯强调资源配置效率而忽视资源配置方式的不足，本书把被主流经济学忽视的市场化条件重新纳入分析框架。

（七）内生能力对地区工业化进程具有重要作用

内生能力的动态提高需要源源不断的企业家精神支撑，而企业家的生成机制与横向的市场化的资源配置方式密切相关。因此内生能力与市场化条件高度相关，具体研究中用市场化的创业行为与创新行为作为内生能力的代理指标。初步的计量回归模型证明创业行为与创新行为对结构变迁具有重要作用，且创业行为的贡献要远远多于创新行为，暗示了传统农区应该大力发展劳动密集型产业，只有劳动密集型产业发展到一定程度，创新行为才能为工业化进程提供支撑，过早采用创新行为有可能使企业丧失自生能力。另外，实证结果也发现创业与创新行为尤其是创业行为对地区工业化进程的影响程度要远远大于已知的物质资本、人力资本以及开放程度等。原因在于已知的物质资本、人力资本以及开放程度等需要通过创业行为和创新行为才能在实际经济活动中发挥作用，创业与创新行为不足的区域缺乏把物质资本、人力资本以及开放程度等转化为现实生产力的微观机制。

二　政策建议

（一）大力培植中小企业，培育企业家发挥作用的微观机制

制造业尤其是第三种性质制造业对结构变迁具有重要作用，而制造业尤其是劳动密集型制造业企业大多是民营中小企业，因此大力发展和培植中小企业才是促进工业化可持续发展的必由之路。中小企业丛生的工业化模式可以使工业化在空间范围内全面铺开，从而在整个区域形成工业化的氛围，这也可以造就成千上万的企业家，从而支撑地区经济长久持续发展。企业家是内生能力的载体，企业家精神越普遍，区域的内生能力越强，人的行为越可能向市场化方向靠拢，越能有效应对外部事件的冲击，提高了

整个区域的偶然事件向必然事件转化的能力，从而促进区域工业化水平动态提高。

（二）完善农村建设用地的退出机制，为劳动力的区域间流动提供制度支撑

由于区域之间资源禀赋的异质性，因此并不是每个区域都可以通过发展制造业主动地实现自身的工业化，有些区域通过劳动力的区际流动实现结构性指标的提升进而被动实现工业化。劳动力区域间流动是由农村流向城市、由产业基础较差的区域向产业基础较好的区域转移，但目前劳动力的区域间流动还存在诸多制度障碍，这些障碍主要体现在农村剩余劳动力的农村集体权益缺乏一个合理的退出机制。从当地转出以后，农村剩余劳动力的作为村集体成员象征的集体利益如耕地和宅基地仍然保留了下来。对于耕地来说，可以通过土地流转实现规模经营，在操作层面并不复杂，集体利益的退出机制的难点主要体现在建设用地的退出机制上。农村建设用地缺乏合理的退出机制不仅使农民享受不到完整的事实上已明确到个人的"产权"的收益，而且更重要的是限制了制造业发达的区域的建设用地需求。在18亿亩耕地红线的刚性约束下，靠蚕食城市周边耕地来获得工业和城镇建设用地的粗放型发展的路子已不能为继，现实的做法只能通过置换农村建设用地主要是宅基地来解决。而集体建设用地与城镇国有建设用地之间没有一个市场化的转换机制，问题的关

键是要消除转换的障碍，建立农村建设用地市场化的交易机制，从制度上确立农民集体权益的退出机制以及相应的城市权益的获取机制，不断化解二元体制累积的结构性约束。最终使本不需要在家乡保留宅基地使用权的人，把闲置建设用地的使用权通过一个合理的渠道转移出去。这不仅能扫清劳动力流动的制度障碍，而且更重要的是推动了整个社会工业化水平的不断提高。

（三）根据区域工业化的路径构建多元化的政绩考核体系

不同性质的制造业支撑的区域的工业化的实现路径有主动与被动之分，制造业基础较好的区域工业化的实现是主动的，而对于纯农区来说，工业化的实现是被动的。这种工业化实现路径的不同导致各个区域在发展的同时面临的约束条件也不同，资源型区域受到生态破坏等负外部性的困扰，纯农区肩负着国家粮食安全的重任。由于各个区域面临的约束条件不同，资源型区域与纯农区在发展的同时还要兼顾生态恢复与粮食安全等对全局具有重要影响的公共产品的供给问题。这种发展任务的多元化就要求构建多元化的政绩考核体系。

而现行干部考核体系是以经济增长为基础的，GDP 的多寡就成为地方政府及其代理人——官员追求自身利益最大化的目标。这样的做法仅适用于产业基础较好的区域。所以，对于资源型区域或者纯农区来说，单纯从 GDP 来考量显然有失偏颇。现实的政绩考核体系如果不注重结构性指标，就会逐渐强化地方政府在经济发展过程中"重数量、轻质量"的趋势，过分追求短期利益而忽视长期的可持续发展。因此，政绩考核体系应该加入一些结构性指标，以结构性的工业化综合指数代替单纯的经济增长指标。

（四）政府政策应该向顺市场化方向设计

内生能力侧重的是市场化的资源配置方式，强调的是动态的比较优势的来源，而不仅仅关注传统生产要素上的比较优势。实证结果表明，内生能力的代表创业行为对区域工业化进程具有非常重要的作用，其对工业化进程的贡献已经超越了物质资本、人力资本以及开放程度等。内生能力的动态提高需要源源不断的企业家精神支撑，而企业家的生成机制又与市场化环境密切相关。因此，给定外部工业化生产环境后，只能通过改善制度环境来提高区域的内生能力。制度演进应该是向市场化方向发展，因为市场化方向改革使资源的配置方式从以纵向行政命令为基础转向横向的以成本收益核算为基础，只有横向的成本收益核算才是创业行为以及以此为基础的创新行为存在的基础。这一过程是通过人的行为在生产性领域与非生产性领域之间的差异化配置来实现的，人的行为是既定制度下的最优选择，创业行为发挥作用的方向和程度取决于既定的制度环境形成的报酬结构，而报酬结构又内生于经济社会的制度环境中（吴义爽，2010）。因此，市场化改革的方向使区域创业与创新行为逐渐从非生产性领域向生产性领域转移，从而使区域内生能力在动态中得到提高。

（五）结合新型产业业态进一步提升中心城市的要素聚集能力

从前文可知，传统农区中心城市的要素聚集能力总体上还存在不足，在原来的产业结构体系下，想要彻底改变中心城市的要素聚集能力也是不现实的。但是在信息化、智能化的今天，新的产业业态不断产生，而这些新的产业业态对软环境的要求相对较高，对人口的素质要求也相对较高，中心城市在这些方面相对于县（市）乡镇来说无疑有着天然的竞争优势。因此未来承接新型产业业态更加离不开中心城市的平台作用，未来应该结合新型产业业态进一步提高中心城市的要素聚集能力，把中心城市打造成能够辐射本辖区的新型要素聚集平台。

（六）进一步提升郑州大都市区的承载能力

郑州承担着建设国家中心城市的历史重任，前文也揭示了郑州大都市区对人口的承载能力还需要进一步提高。首先，要推动郑州大都市内部中心城市的进一步融合发展，之所以建设郑州大都市区，是因为郑州市本身不足以承担国家中心

城市的重任，因此郑州、开封、新乡、焦作、许昌要深度融
合，融合肯定不只是简单的郑州单方面的吸纳，在产业布局、
城市功能等方面也要把四个次级中心城市纳入郑州大都市区
整体规划布局来统筹考虑，绝对不能就郑州而郑州。其次，
要进一步提高郑州大都市区次级中心城市的产业和人口聚集
能力，着重软环境的打造，从制度层面消除外来人口的隐性
障碍。最后，进一步提高县级城市的承载能力，郑州大都市
区各城市县域经济比较发达，在 2016 年河南省人均 GDP 排
名前 10 的县（市）中，郑州大都市区占据了 7 席（见图 9 -
1）。这些人均 GDP 比较高的地区是传统的工业强市，伴随着
郑州城市功能的向外延伸，这些县级城市原有的城市功能已
经不能有效满足更高层次的需求，因此在郑州城市功能向外
延伸过程中，提高郑州大都市区尤其是郑州市下辖县（市）
的承载能力同样非常重要。

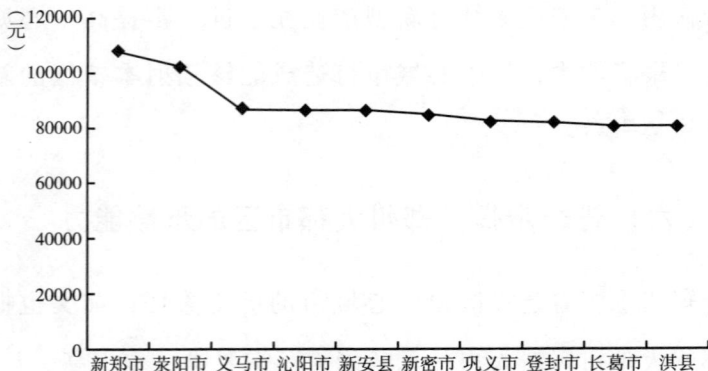

图 9 - 1 2016 年河南省人均 GDP 排名前 10 的县（市）的情况

· 资料来源：根据《河南统计年鉴 2017》整理得到。

三　研究的局限性与未来研究展望

（一）研究的局限性

虽然本书有很多重要的发现，也形成了一些有价值的结论，纠正了一些似是而非的隐藏在头脑中固有的不合时宜的观念，但由于本人研究能力与研究条件的限制，再加上服务于本书研究主线这一目的，本书对一些相关问题并没有展开详细的论述，这使本书还存在很多不足之处，主要表现在以下四个方面。

第一，传统农区大多数制造业的区位基尼系数是不断降低的，制造业在空间上的布局呈扩散趋势，这种扩散趋势与产业转移有密切关系。由于产业转移并不是本书研究的重点，因此本书并没有对产业转移与制造业空间布局之间的关系展开讨论。

第二，本书对制造业区位基尼系数的衡量是以省辖市为统计单元，以两位数制造业为统计口径的。由于更加细分的制造业可能在更小的地域单元集中，以省辖市为统计单元的衡量标准可能会使不同性质的制造业出现"中和"现象，反而使制造业的性质与工业化进程之间的对应关系有可能不突出。

第三，本书中内生能力对传统农区工业化空间分异的分析还稍显单薄，对一些问题还需要深入探讨，这包括内生能力本身以及内生能力与企业家精神、政府作用、市场化改革之间的关系等。

第四，传统农区地域范围广大，区域的异质性非常明显，本书的研究是笔者基于实地考察以及对官方统计资料和既有研究成果的分析入手的，本书并没有穷尽所有区域。考虑到这些因素的存在，本书的一些结论还有待实地调研的进一步检验。

（二）未来研究展望

本书虽然存在上述不足，但这也为以后的深入研究奠定了基础，具体如下。

第一，数据支撑方面，力图完善本书的数据结构，建立更长的时间序列数据，并把河南省周边地市的数据也纳入进来，从更广的地域概念上进一步验证本书得出的有关传统农区工业化的特征与规律。

第二，理论研究方面，完善内生能力对工业化进程影响机理的分析框架。

第三，经验分析方面，一方面论证产业转移对传统农区地区工业化进程的影响程度以及时间趋势特征，另一方面争取把本书的结论建立在更为广泛的实地调研基础之上。

附录 2000～2016 年工业化 标准评价值

附表 1 河南省地区工业化原始数据的无量纲化处理（2000 年）

单位：%

地区	人均 GDP	三次产业产值结构	制造业增加值占比	人口城镇化率	三次产业就业结构	工业化综合指数
全　省	0.00	30.14	4.13	0.00	0.00	8
郑　州	2.46	80.19	25.41	8.84	31.90	28
开　封	0.00	19.80	0.00	0.00	0.00	4
洛　阳	0.00	68.31	23.43	0.00	3.52	20
平顶山	0.00	49.17	0.00	0.00	0.00	11
安　阳	0.00	32.12	29.04	0.00	0.00	13
鹤　壁	0.00	30.25	7.26	1.18	0.00	8
新　乡	0.00	28.71	15.51	0.00	0.00	10
焦　作	0.00	42.24	20.79	0.00	17.60	15
濮　阳	0.00	31.35	0.00	0.00	0.00	7
许　昌	0.00	31.79	9.74	0.00	0.00	9
漯　河	0.00	29.37	29.70	0.00	3.74	13
三门峡	0.00	54.78	0.00	0.00	0.44	12
南　阳	0.00	22.44	0.00	0.00	0.00	5
商　丘	0.00	0.00	0.00	0.00	0.00	0

续表

地区	人均 GDP	三次产业产值结构	制造业增加值占比	人口城镇化率	三次产业就业结构	工业化综合指数
信 阳	0.00	0.00	0.00	0.00	0.00	0
周 口	0.00	0.00	0.00	0.00	0.00	0
驻马店	0.00	17.60	0.00	0.00	0.00	4
济 源	0.00	58.41	11.22	0.00	20.24	17

附表 2　河南省地区工业化原始数据的无量纲化处理（2001 年）

单位：%

地区	人均 GDP	三次产业产值结构	制造业增加值占比	人口城镇化率	三次产业就业结构	工业化综合指数
全 省	0.00	30.91	4.82	0.00	0.00	8
郑 州	5.96	80.94	26.59	11.13	34.06	30
开 封	0.00	20.00	0.00	0.00	0.00	4
洛 阳	0.00	70.61	21.35	0.00	2.70	20
平顶山	0.00	49.42	0.00	0.00	0.00	11
安 阳	0.00	32.54	29.87	0.00	0.00	14
鹤 壁	0.00	31.91	8.39	1.95	0.00	9
新 乡	0.00	29.35	13.19	0.00	0.00	9
焦 作	0.00	45.62	24.73	0.59	14.87	17
濮 阳	0.00	31.07	0.00	0.00	0.00	7
许 昌	0.00	32.94	11.67	0.00	0.00	10
漯 河	0.00	29.41	31.36	0.00	1.90	14
三门峡	0.00	60.72	0.00	0.00	1.40	13
南 阳	0.00	22.62	0.00	0.00	0.00	5
商 丘	0.00	0.00	0.00	0.00	0.00	0
信 阳	0.00	24.50	0.00	0.00	0.00	5
周 口	0.00	13.26	0.00	0.00	0.00	3
驻马店	0.00	19.08	0.00	0.00	0.00	4
济 源	0.00	66.66	15.18	0.00	27.59	20

附表3 河南省地区工业化原始数据的无量纲化处理（2002年）

单位：%

地区	人均GDP	三次产业产值结构	制造业增加值占比	人口城镇化率	三次产业就业结构	工业化综合指数
全　省	0.00	32.01	5.20	0.00	0.00	8
郑　州	9.52	82.17	25.04	12.40	50.38	33
开　封	0.00	21.56	0.00	0.00	0.00	5
洛　阳	0.00	65.34	15.55	0.00	10.78	19
平顶山	0.00	52.14	0.00	0.00	0.00	11
安　阳	0.00	36.3	30.65	0.00	0.95	15
鹤　壁	0.00	34.65	9.99	2.68	3.08	10
新　乡	0.00	31.57	17.66	0.00	5.72	11
焦　作	0.00	50.16	25.01	0.00	19.73	18
濮　阳	0.00	32.01	0.00	0.00	0.00	7
许　昌	0.00	36.3	11.91	0.00	0.00	11
漯　河	0.00	30.8	34.78	0.00	10.56	15
三门峡	0.00	62.04	0.00	0.00	5.06	14
南　阳	0.00	22.88	0.00	0.00	0.00	5
商　丘	0.00	0.0	0.00	0.00	0.00	0
信　阳	0.00	20.24	0.00	0.00	6.60	5
周　口	0.00	14.63	0.00	0.00	0.00	3
驻马店	0.00	19.03	0.00	0.00	0.00	4
济　源	3.11	68.64	15.43	0.00	35.20	22

附表4 河南省地区工业化原始数据的无量纲化处理（2003年）

单位：%

地区	人均GDP	三次产业产值结构	制造业增加值占比	人口城镇化率	三次产业就业结构	工业化综合指数
全　省	0.00	40.92	9.29	0.00	0.00	11
郑　州	15.45	84.26	27.36	14.14	41.51	35
开　封	0.00	26.74	0.00	0.00	0.00	6
洛　阳	0.00	65.48	14.50	0.00	8.70	18

续表

地区	人均 GDP	三次产业 产值结构	制造业增 加值占比	人口 城镇化率	三次产业 就业结构	工业化 综合指数
平顶山	0.00	56.73	0.00	0.00	0.00	12
安　阳	0.00	43.25	41.07	0.00	3.47	19
鹤　壁	0.00	34.65	12.22	3.48	10.00	12
新　乡	0.00	43.83	22.17	0.00	4.10	15
焦　作	0.00	60.70	32.68	2.68	18.07	22
濮　阳	0.00	45.05	3.93	0.00	0.00	11
许　昌	0.00	44.87	15.76	0.00	0.00	13
漯　河	0.00	41.42	46.37	0.00	11.88	20
三门峡	0.00	64.12	0.00	0.00	8.20	15
南　阳	0.00	25.30	0.00	0.00	0.00	6
商　丘	0.00	21.43	0.00	0.00	0.00	5
信　阳	0.00	24.43	0.00	0.00	4.51	6
周　口	0.00	20.75	0.00	0.00	0.00	5
驻马店	0.00	24.79	0.00	0.00	0.00	5
济　源	8.18	75.55	24.33	0.00	32.05	27

附表 5　河南省地区工业化原始数据的无量纲化处理（2004 年）

单位：%

地区	人均 GDP	三次产业 产值结构	制造业增 加值占比	人口 城镇化率	三次产业 就业结构	工业化 综合指数
全　省	0.00	37.29	13.08	0.00	4.21	11
郑　州	25.79	83.89	32.15	59.07	47.32	46
开　封	0.00	24.10	4.37	0.00	0.00	6
洛　阳	6.33	66.65	14.32	9.21	14.27	22
平顶山	0.00	56.45	3.10	5.78	0.00	14
安　阳	0.00	42.07	41.86	1.65	7.11	19
鹤　壁	0.00	32.89	20.80	18.48	23.59	16
新　乡	0.00	42.58	22.98	3.33	3.61	15

续表

地区	人均GDP	三次产业产值结构	制造业增加值占比	人口城镇化率	三次产业就业结构	工业化综合指数
焦 作	4.17	60.96	42.73	14.07	21.70	28
濮 阳	0.00	42.43	9.20	0.00	0.00	11
许 昌	0.00	42.21	19.64	0.08	11.47	15
漯 河	0.00	38.78	49.25	0.00	13.94	20
三门峡	1.38	64.43	0.00	12.64	10.32	17
南 阳	0.00	23.84	0.00	0.00	0.00	5
商 丘	0.00	16.35	0.00	0.00	0.00	4
信 阳	0.00	20.67	0.00	0.00	5.92	5
*周 口	0.00	15.81	0.00	0.00	0.00	3
驻马店	0.00	16.24	0.00	0.00	0.00	4
济 源	17.99	74.73	33.50	9.95	38.33	35

附表6 河南省地区工业化原始数据的无量纲化处理 (2005年)

单位：%

地区	人均GDP	三次产业产值结构	制造业增加值占比	人口城镇化率	三次产业就业结构	工业化综合指数
全 省	0.00	39.93	19.64	1.16	10.12	14
郑 州	34.39	84.62	46.53	63.46	50.82	53
开 封	0.00	22.30	9.24	4.42	0.00	7
洛 阳	13.93	66.22	20.30	13.22	28.82	28
平顶山	0.00	59.60	8.09	8.23	7.92	17
安 阳	0.00	46.65	50.16	4.13	15.62	23
鹤 壁	2.04	41.10	29.37	20.82	29.92	21
新 乡	0.00	45.01	58.08	5.87	11.44	24
焦 作	13.29	65.98	69.63	16.52	25.52	39
濮 阳	0.00	45.32	20.46	0.00	2.86	15
许 昌	3.36	44.74	25.74	3.30	20.46	19
漯 河	1.45	39.83	70.62	2.81	16.28	26

续表

地区	人均GDP	三次产业产值结构	制造业增加值占比	人口城镇化率	三次产业就业结构	工业化综合指数
三门峡	7.84	66.41	4.29	15.28	12.54	21
南 阳	0.00	26.20	0.00	0.03	6.38	6
商 丘	0.00	18.10	0.00	0.00	0.00	4
信 阳	0.00	22.47	0.00	0.00	11.66	6
周 口	0.00	17.08	0.00	0.00	0.88	4
驻马店	0.00	17.59	0.00	0.00	0.00	4
济 源	26.03	76.19	51.48	16.52	51.26	44

附表7　河南省地区工业化原始数据的无量纲化处理（2006年）

单位：%

地区	人均GDP	三次产业产值结构	制造业增加值占比	人口城镇化率	三次产业就业结构	工业化综合指数
全 省	2.79	44.88	25.52	4.08	14.66	18
郑 州	37.58	86.37	58.88	66.55	66.58	59
开 封	0.00	24.64	14.59	6.93	0.00	9
洛 阳	23.39	66.83	24.82	15.91	28.63	33
平顶山	4.53	63.12	14.86	11.60	15.72	21
安 阳	0.32	49.01	55.79	7.00	23.44	26
鹤 壁	8.03	45.86	39.64	23.40	36.55	27
新 乡	0.00	48.71	52.90	9.09	18.24	25
焦 作	22.33	69.70	88.27	19.54	35.68	48
濮 阳	1.63	50.28	24.86	0.53	24.19	19
许 昌	12.27	50.15	31.68	6.45	24.67	25
漯 河	7.99	43.97	82.22	5.38	19.27	33
三门峡	15.89	69.50	10.11	17.82	14.54	27
南 阳	0.00	27.96	5.69	2.57	10.13	9
商 丘	0.00	19.97	0.00	0.00	0.00	4
信 阳	0.00	24.27	1.39	0.00	16.43	7

续表

地区	人均GDP	三次产业产值结构	制造业增加值占比	人口城镇化率	三次产业就业结构	工业化综合指数
周 口	0.00	18.48	5.65	0.00	12.90	6
驻马店	0.00	19.50	1.92	0.00	5.75	5
济 源	36.56	78.58	70.72	19.92	52.03	53

附表8　河南省地区工业化原始数据的无量纲化处理（2007年）

单位：%

地区	人均GDP	三次产业产值结构	制造业增加值占比	人口城镇化率	三次产业就业结构	工业化综合指数
全　省	10.87	50.16	31.76	7.16	20.71	24
郑　州	46.67	88.47	74.96	68.82	70.48	67
开　封	0.00	28.13	21.79	9.77	0.00	12
洛　阳	34.41	69.19	26.17	18.38	35.32	38
平顶山	13.51	66.59	19.68	14.44	20.02	27
安　阳	9.54	53.30	78.19	9.49	30.39	36
鹤　壁	19.59	55.25	63.60	26.37	46.47	40
新　乡	5.62	52.16	65.15	12.09	26.69	31
焦　作	34.56	72.41	100.00	22.44	40.16	56
濮　阳	8.03	53.82	34.64	3.50	23.02	25
许　昌	21.71	56.08	43.96	9.55	34.85	34
漯　河	15.22	54.13	100.00	9.32	24.79	42
三门峡	30.57	72.19	21.46	20.43	16.14	35
南　阳	4.85	30.86	11.54	5.31	13.64	13
商　丘	0.00	22.83	2.67	0.20	9.47	6
信　阳	0.00	26.55	7.28	1.91	24.82	10
周　口	0.00	21.60	13.33	0.00	13.30	9
驻马店	0.00	23.08	8.61	0.00	9.71	8
济　源	45.48	81.42	89.86	24.77	56.90	62

附表9　河南省地区工业化原始数据的无量纲化处理（2008年）

单位：%

地区	人均GDP	三次产业产值结构	制造业增加值占比	人口城镇化率	三次产业就业结构	工业化综合指数
全　省	24.47	51.48	43.00	9.95	24.64	33
郑　州	59.57	88.60	84.93	71.13	80.85	75
开　封	10.15	30.48	33.28	12.75	7.48	20
洛　阳	44.12	70.19	31.44	20.74	49.28	45
平顶山	31.52	67.66	19.81	16.83	17.82	34
安　阳	25.44	53.45	89.02	12.08	32.34	45
鹤　壁	35.30	57.99	73.59	29.40	48.62	49
新　乡	17.50	53.55	75.51	15.11	32.34	39
焦　作	44.52	72.24	98.22	25.23	42.68	60
濮　阳	22.15	53.39	41.66	6.24	0.00	30
许　昌	36.23	57.39	54.12	12.39	41.36	42
漯　河	32.22	51.45	100.00	12.34	31.02	49
三门峡	43.28	71.37	20.99	22.94	17.16	40
南　阳	15.01	31.84	16.71	8.12	16.50	18
商　丘	2.47	24.93	4.87	2.52	9.24	8
信　阳	5.17	26.79	13.74	4.26	23.76	13
周　口	0.00	21.67	18.70	0.00	13.42	10
驻马店	0.00	24.37	15.30	0.00	17.60	10
济　源	62.29	82.06	100.00	28.99	62.04	71

附表10　河南省地区工业化原始数据的无量纲化处理（2009年）

单位：%

地区	人均GDP	三次产业产值结构	制造业增加值占比	人口城镇化率	三次产业就业结构	工业化综合指数
全　省	27.82	52.09	47.52	12.71	29.74	36
郑　州	65.30	88.72	85.47	73.50	74.50	77
开　封	15.94	31.19	33.33	15.81	15.99	23
洛　阳	42.74	70.35	38.28	23.38	46.27	46

续表

地区	人均GDP	三次产业产值结构	制造业增加值占比	人口城镇化率	三次产业就业结构	工业化综合指数
平顶山	34.08	68.17	22.11	19.39	19.14	36
安 阳	30.72	57.25	84.81	14.73	34.56	47
鹤 壁	37.46	58.78	76.89	32.37	51.08	51
新 乡	20.13	55.15	79.53	18.08	14.28	40
焦 作	46.29	72.65	100.00	27.97	46.55	62
濮 阳	22.67	52.23	63.36	8.96	0.00	35
许 昌	38.72	59.08	64.35	15.28	47.32	47
漯 河	35.11	55.11	100.00	15.26	33.55	51
三门峡	46.64	71.95	17.33	25.41	0.00	39
南 阳	17.19	31.46	18.81	10.94	20.44	20
商 丘	4.74	25.08	7.10	5.58	14.30	11
信 阳	7.69	27.19	15.02	6.75	23.36	15
周 口	0.00	22.14	23.60	0.00	13.60	11
驻马店	1.57	26.21	15.68	0.00	23.58	12
济 源	62.28	82.32	100.00	31.37	62.70	71

附表11 河南省地区工业化原始数据的无量纲化处理（2010年）

单位：%

地区	人均GDP	三次产业产值结构	制造业增加值占比	人口城镇化率	三次产业就业结构	工业化综合指数
全 省	36.00	52.47	61.38	14.55	33.25	42
郑 州	68.35	88.83	88.44	73.96	79.98	79
开 封	25.17	28.98	43.21	9.90	17.30	28
洛 阳	52.67	72.32	65.93	23.64	49.32	56
平顶山	39.37	70.12	25.65	18.79	26.90	40
安 阳	37.31	59.10	95.62	14.19	35.92	52
鹤 壁	42.02	61.45	89.68	29.72	52.99	56
新 乡	29.43	55.42	92.73	18.30	44.93	49

305

续表

地区	人均GDP	三次产业产值结构	制造业增加值占比	人口城镇化率	三次产业就业结构	工业化综合指数
焦　作	52.68	72.17	100.00	28.13	47.27	64
濮　阳	31.17	53.20	75.50	2.41	22.72	42
许　昌	44.97	61.41	83.13	15.02	42.93	53
漯　河	39.73	56.97	100.00	15.11	37.15	54
三门峡	57.70	72.58	13.95	23.51	26.91	45
南　阳	23.39	32.41	29.98	4.95	24.40	25
商　丘	11.43	26.20	16.13	0.00	29.26	16
信　阳	16.88	25.98	20.12	7.19	28.48	19
周　口	5.13	22.26	30.33	0.00	24.81	15
驻马店	8.58	24.66	20.20	0.00	19.82	15
济　源	70.78	83.64	100.00	32.08	62.16	75

附表12　河南省地区工业化原始数据的无量纲化处理（2011年）

单位：%

地区	人均GDP	三次产业产值结构	制造业增加值占比	人口城镇化率	三次产业就业结构	工业化综合指数
全　省	44.21	56.10	67.12	17.49	37.18	48
郑　州	78.09	90.28	100.00	76.56	81.84	86
开　封	35.21	30.64	49.63	12.87	25.30	34
洛　阳	63.16	74.11	73.44	26.57	52.14	63
平顶山	46.34	68.85	24.40	21.62	31.24	42
安　阳	44.16	60.10	90.04	17.33	41.80	54
鹤　壁	48.69	62.11	82.61	32.67	54.34	58
新　乡	40.16	57.48	95.88	21.29	46.86	54
焦　作	62.56	72.89	100.00	31.02	53.24	69
濮　阳	38.42	51.75	65.76	5.61	51.48	44
许　昌	56.60	63.33	90.06	17.99	48.40	60
漯　河	45.20	57.33	100.00	17.99	37.40	56

续表

地区	人均GDP	三次产业产值结构	制造业增加值占比	人口城镇化率	三次产业就业结构	工业化综合指数
三门峡	68.62	72.99	12.54	26.40	28.38	49
南　阳	33.09	36.68	35.02	8.09	24.64	31
商　丘	21.51	28.35	18.19	2.48	32.56	21
信　阳	30.16	26.13	23.33	10.40	35.42	26
周　口	15.24	24.53	37.93	2.48	25.74	22
驻马店	20.33	24.96	22.85	2.48	23.98	20
济　源	76.55	82.77	100.00	37.62	55.22	77

附表13　河南省地区工业化原始数据的无量纲化处理（2012年）

单位：%

地区	人均GDP	三次产业产值结构	制造业增加值占比	人口城镇化率	三次产业就业结构	工业化综合指数
全　省	47.98	57.09	67.19	20.46	40.04	50
郑　州	82.95	90.53	100.00	79.86	83.16	88
开　封	39.22	31.52	56.13	16.01	31.02	38
洛　阳	67.56	74.23	77.54	29.54	53.68	66
平顶山	45.97	66.82	17.64	24.75	31.68	41
安　阳	46.34	59.55	88.93	20.46	44.88	55
鹤　壁	52.13	63.85	94.69	38.28	58.74	63
新　乡	43.27	58.18	96.90	24.26	47.96	56
焦　作	66.38	72.96	100.00	35.31	58.74	71
濮　阳	41.84	53.07	72.92	8.58	31.68	46
许　昌	60.44	64.81	95.64	21.12	59.40	64
漯　河	47.23	58.42	100.00	21.12	38.28	57
三门峡	72.24	72.49	14.16	29.04	31.68	51
南　阳	34.93	39.28	36.42	11.22	25.96	33
商　丘	24.58	29.55	23.79	5.78	35.64	24
信　阳	33.81	25.27	26.32	13.53	36.30	28
周　口	20.66	25.83	46.41	5.61	29.48	26
驻马店	26.29	25.70	23.93	5.61	27.72	23
济　源	83.23	84.03	100.00	44.22	64.02	81

附表 14　河南省地区工业化原始数据的无量纲化处理（2013 年）

单位：%

地区	人均 GDP	三次产业产值结构	制造业增加值占比	人口城镇化率	三次产业就业结构	工业化综合指数
全　省	52.29	57.42	70.62	22.77	43.78	53
郑　州	87.32	91.18	100.00	81.62	85.97	90
开　封	44.51	32.38	66.67	18.32	38.72	43
洛　阳	69.54	72.85	78.91	32.01	54.56	67
平顶山	47.80	64.55	19.95	27.06	33.44	42
安　阳	50.23	59.96	96.14	22.77	45.54	59
鹤　壁	59.06	66.62	100.00	42.24	66.33	68
新　乡	47.26	59.33	100.00	26.57	60.72	60
焦　作	70.39	73.28	100.00	39.60	60.28	73
濮　阳	47.78	55.62	88.04	11.06	30.36	53
许　昌	66.70	66.93	100.00	23.43	58.52	68
漯　河	50.94	57.81	100.00	23.43	40.04	59
三门峡	75.00	71.70	13.63	31.19	31.24	52
南　阳	37.47	39.60	38.87	13.70	27.28	35
商　丘	30.96	30.46	29.69	8.25	38.06	28
信　阳	37.57	25.81	26.44	16.01	41.14	30
周　口	28.79	27.60	62.49	7.92	32.78	34
驻马店	33.84	26.91	32.80	8.09	32.12	29
济　源	84.57	83.57	100.00	48.84	67.98	82

附表 15　河南省地区工业化原始数据的无量纲化处理（2014 年）

单位：%

地区	人均 GDP	三次产业产值结构	制造业增加值占比	人口城镇化率	三次产业就业结构	工业化综合指数
全　省	56.14	59.73	73.92	25.08	42.46	56
郑　州	90.98	91.83	100.00	84.26	83.16	92
开　封	48.78	38.03	57.27	20.79	39.16	44
洛　阳	70.73	75.69	97.65	36.30	52.36	72

续表

地区	人均GDP	三次产业产值结构	制造业增加值占比	人口城镇化率	三次产业就业结构	工业化综合指数
平顶山	49.63	65.31	20.19	29.37	29.48	43
安　阳	52.92	61.21	91.48	25.25	36.30	59
鹤　壁	63.96	68.30	100.00	46.53	67.82	71
新　乡	50.65	60.58	100.00	29.04	62.26	62
焦　作	73.31	74.50	100.00	43.56	57.64	75
濮　阳	52.45	58.02	100.00	14.03	36.52	58
许　昌	69.92	69.80	100.00	25.91	44.22	69
漯　河	54.66	60.74	100.00	25.91	33.44	61
三门峡	75.75	69.37	16.01	34.32	34.32	53
南　阳	40.06	41.17	44.63	15.84	29.48	38
商　丘	35.11	30.72	21.07	10.73	38.50	28
信　阳	41.32	27.91	28.13	18.32	37.62	32
周　口	34.01	30.28	84.52	10.23	34.54	41
驻马店	36.77	29.16	39.17	10.56	39.16	33
济　源	85.64	84.07	100.00	54.12	67.49	83

附表16　河南省地区工业化原始数据的无量纲化处理（2015年）

单位：%

地区	人均GDP	三次产业产值结构	制造业增加值占比	人口城镇化率	三次产业就业结构	工业化综合指数
全　省	57.80	61.38	77.22	27.80	46.20	58
郑　州	92.96	92.19	100.00	87.32	87.29	93
开　封	51.80	40.66	67.74	23.48	41.36	49
洛　阳	71.61	76.51	100.00	41.75	52.80	74
平顶山	49.85	66.30	26.14	31.70	29.15	44
安　阳	53.81	62.92	92.40	27.79	55.35	61
鹤　壁	65.52	70.48	100.00	51.68	69.00	73
新　乡	50.68	61.78	100.00	31.40	60.85	62

续表

地区	人均GDP	三次产业产值结构	制造业增加值占比	人口城镇化率	三次产业就业结构	工业化综合指数
焦 作	74.03	75.51	100.00	49.01	63.82	76
濮 阳	54.03	59.88	100.00	17.08	43.34	60
许 昌	70.32	73.23	100.00	28.99	39.01	70
漯 河	55.71	63.62	100.00	28.94	35.40	62
三门峡	74.95	67.75	16.47	38.31	33.22	53
南 阳	42.02	41.25	45.43	18.64	28.56	39
商 丘	36.57	32.12	38.22	13.58	42.06	34
信 阳	43.04	28.44	32.09	21.08	37.38	34
周 口	34.80	31.10	100.00	12.95	34.32	46
驻马店	38.17	30.51	57.51	13.33	44.11	38
济 源	85.10	84.47	100.00	59.47	63.54	83

附表17 河南省地区工业化原始数据的无量纲化处理（2016年）

单位：%

地区	人均GDP	三次产业产值结构	制造业增加值占比	人口城镇化率	三次产业就业结构	工业化综合指数
全 省	57.81	64.05	80.52	30.53	47.52	60
郑 州	93.55	100.00	100.00	90.24	89.19	96
开 封	52.44	44.90	100.00	26.21	42.74	57
洛 阳	72.05	100.00	100.00	47.36	58.07	80
平顶山	49.84	67.04	24.66	35.64	28.46	45
安 阳	53.77	64.46	93.53	30.54	56.31	62
鹤 壁	65.09	72.50	100.00	56.78	71.19	74
新 乡	51.33	65.06	100.00	34.44	58.64	64
焦 作	74.20	77.90	100.00	54.29	65.42	78
濮 阳	54.39	62.15	100.00	19.87	45.52	61
许 昌	70.59	76.45	100.00	31.98	42.02	71
漯 河	55.86	64.27	100.00	31.73	38.06	63

地区	人均GDP	三次产业产值结构	制造业增加值占比	人口城镇化率	三次产业就业结构	工业化综合指数
三门峡	73.98	68.26	17.77	43.26	32.26	53
南　阳	42.11	44.39	46.78	21.41	30.90	40
商　丘	37.11	34.92	54.18	16.51	46.80	39
信　阳	43.09	30.92	35.44	23.80	36.17	36
周　口	34.87	32.76	100.00	15.69	34.31	46
驻马店	38.43	31.98	63.36	16.17	45.46	40
济　源	85.49	84.75	100.00	64.68	61.85	84

参考文献

［1］〔德〕阿尔弗雷德·韦伯，1997，《工业区位论：区位的纯理论》，李刚剑等译，商务印书馆。

［2］〔英〕阿弗里德·马歇尔，2005，《经济学原理》，廉运杰译，华夏出版社。

［3］〔美〕阿瑟·刘易斯，1989，《二元经济论》，施炜等译，北京经济学院出版社。

［4］安虎森、陈明，2005，《工业化、城市化进程与我国城市化推进的路径选择》，《南开经济研究》第1期。

［5］〔德〕奥古斯特·勒施，2010，《经济空间秩序》，王守礼译，商务印书馆。

［6］白南生，2003，《中国的城市化》，《管理世界》第11期。

［7］〔美〕保罗·克鲁格曼，2001，《克鲁格曼国际贸易新理论》，黄胜强译，中国社会科学出版社。

［8］〔美〕彼得·尼茨坎普，2001，《区域和城市经济学手册（第 1 卷）》，安虎森等译，经济科学出版社。

［9］陈飞翔、黎开颜、刘佳，2007，《锁定效应与中国地区发展不平衡》，《管理世界》第 12 期。

［10］陈佳贵、黄群慧、钟宏武，2006，《中国地区工业化进程的综合评价和特征分析》，《经济研究》第 6 期。

［11］陈抗、Arye L. Hillman、顾清扬，2002，《财政集权与地方政府行为变化——从援助之手到攫取之手》，《经济学》（季刊）第 4 期。

［12］陈柳钦，2009，《克鲁格曼等新经济地理学派对产业集群的有关论述》，《西部商学评论》第 1 期。

［13］陈平，2004，《文明分岔、经济混沌和演化经济动力学》，北京大学出版社。

［14］陈文标，2006，《论民营企业的企业家精神培育》，《企业研究》第 4 期。

［15］陈文福，2004，《西方现代区位理论述评》，《云南社会科学》第 2 期。

［16］陈志平，2009，《地方政府在促进产业集群发展中的作用》，《求索》第 9 期。

［17］《辞海》编辑委员会，1978，《辞海》（经济分册），上海辞书出版社。

［18］〔美〕道格拉斯·诺斯、罗伯斯·托马斯，2017，《西方世界的兴起》，厉以平等译，华夏出版社。

[19] 范剑勇，2004，《市场一体化、地区专业化与产业集聚趋势——兼谈对地区差距的影响》，《中国社会科学》第 6 期。

[20] 〔法〕费尔南·布罗代尔，1997，《资本主义的动力》，杨起译，生活·读书·新知三联书店。

[21] 费孝通，1986，《论小城镇及其他》，天津人民出版社。

[22] 〔美〕富兰克·H. 奈特，2005，《风险、不确定性和利润》，王宇等译，中国人民大学出版社。

[23] 〔瑞典〕冈纳·缪尔达尔，2001，《亚洲的戏剧——南亚国家贫困问题研究》，方福前译，首都经济贸易大学出版社。

[24] 高波、赵奉军，2009，《企业家精神的地区差异与经济绩效——基于面板数据的估算》，《山西财经大学学报》第 9 期。

[25] 高新才、姜安印，2005，《转型经济中区域突破现象的制度解释——基于中小企业成长的新视角》，《中国软科学》第 8 期。

[26] 高新才、张婷婷，2009，《产业区位选择因素研究综述》，《中国流通经济》第 2 期。

[27] 耿明斋，2007，《农业区工业化的一般理论分析》，《河南大学学报》（社会科学版）第 3 期。

[28] 耿明斋，1996，《平原农业区工业化道路研究》，《南开经济研究》第 4 期。

［29］耿明斋，2006，《欠发达平原农区经济发展与制度转型——整体考察与个案分析》，河南人民出版社。

［30］耿明斋，2005，《欠发达平原农业区工业化道路——长垣县工业化发展模式考察》，《南阳师范学院学报》（社会科学版）第 1 期。

［31］耿明斋，2004，《欠发达平原农业区工业化若干问题研究》，《中州学刊》第 1 期。

［32］耿明斋、李燕燕，2009，《中国农区工业化路径研究——以欠发达平原农区为例》，社会科学文献出版社。

［33］辜胜阻，1991，《非农化与城镇化研究》，浙江人民出版社。

［34］郭克莎，2000，《中国工业化的进程、问题与出路》，《中国社会科学》第 3 期。

［35］〔美〕H. 钱纳里等，1989，《工业化和经济增长的比较研究》，吴奇等译，上海三联书店。

［36］韩兆洲，2002，《工业化进程统计测度及实证分析》，《统计研究》第 10 期。

［37］郝寿义，2007，《区域经济学原理》，上海人民出版社、格致出版社。

［38］何伟，2004，《新经济地理学研究文献综述》，《经济学动态》第 7 期。

［39］何予平，2006，《企业家精神与中国经济增长——基于

C-D 生产函数的实证研究》,《当代财经》第 7 期。

[40] 胡铁成,2003,《发展经济学二元结构理论与我国城市化的困境》,《江海学刊》第 2 期。

[41] 黄群慧,2017,《从高速度工业化向高质量工业化转变》,《人民日报》11 月 26 日。

[42] 〔美〕霍利斯·钱纳里等,1988,《发展的型式(1950—1970)》,李新华等译,经济科学出版社。

[43] Jeffrey Sachs、胡永泰、杨小凯,2003,《经济改革和宪政转轨》,《经济学》(季刊)第 3 期。

[44] 〔美〕吉利斯等,1998,《发展经济学》,黄卫平等译,中国人民大学出版社。

[45] 金祥荣、朱希伟,2002,《专业化产业区的起源与演化——一个历史与理论视角的考察》,《经济研究》第 8 期。

[46] 经济合作与发展组织,2003,《增长的推动力:信息技术、创新和创业精神》,中国科学技术信息研究所译,科学技术文献出版社。

[47] 〔美〕拉坦,2014,《诱致性制度变迁理论》,载〔美〕罗纳德·H. 科斯等《财产权利和制度变迁——产权学派与新制度经济学派译文集》,刘守英等译,格致出版社、上海人民出版社、上海三联书店。

[48] 李飞、宋玉祥、潘志,2009,《老工业基地新型工业化水平评估及发展研究——以辽宁为例》,《经济问题》

第 12 期。

[49] 李宏彬、李杏、姚先国、张海峰、张俊森，2009，《企业家的创业与创新精神对中国经济增长的影响》，《经济研究》第 10 期。

[50] 李继先，2010，《企业家生成的制度分析》，《管理世界》第 8 期。

[51] 李杰，2008，《企业区位选择的影响因素研究综述》，《江汉论坛》第 8 期。

[52] 李兰、潘建成、吕致文、彭泗清、郝大海、韩岫岚、郑明身、中国企业家调查系统，2008，《市场化改革与中国企业家成长——2008·中国企业家队伍成长与发展 15 年调查综合报告（下）》，《管理世界》第 12 期。

[53] 李美洲、韩兆洲，2007，《新型工业化进程统计测度及实证分析》，《经济问题探索》第 6 期。

[54] 李太平、钟甫宁、顾焕章，2007，《衡量产业区域集聚程度的简便方法及其比较》，《统计研究》第 11 期。

[55] 李涛、周开国、乔根平，2005，《企业增长的决定因素——中国经验》，《管理世界》第 12 期。

[56] 李小建、葛震远、乔家君，2000，《偶然因素对区域经济发展的影响——以河南虞城县稍岗乡为例》，《人文地理》第 6 期。

[57] 李晓敏，2011，《制度质量与企业家活动配置——对鲍莫尔理论的经验检验》，《中南财经政法大学学报》第

1 期。

[58] 李杏，2011，《企业家精神对中国经济增长的作用研究——基于 SYS-GMM 的实证研究》，《科研管理》第 1 期。

[59] 联合国工业发展组织，1980，《世界各国工业化概况和趋向》，中国对外翻译出版公司。

[60] 梁琦，2003，《中国工业的区位基尼系数——兼论外商直接投资对制造业集聚的影响》，《统计研究》第 9 期。

[61] 林毅夫，2003，《后发优势与后发劣势——与杨小凯教授商榷》，《经济学》（季刊）第 3 期。

[62] 林毅夫，2007，《李约瑟之谜、韦伯疑问和中国的奇迹——自宋以来的长期经济发展》，《北京大学学报》（哲学社会科学版）第 4 期。

[63] 林毅夫，2004，《自生能力、经济发展与转型：理论与实证》，北京大学出版社。

[64] 林毅夫、蔡昉、李周，1994，《中国的奇迹：发展战略与经济改革》，上海人民出版社、上海三联书店。

[65] 刘安国、杨开忠，2001，《新经济地理学理论与模型评介》，《经济学动态》第 12 期。

[66] 刘东勋，2004，《河南工业化水平评价及应采取的工业化战略》，《企业活力》第 7 期。

[67] 刘东勋，2004，《内陆欠发达传统农业区的经济发展模式——一个基于比较优势的开放增长分析框架》，《南

开经济研究》第 3 期。

［68］刘恒江、陈继祥，2005，《基于动力机制的我国产业集群发展研究》，《经济地理》第 5 期。

［69］刘军、徐康宁，2010，《产业聚集、工业化水平与区域差异——基于中国省级面板数据的实证研究》，《财经科学》第 10 期。

［70］刘军、徐康宁，2008，《产业聚集在工业化进程及空间演化中的作用》，《中国工业经济》第 9 期。

［71］刘明慧，2005，《现代企业制度概论》，中国财政经济出版社。

［72］刘树成、张晓晶，2007，《中国经济持续高增长的特点和地区间经济差异的缩小》，《经济研究》第 10 期。

［73］刘伟，1992，《经济发展与结构转换》，北京大学出版社。

［74］刘小玄，2003，《中国转轨过程中的企业行为和市场均衡》，《中国社会科学》第 2 期。

［75］刘小玄、韩朝华，1999，《中国的古典企业模式：企业家的企业——江苏阳光集团案例研究》，《管理世界》第 6 期。

［76］鲁传一、李子奈，2000，《企业家精神与经济增长理论》，《清华大学学报》（哲学社会科学版）第 3 期。

［77］〔德意志联邦共和国〕鲁道夫·吕贝尔特，1983，《工业化史》，戴鸣钟等译，上海译文出版社。

［78］吕福新，2001，《企业家角色人格——对企业家的哲理

思考》，经济科学出版社。

[79] 罗军，2010，《传统农区产业集群形成与演化》，社会科学文献出版社。

[80] 罗时法，1994，《分工理论：从亚当·斯密到马克思——兼论少数民族贫困的一个重要原因》，《黔南民族师专学报》第 1 期。

[81] 〔美〕罗斯托，2001，《经济增长的阶段：非共产党宣言》，郭熙保等译，中国社会科学出版社。

[82] 罗文，2001，《湖南工业结构及其工业化水平研究》，《经济地理》第 2 期。

[83] 〔德〕马克斯·韦伯，1997，《经济与社会》，林荣远译，商务印书馆。

[84] 〔德〕马克斯·韦伯，2002，《新教伦理与资本主义精神》，彭强等译，陕西师范大学出版社。

[85] 〔美〕迈克尔·波特，2003，《竞争论》，高登第等译，中信出版社。

[86] 〔荷〕麦迪森，1997，《世界经济二百年回顾》，李德伟等译，改革出版社。

[87] 梅瑞江，2006，《长垣工业化发展模式解析》，《创新科技》第 6 期。

[88] 欧雪银，2009，《企业家精神理论研究新进展》，《经济学动态》第 8 期。

[89] 彭泗清、李兰、郑明身、韩岫岚、杨志民、中国企业

家调查系统，2003，《中国企业家队伍成长现状与环境评价——2003年中国企业经营者成长与发展专题调查报告》，《管理世界》第7期。

[90] 任保平、洪银兴，2004，《发展经济学的工业化理论述评》，《学术月刊》第4期。

[91] 石秀印，1998，《中国企业家成功的社会网络基础》，《管理世界》第6期。

[92] 宋丙涛，2006，《市场革命与产业革命演变路径探析》，《现代财经》（天津财经大学学报）第3期。

[93] 宋丙涛，2007a，《财政效率、政府作用与欠发达地区工业经济发展》，《河南大学学报》（社会科学版）第5期。

[94] 宋丙涛，2007b，《财政制度变迁与现代经济发展——英国之谜的财政效率解释》，河南大学博士学位论文。

[95] 宋丙涛，2007c，《财政制度变迁与现代经济革命》，《中国经济问题》第5期。

[96] 宋伟，2010，《企业空间演变——基于传统农区工业化的微观分析》，社会科学文献出版社。

[97] 孙燕铭，2010，《政府干预在东北亚经济发展中的作用——基于韩国政府与企业关系的思考》，《国际经济合作》第6期。

[98] 孙早、刘庆岩，2006，《市场环境、企业家能力与企业绩效》，《经济学家》第4期。

[99] 〔美〕汤普森，1997，《中世纪经济社会史》，耿淡如译，商务印书馆。

[100] 田凤岐，2006，《区位选择理论综述》，《辽宁行政学院学报》第 12 期。

[101] 涂妍、陈文福，2003，《古典区位论到新古典区位论：一个综述》，《河南师范大学学报》（哲学社会科学版）第 5 期。

[102] 汪晓昀、吴纪宁，2006，《新型工业化综合评价指标体系设计研究》，《财经理论与实践》第 6 期。

[103] 王辉堂、王琦，2008，《产业转移理论述评及其发展趋向》，《经济问题探索》第 1 期。

[104] 王缉慈等，2001，《创新的空间：企业集群与区域发展》，北京大学出版社。

[105] 王珺，2005，《衍生型集群：珠江三角洲西岸地区产业集群生成机制研究》，《管理世界》第 8 期。

[106] 王雷，2006，《东西部区域工业化差异的原因及对策》，《重庆邮电学院学报》（社会科学版）第 2 期。

[107] 王理，2005，《欠发达平原农业区工业化过程中企业家生成机制探讨——以长垣县为例》，《南阳师范学院学报》（社会科学版）第 1 期。

[108] 王理，2009，《制度转型与传统农区工业化》，社会科学文献出版社。

[109] 王敏正，2009，《中国内生性工业化道路研究——兼

论大国工业化模式》，人民出版社。

[110] 王淑莉，2006，《新经济地理与区域经济学研究述评——以区域为例》，《广西社会科学》第 6 期。

[111] 王卫东，2007，《区域工业化发展阶段的实证分析——以宁波市为例》，《特区经济》第 3 期。

[112] 王延中，2007，《环渤海地区工业化水平研究》，《天津社会科学》第 5 期。

[113] 威廉·哈勒根、张军，1999，《转轨国家的初始条件、改革速度与经济增长》，《经济研究》第 10 期，第 69 ~ 74 页。

[114] 〔英〕威廉·配第，2010，《政治算术》，马妍译，中国社会科学出版社。

[115] 卫龙宝、阮建青，2009，《产业集群与企业家才能——基于濮院羊毛衫产业的案例研究》，《浙江社会科学》第 7 期。

[116] 魏后凯、陈耀，2003，《中国西部工业化与软环境建设》，中国财政经济出版社。

[117] 文玫，2004，《中国工业在区域上的重新定位和聚集》，《经济研究》第 2 期。

[118] 〔德〕沃尔特·克里斯塔勒，2010，《德国南部中心地原理》，常正文等译，商务印书馆。

[119] 吴义爽，2010，《制度安排、企业家才能配置与中国持续经济增长》，《理论探讨》第 1 期。

[120] 伍云长，1990，《工业化发展模式比较》，《深圳大学学报》（人文社会科学版）第 1 期。

[121] 〔美〕西奥多·W. 舒尔茨，2006，《改造传统农业》，梁小民译，商务印书馆。

[122] 〔美〕西蒙·库兹涅茨，1999，《各国的经济增长》，常勋等译，商务印书馆。

[123] 项国鹏、李武杰、肖建忠，2009，《转型经济中的企业家制度能力：中国企业家的实证研究及其启示》，《管理世界》第 11 期。

[124] 徐兰伏，2006，《工业区位三角形图的判读方法与训练》，《地理教育》第 1 期。

[125] 许涤新，1980，《政治经济学大辞典（上）》，人民出版社。

[126] 〔英〕亚当·斯密，1979，《国民财富的性质和原因的研究》，郭大力、王亚南译，商务印书馆。

[127] 〔美〕亚历山大·格申克龙，2009，《经济落后的历史透视》，张凤林译，商务印书馆。

[128] 颜双波，2010，《我国工业化进程的区域比较与分析》，《中共福建省委党校学报》第 8 期。

[129] 杨海军、肖灵机、邹泽清，2008，《工业化阶段的判断标准：霍夫曼系数法的缺陷及其修正——以江西、江苏为例的分析》，《财经论丛》第 2 期。

[130] 杨宇、郑垂勇，2007，《企业家精神和区域经济增长

的典型相关分析》，《工业技术经济》第 3 期。

[131] 姚洋，2003，《高水平陷阱——李约瑟之谜再考察》，《经济研究》第 1 期。

[132] 叶勤，2000，《企业家精神的兴起对美国经济增长的促进作用及其启示》，《外国经济与管理》第 10 期。

[133] 雍红月、李松林，2002，《谈工业化概念及工业化阶段的划分标准》，《内蒙古统计》第 2 期。

[134] 于谦，2010，《内生增长理论对我国农业现代化的启示》，《科技管理研究》第 7 期。

[135] 袁天凤、刘晓鹰、杨军，2010，《中国西部工业化进程与继续工业化途径——基于四川的实证分析》，《经济体制改革》第 4 期。

[136] 袁正，2005，《分工的一般理论与古典增长框架》，《经济学家》第 6 期。

[137] 〔德〕约翰·冯·杜能，1986，《孤立国同农业和国民经济的关系》，吴衡康译，商务印书馆。

[138] 〔美〕约翰·科迪等，1990，《发展中国家的工业发展政策》，张虹等译，经济科学出版社。

[139] 〔英〕约翰·伊特韦尔、默里·米尔盖特、彼得·纽曼，1996，《新帕尔格雷夫经济学大词典》，陈岱孙等译，经济科学出版社。

[140] 〔美〕约瑟夫·熊彼特，1990，《经济发展理论——对于利润、资本、信贷、利息和经济周期的考察》，何

畏等译，商务印书馆。

[141] 张建军、张志学，2005，《中国民营企业家的政治战略》，《管理世界》第 7 期。

[142] 张建君，2006，《发展模式和经济平等——苏南和温州的比较》，《管理世界》第 8 期。

[143] 张静，2010，《内陆欠发达地区产业集群驱动的工业化道路——以河南"长垣模式"为例》，《特区经济》第 6 期。

[144] 张林、刘继生，2006，《信息时代区位论发展的新趋势》，《经济地理》第 2 期。

[145] 张培刚，2002，《农业与工业化（上卷）》，华中科技大学出版社。

[146] 张培刚，2007，《发展经济学教程（修订版）》，经济科学出版社。

[147] 张同升、梁进社、宋金平，2005，《中国制造业省区间分布的集中与分散研究》，《经济地理》第 3 期。

[148] 张伟、周鲁柱，2006，《区域新型工业化的理论基础、水平测度与促进措施》，《求索》第 6 期。

[149] 张文忠、张军涛，1999，《经济学和地理学对区位论发展轨迹的影响》，《地理科学进展》第 1 期。

[150] 张燕，2003，《西方区域经济理论综述》，《当代财经》第 12 期。

[151] 张燕鞾，2007，《农村工业化模式演变与城镇化路径

选择》，《经济问题探索》第 7 期。

[152] 张迎春、李萍，2006，《企业家创新能力对区域经济增长的贡献分析——以辽宁省为例》，《财经问题研究》第 9 期。

[153] 赵奉军、高波，2009，《创业精神与经济发展的 U 型关系及其检验》，《经济管理》第 4 期。

[154] 赵伟，2009，《工业化与城市化：沿海三大区域模式及其演化机理分析》，《社会科学战线》第 11 期。

[155] 赵伟、黄先海，1997，《外部约束：中国两种工业化区域模式扩散的主要障碍》，《中国工业经济》第 11 期。

[156] 钟宁桦，2011，《农村工业化还能走多远?》，《经济研究》第 1 期。

[157] 周金泉、刘兆峰、邓增永，2004，《企业家理论问题探究》，《山西财经大学学报）第 3 期。

[158] 周叔莲、郭克莎，2000，《中国工业增长与结构变动研究》，经济管理出版社。

[159] 周文、李晓红，2009，《中国经济转型中的企业成长——基于分工与信任的视角》，《管理世界》第 12 期。

[160] 朱应皋、王遐见，2002，《中国经济发达地区工业化水平探析——江苏工业化发展水平的个案研究》，《当代经济研究》第 3 期。

［161］庄子银，2003，《南方模仿、企业家精神和长期增长》，《经济研究》第 1 期。

［162］庄子银，2005，《企业家精神、持续技术创新和长期经济增长的微观机制》，《世界经济》第 12 期。

［163］Acs，Z. J.，D. B. Audretsch（1990），*Innovation and Small Firms*（Cambridge，MA：MIT Press）.

［164］Aghion P.，Howitt P.（1992），"A Model of Growth through Creative Destruction," *Econometrica*，60（2）.

［165］Arthur，W. B.（1990），"Silicon Valley Location Clusters：Do Increasing Returns Imply Monopoly?" *Mathematical Social Sciences*，19.

［166］Audretsch，D. B.，M. Feldman（1996），"R&D Spillovers and the Geography of Innovation and Production," *American Economic Review*，86（3）.

［167］Audretsch，D. B.，P. Stephan（1996），"Company-scientist Locational Links：The Case of Biotechnology," *American Economic Review*，86（3）.

［168］Baumol W.（1990），"Entrepreneurship：Productive，Unproductive and Destructive," *Journal of Political Economy*，98（5）.

［169］Baumol W.（1968），"Entrepreneurship in Economic Theory," *American Economic Review*，58（2）.

［170］Berkowitz，Daniel，Dejong，David N.（2005），"Entrep

reneurship and Post-socialist Growth," *Oxford Bulletin of Economics & Statistics*, 67 (1).

[171] Bertola G. (1993), "Models of Economic Integration and Localized Growth," in Torres, F. , Giavassi, F. , *Adjustment and Growth in European Monetary Union* (Cambridge: Cambridge University Press).

[172] Beugelsdijk S. , Noorderhaven N. (2004), "Entrepren eurial Attitude and Economic Growth: A Cross-section of 54 Regions," *Annals of Regional Science*, 38 (2).

[173] Blanchflower, D. G. (2000), "Self-employment in OECD Countries," *Labor Economics*, 7.

[174] Boschma, R. (1994), *Looking through a Window of Locational Opportunity* (Rotterdam: Tinbergen Institute).

[175] Boschma, R. A. , Lambooy, J. G. (1999), "Evolution ary Economics and Economic Geography," *Journal of Evolutionary Economics*, 9.

[176] Caniels M C. , Verspagen B. (2001), "Barriers to Knowledges Spillovers and Regional Convergence in an Evolutionary Model," *Evolutionary Economics*, 11.

[177] Carree, M. , A. van Stel, R. Thurik, S. Wennekers (2002), "Economic Development and Business Ownership: An Analysis Using Data of 23 OECD Countries in the Period 1976 – 1996," *Small Business Economics*, 19.

［178］C. H. Kirk Patrick （1983）, *The Industrialization of Less Developed Countries* （Manchester: Manchester University Press）.

［179］Colin Clark （1940）, *The Conditions of Economic Progress* （London: Macmillan & Co. Ltd.）.

［180］Crafts, N. , Venables, A. J. （2001）, Globalization in History Geographical Perspective, CEPR Discussion Papers 3079.

［181］David B. Audretsch, Max Keilbach （2005）, "Entrepreneurship Capital and Regional Growth," *The Annals of Regional Science*, 39.

［182］Dixit, A. K. , Stiglitz, J. E. （1977）, "Monopolistic Competition and Optimum Product Diversity," *American Economic Review*, 67.

［183］Fan, C. , Scott, A. J. （2003）, "Industrial Agglomeration and Development: A Survey of Spatial Economic Issues in East Asia and Statistical Analysis of Chinese Regions," *Economic Geography*, 79 （3）.

［184］Ferguson C. H. （1988）, "From the People Who Brought You Vodoo Economics," *Harvard Business Review*, 5.

［185］Fujita, M. （1988）, "A Monopolistic Competition Model of Spatial Agglomeration: Differentiated Product Approach," *Regional Science and Urban Economics*, 18.

[186] Fujita, M. , Krugman, P. (2004), "The New Economic Geography: Past, Present and the Future," *Papers in Regional Science*, 83.

[187] Fujita, M. , Mori T. (1997), "Structural Stability and Evolution of Urban Systems," *Regional Science and Urban Economics*, 27.

[188] Gersbach, H. , Schmutzler, A. (1999), "External Spillovers, Internal Spillovers and the Geography of Production and Innovation," *Regional Science and Urban Economics*, 99.

[189] Grossman, G. , Helpman, E. (1991), *Innovation and Growth in the Global Economy* (Cambridge, Mass: MIT Press).

[190] Grossman G. , Helpman E. (1991), "Quality Ladders and Product Cycle," *Quarterly Journal of Economics*, 106 (2).

[191] Hakimi, S. L. (1964), "Optimum Location of Switching Centers and the Absolute Centers and Medians of a Graph," *Operations and Research*, 12.

[192] Hébert R. F. , Link A. N. (1989), "In Search of the Meaning of Entrepreneurship," *Small Business Economics*, 1.

[193] Helpman, E. , Krugman, P. (1985), *Market Structure*

and Foreign Trade (Cambridge, Mass: MIT Press).

[194] Henderson, J. V. (1997), "Externalities and Industrial Development," *Journal of Urban Economics*, 42.

[195] Henderson. J, V. , Shalizi. Z. , Venables. A. J. (2001), "Geography and Development," *Journal of Economic Geography*, 1.

[196] Hoover, E. M. (1948), *The Location of Economic Activity* (New York: McGraw-Hill).

[197] Hotelling, H. (1929), "Stability in Competition," *Ec onomic Journal*, 39.

[198] Humphrey, J. , Schmitz, H. (1996), "The Triple C Approach to Local Industrial Policy," *World Development*, 24 (12).

[199] Jaques-Francois Thisse (1987), "Location Theory, Regional Science, Economics," *Journal of Regional Science*, 27 (4).

[200] Jorgenson, D. W. (1967), "Surplus Agricultural Labour and the Development of a Dual Economy," *Oxford Economic Papers*, 19 (3).

[201] Jorgenson, D. W. (1961), "The Development of a Dual Economic," *Economic Journal*, 71 (282).

[202] J. Schumpeter (1934), *The Theory of Economic Development* (Cambridge: Harvard University Press).

[203] Kirzner I. (1973), *Competition and Entrepreneurship* (Chicago and London: The University of Chicago Press).

[204] Krugman, P. (1991), "Increasing Returns and Economic Geography," *Journal of Political Economy*, 99.

[205] Labber, M. (1985), "Essays in Network Location Theory," Ph. D. Dissertation, Universite Libre de Bruxelles, Cahier du CERO, 27.

[206] Lanaspa, L. F., Sanz, F. (2001), "Multiple Equilibria, Stability, and Asymmetries in Krugman's Core-Periphery Model," *Papers in Regional Science*, 80.

[207] Launhardt, W. (1882), "Die bestimmung des zweckm ässigsten Standorts ein er gewerblichen Anlag," Zeitschri ftdes Vereins Deutscher Ingeni eure.

[208] Lazear E. (2004), "Balanced Skills and Entrepreneurship," *American Economic Review*, 94 (2).

[209] Leff N. (1979), "Entrepreneurship and Economic Development: The Problem Revisited," *Journal of Economic Literature*, 17 (1).

[210] Leibenstein, H. (1968), "Entrepreneurship and Development," *American Economic Review*, 58 (2).

[211] Leo, V. D., Braun. E., Winden, W. V. (2001), "Growth Clusters in European Cities, an Integral Approach," *Urban Studies*, 38 (1).

[212] Linghui Tang, Peter E. Koveos (2004), "Venture Entrepreneurship, Innovation Entrepreneurship, and Economic Growth," *Journal of Developmental Entrepreneurship*, 8.

[213] Marjolein, C. J. C., Henny, A. R. (2003), "Agglomeration Advantages and Capability Building in Industrial Clusters, the Missing Link," *The Journal of Development Studies*, 39 (3).

[214] Martin, P., Ottaviano, G. (2001), "Growth and Agglomeration," *International Economic Review*, 42 (4).

[215] Martin, R. (1999), "The New 'Geographical Turn' in Economics: Some Critical Reflections," *Cambridge Journal of Economics*, 23 (2).

[216] Matsushima, N., Matsumura, T. (2003), "Mixed Oligopoly and Spatial Agglomeration," *Canadian Journal of Economics*, 36 (1).

[217] Nurkse, R. (1953), *Problems of Capital Formation in Underdeveloped Countries* (New York: Oxford University Press).

[218] Palander, T. (1935), *Beitruge zur Standortstheoris* (U ppsala: Almqvist und Wiksells).

[219] Polanyi, K. (1957), *The Great Transformation: The*

Political and Economic Origins of Our Time (Boston: Beacon Press).

[220] Porter, M. E. (1998), " Clusters and the New Economics of Competition," *Harvard Business Review*, 76 (6).

[221] Romano, A., Passiante. G., Elia, V. (2000), Modeling Growth Clusters in the New Web Economy, Proceedings of the 45th International Conference on Small Business (ICSB) World Conference, Brisbane (Australia), 7 – 10.

[222] Schultz T. W. (1980), "Investment in Entrepreneurial Ability," *Scandinavian Journal of Economics*, 82.

[223] Scott, A. (1998), *Regions and World Economy: The Coming Shape of Global Production, Competition and Political Order* (New York: Oxford University Press).

[224] Thisse, Jaques-Fracois (1987), " Location Theory, Regional Science, Economics," *Journal of Regional Science*, 27 (4).

[225] Todaro, M. P. (1969), "A Model of Labor Migration and Urban Unemployment in Less Developed Countries," *American Economic Review*, 59 (1).

[226] Venables, A. J. (1996), " Equilibrium Locations of Vertically Linked Industries," *International Economic*

Review, 37.

[227] Venables, A. J. , N. Limao (1999), "Geographical Disadvantage, Heckscher-Ohlin-Von Thunen Model of International Specialization," *World Bank Policy Research Paper*, 2256.

[228] Wennekers, S. , Thurik R. (1999), "Linking Entrepreneurship and Economic Growth," *Small Business Economics*, 13 (1).

[229] YU, T. F. (1997), *Entrepreneurship and Economic Development in Hong Kong* (London: Routledge Advances in Asia-Pacific Business).

后　记

　　也许是出生在豫北偏远平原农村的缘故，我对河南农村的落后以及农民承受的二元时代的痛楚记忆深刻，至今回想起来仍心有余悸。但幸运的是，我整个研究生阶段的导师耿明斋教授从 20 世纪 90 年代以来就开始长期关注并研究这一区域的工业化和现代化如何实现的问题，形成了丰富的研究成果和稳定的学术团队。但更幸运的是，我从硕士研究生开始就一直在享受这一"学术红利"，并在此基础上试图进行力所能及的探索研究，而本书的研究内容正是这一系列探索的部分成果。

　　本书能最终成稿更是离不开耿老师心血的倾注和关心，此时此刻我首先要特别感谢我的导师耿明斋教授。他常常告诫我们，"做学问，脑子中应该时刻装着所想的问题"，"当理论与现实发生冲突的时候，一定是理论错了"，"如果这个结论是正确的，那么就要能够合理地回答如下几个问题"……耿老师用严密的逻辑思维把学者应有的社会责任担当体现得淋漓尽致，每一句话都浓缩着他对经济社会问题的思考总结。正是在这样孜孜不倦的教诲中，我学会了做学问的初步方法，更重要的是其改变了我对经济学理论与现实问题的看法，也使我养成了对一个事物做出判断首先要反复思考其合理性在哪里的习惯。这样的分析思路指引着我在学术的道路上不断前进，使我在整个研究过程中获益良多，并将成为我今后人生中的宝贵财富。

此外，原国家行政学院周绍朋教授、中国国际经济交流中心张大卫教授、郑州大学李燕燕教授、河南省委党校宋伟副教授以及河南大学的彭凯翔教授、魏成龙教授、宋丙涛教授、高保中教授、郑祖玄副教授、刘涛副教授等都一针见血地指出了本研究存在的诸多问题，并耐心地对具体内容的写作及思路的梳理给予鼓励和启发。他们高屋建瓴性的建议从理论和实践两个层面提升了我认识问题和解决问题的能力，对本研究质量的提升以及最终成书付梓起到了非常重要的作用。感谢张国骁、刘琼、李少楠、柴森、侯雨灿等研究生对本研究提供的某种形式的帮助！我还要特别感谢我的家人，妻子的理解与支持、女儿的懵懂可爱和父母不计回报的付出是我继续努力向前的动力源泉。

张建秋

2019 年 5 月 20 日

图书在版编目（CIP）数据

传统农区工业化空间分异规律研究／张建秋著 . - -
北京：社会科学文献出版社，2019.10
（传统农区工业化与社会转型丛书）
ISBN 978 - 7 - 5201 - 5343 - 0

Ⅰ.①传… Ⅱ.①张… Ⅲ.①农业区 - 工业化 - 研究
- 中国 Ⅳ.①F424

中国版本图书馆 CIP 数据核字（2019）第 172077 号

· 传统农区工业化与社会转型丛书 ·
传统农区工业化空间分异规律研究

著 者／张建秋

出 版 人／谢寿光
责任编辑／张 超
文稿编辑／张 超 王春梅

出 版／社会科学文献出版社 · 皮书出版分社 （010）59367127
地址：北京市北三环中路甲 29 号院华龙大厦 邮编：100029
网址：www. ssap. com. cn
发 行／市场营销中心（010）59367081 59367083
印 装／三河市尚艺印装有限公司

规 格／开 本：787mm × 1092mm 1/16
印 张：22.5 字 数：222 千字
版 次／2019 年 10 月第 1 版 2019 年 10 月第 1 次印刷
书 号／ISBN 978 - 7 - 5201 - 5343 - 0
定 价／158.00 元